JN417032

Drawback

관세환급특례법

박민규

관세환급(drawback)은 수입물품에 부과되었던 관세를 납부한 사람에게 다시 지급(paying back)하는 것이다. 관세환급의 목적은 수출 상품이 관세를 부과하지 않는 국가에서 생산되어 수출되는 외국 상품과 같은 조건을 부여하려는 것이다. 관세 등의 환급과 유사한 수출 보조금은 생산 가격보다 낮은 가격으로 판매하게 하지만 관세 등의 환급은 생산 가격에 직접적으로 관계가 없다. 그러나 수출상품의 가격 경쟁력을 높인다는 점에서 수출보조금과 관세 등의 환급은 동일한 효과가 있다. WTO SCM 협정에서는 납부한 관세 등을 초과하는 환급을 금지보조금으로 규정하고 있다.

우용출판사
1997
www.choolpansa.com

머리말

그동안 관세법 강의를 하면서 환급특례법 부분은 개별적으로 공부하기를 부탁했었다. 그 이유는 환급특례법에 대한 적절한 교재도 없고, 너무 실무적이고 법령이 아닌 고시나 훈련에 포함된 내용이 많기 때문이었다. 그러나 계속 미룰 수 없는 형편이어서 연구년 기간 동안 시간을 내서 환급특례법에 대한 집필을 시작했다. 항상 느끼는 것이지만 교재를 집필하는 것 만한 공부는 없는 것 같다. 저자가 환급에 대하여 단편적으로 알던 것들을 체계적으로 정리할 수 있는 좋은 기회가 되었다.

관세법보다는 양이 적지만 이해하기 쉽게 편집하느라 시간이 걸렸다. 환급특례법 관련 판례가 많지 않아 거의 모든 판례를 교재에 반영하였다. 그리고 교재를 집필함에 있어 관세청 홈페이지의 관세환급에 대한 설명은 많은 도움이 되었다. 아쉬웠던 것은 관세청 홈페이지를 좀 더 쉽게 설명하고 내용의 근거를 밝혀 두면 관세환급에 대하여 좀 더 이해하기 쉬울 것으로 보인다.

교재를 집필하면서 판례뿐만 아니라 환급특례법령과 관련 고시 · 훈령에서 여러 문제점이 발견되었다. 가장 흔한 문제점은 법령과 고시 · 훈령의 중복이다. 법령에서 이미 규정한 사항을 고시 · 훈령에서 다시 규정하고 있거나 고시와 고시, 고시와 훈령 사이에도 중복하여 규정하고 있었다. 행정에 있어서 법치행정이 가장 기본되는 원칙임에도 관세업무 분야에서는 전문성과 기술성을 내세워 법규의 효력이 없는 고시와 훈령으로 규율되고 있는 사항이 많다. 시행되지 않고 있는 정액환급제도를 법에서 규정하고 있고, 고시에서는 간이정액환급에 관한 사항을 정액환급처럼 취급하고 있다. 이러한 문제점은 교재 중간에 문제점을 서술하기도 했지만 학술지 등을 통해 별도의 논문으로 정리하여 발표를 할 예정이다.

교재 집필 과정에서 2011년 7월 환급특례법이 전면개정되어 이를 반영하느라 교재 발간이 지체되었다. 시간을 좀 더 투자하여 완성된 형태의 교재를 집필하고 싶지만 다른 연구일정으로 인해 일단 마무리하고자 한다. 계속해서 보완을 할 것을 약속한다. 이 책이 독자들의 관세환급에 대한 이해를 돕고 관세환급제도의 발전에 도움이 되었으면 하는 바람이다.

2011년 10월

박 민 규 씀

목차

제1장
관세환급 제도

제1절 관세환급 개요

일반적으로 조세의 환급은 국가가 부과하여 징수한 것을 일정한 요건(사유)이 구비되었을 때 정당한 권리자에게 되돌려 주는 것을 말한다. 수입되는 물품에 부과·징수한 관세를 비롯한 내국세 등 조세를 환급하게 되는 경우를 보면 크게 두 가지 경우가 있다.

첫째, 국가의 징수의 잘못이나 납세의무자가 잘못 납부한 조세의 경우에 되돌려주는 것(관세법상 과·오납 관세환급)과 무역거래에서 계약내용과 상이한 수입물품에 대해 기 납부한 조세를 되돌려주는 경우(관세법상 계약내용과 상이한 물품 등에 대한 관세환급)인데, 제도적으로 볼 때, 관세법의 규정(관세법 제46조와 제106조)에 의하여 납부한 조세를 세관장이 환급하는 경우이다.

둘째, 우리나라에서 소비될 것을 전제로 부과된 관세 등이 소비되지 않은 경우 형평의 차원에서 되돌려주거나 수출물품에 대한 국제 가격 경쟁력을 제고시키기 위한 수출 지원제도로서 납부한 관세 등을 수출자 또는 수출물품의 생산자에게 되돌려 주는 것이다. 수입물품에 대한 관세부과는 당해 물품의 소비를 전제로 하는 소비세적 성격이 있고, 관세선을 넘어 수입되는 국경세로서 재정수입, 국내산업보호 등의 기능이 있다. 따라서 국내에서 소비되지 않고 다시 수출되는 물품에 소요된 원재료에 대한 조세 부과·징수행위를 최초의 상태로 되돌린다는 측면에서 이해 할 수 있으며 수출지원으로서의 정책적 의도가 있다.

관세환급(drawback)은 수입물품에 부과되었던 관세를 납부한 사람에게 다시 지급(paying back)하는 것이다.[1] 관세환급의 목적은 수출 상품이 관세를 부과하지 않는 국가에서 생산되어 수출되는 외국 상품과 같은 조건을 부여하려는 것이다. 관세 등의 환급과 유사한 수출 보조금은 생산 가격보다 낮은 가격으로 판매하게 하지만 관세 등의 환급은 생산 가격에 직접적으로 관계가 없다. 그러나 수출상품의 가격 경쟁력을 높인다는 점에서 수출보조금과 관세 등의 환급은 동일한 효과가 있다. WTO SCM 협정에서는 납부한 관세 등을 초과하는 환급을 금지보조금으로 규정하고 있다.

우리나라의 경우 원자재를 수입하여 완제품을 만들어 수출하는 한국의 경제구조에서 관세환급 제도는 매우 중요한 제도이다. 수출상품에서 수입관세의 비중이 비교적 크기 때문에 관세환급은 수출상품의 가격경쟁력 영향력이 큰 편이며, 수출상품의 가격에 직접적인 관련성이 깊은 환급제도는 적지 않은 환급비용의 발생에도 불구하고 관세상의 수출지원제도로서 그 의미가 매우 크다.

다음 표에서 보는 것과 같이 관세환급액은 큰 변화가 없는데 수출액이 증가함에 따라 관세환급률은 계속 감소하고 있다. 관세환급률이 낮아지는 이유 가운데 하나는 전체 수출금액이 늘어나고 FTA 등을 통한 자유무역의 확대와 물가조정을 위한 할당관세 등의 도입으로 실행관세율이 낮아지는 것도 하나의 이유가 될 수 있다. 수출 원자재에 대한 관세를 납부하지 않거나 적게 납부하게 되므로 환급률도 당연히 낮아지게 된다. 전체 수출에서 환급액이 차지하는 비중은 적지만 금액 자체는 적지 않다. 특히 간이정액환급 대상이 되는 중소기업들이 많음을 감안하면 수출경쟁력 확보에 많은 도움을 주고 있다는 것을 추정할 수 있다.

---

1) 위키피디아(WIKIPEDA) 사전〈http://en.wikipedia.org/wiki/Drawback〉(2011년 10월 4일 검색)

〈표 1〉 연도별 관세환급실적

연도	수출액 (A) (백만$)	총징수액 (B) (억원)	환 급 액			수출1$당 환급액 C/A(원)	환급율 C/B (%)
			정 액	개 별	계(C)		
'90	65,016	51,067	242	11,997	12,239	18.83	24.0
'91	71,870	58,452	307	10,625	10,932	15.21	18.7
'92	76,632	54,886	342	9,603	9,945	12.98	18.1
'93	82,236	49,962	393	9,284	9,677	11.77	19.4
'94	96,013	56,553	639	9,420	10,059	10.46	17.8
'95	125,058	72,212	817	11,380	12,197	9.75	16.9
'96	129,715	80,534	778	13,578	14,356	11.07	17.8
'97	136,164	86,370	764	15,303	16,067	11.80	17.7
'98	132,313	82,788	966	21,776	22,743	17.19	27.4
'99	143,685	89,272	1,324	19,650	20,973	14.60	23.4
'00	172,268	103,667	1,375	20,458	21,833	13.87	21.0
'01	150,580	90,644	1,328	21,442	22,770	15.10	25.1
'02	162,471	107,909	1,296	20,480	21,776	13.40	20.2
'03	193,817	109,989	1,427	20,930	22,357	11.54	20.3
'04	253,924	99,870	1,309	23,586	24,895	9.52	24.9
05	284,419	92,343	1,292	22,092	23,384	8.22	25.3
06	325,681	105,670	1,250	23,179	24,429	7.49	23.1
07	371,539	113,942	1,463	22,897	24,360	6.56	21.4
08	422,007	131,832	1,892	26,270	28,162	6.67	21.4
09	363,534	149,607	2,010	30,334	32,344	8.90	21.6

자료: 기획재정부 홈페이지, 관세청 「관세연감」 각 연도

2009년 환급액은 3조 2천 3백 4십 4억원으로 개별환급이 3조 3백 십 4억원(93.8%), 간이정액환급이 2천 10억원(6.2%)이었다. 업체별는 17,459개의 업체가 환급을 받았고 이 가운데 7,119개(41%) 업체가 개별환급을 받았고, 10,340개(59%) 업체가 간이 정액 환급을 받았다.

제2절 관세환급법의 목적 및 연혁

1. 목적

수출용 원재료에 대한 관세 등 환급에 관한 특례법(이하 '환급특례법'이라 한다)은 수출용 원재료(原材料)에 대한 관세, 임시수입부가세(臨時輸入附加稅), 개별소비세, 주세(酒稅), 교통·에너지·환경세, 농어촌특별세 및 교육세의 환급을 적정하게 함으로써 능률적인 수출 지원과 균형 있는 산업발전에 이바지하기 위하여 「관세법」, 「임시수입부가세법」, 「개별소비세법」, 「주세법」, 「교통·에너지·환경세법」, 「농어촌특별세법」, 「교육세법」, 「국세기본법」 및 「국세징수법」에 대한 특례를 규정함을 목적으로 한다. 관세환급제도는 수출지원을 위하여 수입한 원재료를 사용하여 제조·가공한 물품을 수출하는 경우 수입시 납부한 관세 등을 수출자 또는 수출물품의 생산자에게 되돌려 주는 제도이다. 환급대상은 관세, 임시수입부가세, 개별소비세, 교통·에너지·환경세, 주세, 농어촌특별세, 교육세 등 7종이다. 판례는 환급제도가 수출지원과 균형있는 산업발전에 이바지하기 위한 것이라고 밝히고 있다.

판례

관세환급 제도는 능률적인 수출지원과 균형있는 산업발전에 이바지하기 위하여 수출용 원재료를 수입하는 때에 납부하였거나 납부할 관세 등을 관세법 등의 규정에 불구하고 수출자 또는 수출물품의 생산자에게 되돌려 주는 제도로서… 〔서울고등법원 2007.9.13. 선고, 2006노63, 판결〕

환급특례법은 관세법을 비롯하여 특별소비세법, 주세법, 교통세법, 농어촌특별세법, 교육세법과 국세기본법, 국세징수법, 임시수입부가세법 같은 개별세법에 우선하는 특례적용을 규정하고 있는 특별법의 성격을 갖는다. 그러나 수입물품에 부과·징수한 부가가치세의 경우는 부가가치세법의 규정에 의하여 세무서장이 환급하도록 규정하고 있다. 즉, 부가가치세의 경우는 관세의 부과·징수 시에는 관세법이 우선 적용되었으나, 환급에 있어서는 부가가치세법 및 국세기본법 등의 규정이 우선 적용된다.

2. 관세환급의 효과

미국을 포함한 대부분의 국가에서 여행자등의 자국 물품 구매를 유도하기 위해 자국에서 소비되지 않은 제품의 소비세 또는 부가가치세 등 내국세를 환급하는 제도를 가지고 있다. 수입 물품에 대하여 부과하는 관세도 재정수입 확보를 목적으로 하는 소비세의 일종이다. 따라서 수입물품이 국내에서 소비되지 않고 외국으로 수출되면 해당 물품을 국내에서 소비를 하지 않았으므로 소비세 등 내국세를 환급하고 있다. 내국세를 환급하지 않고 물품을 수입한 제3국에서 다시 내국세를 부과하게 되면, 동일한 물품에 대하여 두 번의 소비세가 부과되어 제품의 가격이 높아지게 된다. 결국 환급제도는 소비세 과세권을 재수입국에 위임하여 이중과세를 방지하는 역할을 한다.[2)]

내국세 환급과 관세환급은 유사하지만 다른 측면이 있다. 관세환급 제도는 여행자에 대한 내국세 환급과는 달리 제3국 생산자에게 영향을 줄 수 있다. 세계 모든 국가가 관세환급을 하고 있지는 않아 관세를 환급해주는 국가의 수출업자 경쟁력을 강화시켜 관세환급 제도가 없는 수입국의 동일제품 생산자와의 경쟁에서 유리하게 된다. 동일한 제품을 인접한 국가에서 생산을 할 경우 관세환급 유무에 따라서 제품 가격이 차이가 나게 되어 관세환급을 받지 못한 생산자가 불리하게 된다. 한 · EU FTA 협상에서 볼 수 있었듯이 관세환급은 국제무역에서 중요한 이슈가 되고 있다.

관세환급 제도가 외화획득을 지원하고 원재료의 국산화를 촉진한다는 견해도 있다.[3)] 그러나 근래에는 관세환급을 받기 위해 수출을 하는 경우와 외국산 원재료가 저렴함에도 불구하고 국산 원재료를 사용하는 경우는 많지 않을 것으로 보인다. 미군부대에 물품을 공급하는 경우 관세환급을 해주는 경우는 국내 외화 판매가 수출과 같은 효과를 가지기 때문에 환급을 해주는 것이지 외화획득을 위해서 하는 것은 아닐 것 같다.

2) 라공우 외 2인, "한중 관세환급 제도에 관한 비교분석" 『통상정보연구』 제13권 1호, 2011. 3., 230쪽.
3) 라공우 외 2인(2011) 윗 논문 231쪽.

3. 법률체계

환급특례법은 관세법 등과 국세기본법, 국세징수법의 특례법이며, 본문 24개조로 간단하게 구성되어 있다. 하위법령으로 본문 33개조인 "환급특례법 시행령"이 있고, 본문 15개조로 구성된 "환급특례법 시행규칙"이 있다. 이와 같은 환급특례법령 상의 수출용 원재료에 대한 관세 등 환급과 관련한 특례를 규정한 사항 이외의 규정은 관세법 등 개별세법의 규정이 보완적으로 적용되어야 한다.

환급특례법령에서 위임하거나, 법령의 집행을 위해 필요한 경우 관세청장의 고시와 훈령(세칙) 행정규칙을 정하여 적정한 환급이 이루어지도록 하고 있다. 환급과 관련된 고시와 훈령 등은 다음과 같다. 여러 행정규칙 가운데 가장 중요한 고시는 「수출용 원재료에 대한 관세등 환급사무처리에 관한 고시」이다. 환급사무 처리에 관한 고시는 매년 개정되고 있으나 개선하여야 할 사항이 많이 있다. 다음으로 중요한 것은 「소요량 산정 및 관리와 환급금의 심사에 관한 고시」이다. 이러한 고시들은 매년 개정되고 있으므로 개정사항에 관심을 가져야 할 것으로 보인다.

환급관련 관세청 주요 고시 · 훈령

① 수출용 원재료에 대한 관세등 환급사무처리에 관한 고시(관세청고시 제2010 - 092호)
② 소요량 산정 및 관리와 환급금의 심사에 관한 고시(관세청고시 제2010 - 87호)
③ 관세등에 대한 담보제공과 정산제도 운영에 관한 고시(관세청 고시 제2010 - 104호)
④ 내수용 원재료에 대한 수출이행기간 단축등에 관한 고시(관세청고시 제2002-5호)
⑤ 농림축산물에 대한 관세등 환급사무처리에 관한 고시(관세청고시 제2010 - 083호)
⑥ 원유등 환급제한에 관한 고시(관세청고시 제2010 - 94호)
⑦ 간이정액환급율표(관세청고시 제2011-26호)
⑧ 수출용 원재료에 대한 관세등 환급심사대상 선별 및 운영에 관한 시행 세칙 (관세청 훈령 제 961호 - 20040423)
⑨ 종합심사운영에 관한 시행세칙(관세청훈령 제 1378호 - 20100610)
⑩ 수입원재료에 대한 수출이행기간 단축 등에 관한 고시(관세청고시 제2011-37호)

환급특례법 이외의 여타법률 중에는 「자유무역지역의 지정 및 운영에 관한 법」 제45조 (관세 등의 면제 또는 환급 등)규정에서 입주기업체가 반입신고를 한 내국물품의 경우 환급특례법의 수출 또는 공급하는 것으로 보아 관세 등을 면제하거나 환급한다. 「남북교류협력에 관한 법률」에서도 북한으로 반출하는 물품의 환급에 대하여 규정하고 있다. 자유무역지역과 북한으로 반출하는 물품의 환급에 대하여는 제3장에서 설명한다.

4. 연혁

관세법 제104조에서는 ① 수출물품을 제조·가공하기 위한 원재료, ② 국내에서 외화로 판매하는 물품이나 이를 제조·가공하기 위한 원재료, ③ 외화를 받는 공사에 사용하는 물품은 수입신고수리일부터 기간 내에 수출 또는 판매를 하거나 공사에 사용할 것을 조건으로 관세를 면제할 수 있도록 규정하고 있다. 그러나 관세법상의 '수출물품을 제조·가공하기 위한 원재료'에 대한 환급제도는 무역량의 증가에 따라 관리절차가 복잡하고 많은 인력 소요되어 1975년 7월 1일부터 「수출용 원재료에 대한 관세등 환급에 관한 특례법」 규정을 적용함에 따라 실제 시행되지 않고 있다.

국내 산업의 균형 있는 발전과 수출지원차원의 관세환급 제도는 1949년-1970년대 초반까지 소규모 무역, 단순가공무역 중심으로 1년 이내 수출이행조건부 관세면제제도인 사전면세제도에서 출발하였다. 그러나 사후관리 절차 복잡, 수입촉진 기능, 무역규모 확대, 수입원재료의 실물관리 어려움, 수출관련 절차간소화 욕구증대 등 환급제도의 문제점과 무역환경 변화에 직면하였다. 수출용 원재료에 대한 관세환급은 1961년 관세법 개정시 관세법 제104조 '수출용원자재 등의 감면세 및 환급'에도 규정되어 납부한 관세의 환급할 수 있도록 했다. 그러나 수출용원자재의 사후관리 어려움, 제도의 수입 촉진적 기능, 수입원재료관리 곤란 등으로 후에는 사문화되었다.

사전면세제도의 문제점을 해결하기 위한 환급특례법은 1974년 12월 12일에 재정 되어 1975년 7월 1일부터 시행되었는데 수출용 원재료의 사전면세제도 불인정, 징수유예제도, 정액환급 및 개별환급 방법의 명시적 제도화, 예산총계주의 예외인정, 적응대상조세로는 관세, 임시수입부가세, 물품세, 직물류세, 석유세류, 주세를 내국소비세로 하고 개별세법에 대한 특례인정 등이 주요 내용이다.[4)]

환급제도는 개별환급제도와 정액환급제도가 병행 운영되고 있고, 1997년부터는 자율소요량제도가 도입되어 기업에서 직접 소요량 관리를 하도록 하였다. 그리고 1998년부터는 관세환급 업무를 전산화하여 환급절차를 간소화하였다.

환급특례법은 관세법처럼 매년 개정되지는 않는다. 1974년 제정된 이후

4) 법률 제2675호

6차례의 개정을 거쳤다. 환급특례법은 정부의 조직개편이나 타법 개정이 아닌 사유로 가장 최근에 개정된 것은 1996년과 2007년이었다.

(1) 1996년 개정

원재료수입시 다액의 관세를 징수하고 수출 후에 환급함에 따라 수출업체에게 자금부담 및 이로 인한 금융비용을 발생시키고 있고, 소요량증명제도·기초원재료납세증명제도등을 정부주도로 운용함으로써 환급절차가 복잡하고 환급금의 지급이 지연되는 등 비효율이 있어, 1996년 통관절차의 전산화 진전 등 주변 여건의 성숙에 따라 환급 제도를 전면 개편하여 수출기업의 편의를 증진하고 비용절감을 통한 국제경쟁력 강화를 지원하기 위한 개정이 있었다.

주요 개정내용으로는 ① 관세환급 체제는 수출용 원재료에 대한 관세등을 원재료 수입시에 일단 징수하고 물품 수출시에 당해 징수액을 환급하던 것을, 원재료수입시에 관세 등을 부과하되 징수는 하지 아니한 상태에서 통관하여 물품을 생산하도록 하고, 그 물품이 수출된 후 환급받아야할 금액과 관세 등을 상계하는 사후정산제도로 전환함으로써 원재료수입시의 관세부담을 덜어주도록 하였다.

② 환급금의 산출에 필요한 소요량증명서를 국가기관이 일일이 발급하지 아니하고 기업이 자율적으로 소요량을 관리하는 제도로 전환하였다.

③ 내국신용장등에 의하여 내국거래된 수출용 원재료에 대하여 전가되는 관세 등을 증명하는 기초원재료납세증명서를 세관장만이 발급하도록 하던 것을 앞으로는 물품의 공급자 또는 관세사도 발급할 수 있도록 하였다.

④ 환급신청시에는 형식적 요건만 심사하고, 환급금의 정확여부에 대하여는 사후에 심사하도록 하며, 환급절차의 전산화로 신속한 환급행정이 이루어지도록 하였다.

⑤ 과다환급을 받은 경우에는 당해 환급금 외에 대통령령으로 정하는 이율의 가산금을 징수하도록 하고, 부정환급을 받은 자등에 대한 처벌규정을 신설하였다.

(2) 2007년 개정

환급특례법 2007년 개정에서는 수출물품의 생산에 사용된 원재료 중 관세 등이 환급되는 원재료의 범위를 명확히 규정하고, 관세 등의 보정 등이 있는 경우 관세 등의 환급신청기간을 연장했다.

① 관세 등의 환급대상 수출용 원재료의 범위를 명확히 규정 : 수출물품의 경우 생산공정에서 물리적으로 결합되거나 화학적 반응으로 수출물품을 형성하는 물품을 관세 등의 환급대상으로 하고 있는바, 그 범위를 명확히 할 필요가 있어 관세 등의 환급대상 원재료의 범위에 수출물품에 결합되는 물품, 생산공정에 투입되어 소모되는 물품, 포장용품을 포함하도록 하되, 수출물품 생산에 간접적으로 투입되어 소모되는 물품은 환급대상 원재료에서 제외하도록 하였다.

② 주한미군에 판매되는 물품 등에 대한 환급대상 요건 완화 : 우리나라 안에 주둔하는 주한미군 등에 대한 판매 또는 공사(工事)는 원화 결제로도 수출의 효과가 있어 주한미군 등에 판매되는 물품 또는 공사에 대한 환급요건인 외화결제요건을 폐지하여 원화로 공급되는 물품 또는 공사의 경우에도 관세 등을 환급받을 수 있도록 하였다.

③ 관세 등의 일괄납부업체에 대한 정산제도 변경 : 관세청의 전산시스템에 의하여 관세 등 일괄 납부하여야 할 금액과 환급받을 금액이 정산되므로, 세관장이 전산시스템으로 관세 등의 일괄 납부하여야 할 금액과 환급받을 금액을 정산하여 정산결과를 일괄납부업체에 통지하도록 하고, 일괄납부업체의 정산신고를 폐지

④ 관세 등의 환급신청기간 연장(법 제14조제1항 단서 신설) : 관세 등의 환급신청기간은 수출신고가 수리된 날부터 2년 이내로 하고 있으나, 환급금 지급 이후 추가로 관세 등의 보정 또는 경정 등이 있는 경우 해당 관세 등에 대한 환급신청기간이 만료되어 환급을 받지 못하는 문제가 있어 수출용 원재료에 대한 환급금의 지급 이후 관세 등에 대한 납세자의 보정·수정이 있거나 세관장의 경정이 있는 경우에는 그 날부터 2년 이내에 환급신청을 할 수 있도록 하였다.

⑤ 전산처리설비를 이용한 전자송달제도의 도입 : 납세고지서 등 송달업무를 신속히 처리하기 위하여 전산처리설비 이용 관련 규정을 정비하

였고, 전자송달을 받으려는 자의 신청이 있는 경우 전산처리설비를 이용하여 납세고지서 등을 전자송달할 수 있도록 하였다.

⑥ 과다환급금 징수시 과세 전 통지제도 등 도입 : 과다환급금 징수시 과세관청으로 하여금 납세자에게 과세 전 통지를 의무화하고, 과세 전 통지를 받은 후 과다환급금 납부하는 경우에는 낮은 가산금 이율의 적용을 배제하였다.

수출용 원재료에 대한 관세 등 환급 관련법 제정·개정 연혁(요약)

제정·개정 일정		주 요 사 항 요 약
관세법	수출지원환급 (61–' 75.6)	• 사전면세제도(사후관리, 실물관리한계) • 경제발전초기단계 :원재료도 고세율구조(수입촉진적기능) • 국내산업발전단계: 내수용/수출용 구분 곤란
환급특례법	제정 '74.12.12	• 관세법, 내국소비세법 등의 특례 • 사전면세제도폐지 • 정액/개별환급제도규정
	1차 개정 '75.12.22	• 원상태수출 환급인정 • 보세공장등에의납품을 환급대상수출인정
	2차 개정 '76.12.22	• 정액환급율표고시권자변경(재무부→관세청장) • 소요량증명방법 명시(무역거래법에 의한증명)
	3차 개정 '77.07.23	• 환급에 갈음한 세율인하제도
	4차 개정 '84.08.07	• 개산환급제도(선환급–후정산)·내국신용장등에의한 국내거래시 • 수출이행기간연장 • 평균세액증명제도
	5차 개정 '96.12.30 (전문개정)	• 사후정산제도,기업자율소요량계산제도, 표준소요량 제도 • 환급절차전산화(EDI) 및 수출이행기간연장(1년6월→2년) • 특수공정물품정액환급제도, 과다환급금 징수대상규정 등 • 상계제도, 개산환급제도 등 폐지 또는 통폐합
	6차 개정 07.4.1	• 수출물품의 생산에 사용된 원재료 중 관세 등이 환급되는 원재료의 범위를 명확히 규정 • 관세 등의 보정 등이 있는 경우 관세 등의 환급신청기간을 연장 • 주한미군에 판매되는 물품 등에 대한 환급대상 요건 완화

제3절 관세환급의 근거

1. WTO SCM 협정에서 허용

WTO SCM 협정에 의하면 정부가 받아야 할 세입을 포기하거나 징수하지 아니하여 이로 인해 기업에게 혜택이 부여되는 경우를 보조금이 존재하는 것으로 간주한다.[5] 그러나 SCM 협정 부속서 Ⅰ, Ⅱ, Ⅲ에서 수입부과금을 초과하지 않는 관세 등의 환급을 허용하고 있다. WTO SCM 협정에 대하여는 다음 절에서 자세하게 살펴본다.

2. 교토협약과 관세환급

교토협약 특별부속서 F 이행지침에는 수출물품의 제조 및 가공에 사용된 물품, 수출물품의 제조과정에서 소비된 물품 또는 수출물품에 포함된 물품, 수입된 것과 동일한 상태로 제수출되는 물품에 대하여는 수입시 납부된 관세 및 제세를 지급하도록 규정하고 있다.[6] 교토협약을 개정한 교토협약 개정의정서 특별부속서(Specific Annexes) 제3장 F(가공) 특별부속서 지침 F3(환급)에서는 국내 입법은 환급을 청구할 수 있는 경우를 열거해야 하도록 규정하고 있다.[7] 수출물품을 생산하면서 사용된 관세 등을 납부한 수입원재료와 동등한 (국내)제품에 의하여 대체된 경우 환급 적용 규정을 포함하도록 권장하고 있다.[8] 개정 의정서에서는 환급이 신청된 후 가급적 신속하게 환급을 하도록 규정하고 있고,[9] 세관 창고(Customs warehouse)에

---

5) WTO 보조금 및 상계관세(SCM) 협정 제1조 보조금의 정의.

6) 다자조약, 제821호, 1983.10.24., 정식명칭은 『세관절차의 간소화 및 조화에 관한 국제협약(International Convention on the Simplification and Harmonization of Customs Procedures, 이하 '교토협약'이라 한다)』이다. 교토협약은 1974년 9월 25일 발효되었고 1999년 6월 26일 개정되어 2006년 발효되었다.

7) 다자조약, 제1778호, 2006.4.27. 『세관절차의 간소화 및 조화에 관한 국제협약 개정의정서(Protocol of Amendment to the International Convention on the Simplification and Harmonization of Customs Procedures(이하 '교토협약 개정의정서'라 한다)』 및 개정 세관절차의 간소화 및 조화에 관한 국제협약(이하 '개정 교토협약'이라 한다)(International convention on the simplification and harmonization of customs procedures (as amended)) 특별 부속서 F 제3장 제2조.

8) 위 특별 부속서 F 제3장 제3조.

적치하거나 자유지역(free zone)에의 반입을 하는 경우에도 사후에 수출하면 관세 등의 환급을 하도록 규정하고 있다.[10)]

교토협약 개정 의정서는 환급, 국내 제품 대체 환급, 자유지역 반입 제품에 대한 환급 등 주요 사항에 대하여 규정하고 있으나 교토협약이나 WTO SCM 협정만큼 자세하게 규정하고 있지 않다.

3. 과세 형평

수출용 원재료에 대하여 관세 등을 환급하는 이유는 환급 대상이 되는 원재료로 만든 수출물품이 국내에서 소비되지 않기 때문이다. 관세 등은 소비세의 일종으로 국내에서 소비되는 것을 전제로 부과되는 조세이기 때문이다. 과세 형평상 소비하지 않는 물품에 대하여 과세를 하는 것이 적합하지 않다.

9) 위 특별 부속서 F 제3장 제7조
10) 위 특별 부속서 F 제3장 제9조.

제4절 WTO 보조금 협정과 관세환급

1. 관세환급과 금지보조금

국내 여러 문헌에서는 관세 등 환급금 지급은 WTO 수출 보조금 지급금지 규정에서 제외되어 있다고 설명하고 있다.[11] WTO 보조금 및 상계관세 협정(SCM 협정) 에서는 수출용 원자재에 대한 관세 등의 환급을 무조건 허용하고 있지 않고 원재료에 부과된 금액 범위 내에서의 환급을 허용하고 있다. SCM 협정 부속서 Ⅰ에서는 '수출 상품의 생산에 소비된 수입 투입요소에 부과된 수입부과금을 초과하는 수입부과금[12]의 경감 또는 환급'은 수출보조금으로 예시되어 있다.[13] WTO SCM 협정에서 수출보조금은 금지되어 있으므로 수입할 때 부과된 금액을 초과하는 환급은 WTO SCM 협정 위반이며 금지되어 있다. 환급제도에 따라 환불되는 금액에 정부가 이자를 지급할 경우 실제 지불된 또는 지불 할 수 있는 이자의 범위 내에서 SCM 협정 부속서의 의미 내에서의 수입부과금의 초과환급이 존재하는 것으로 간주된다.[14]

통상 환급특례법에 의한 관세 등의 환급은 수입할 때 징수한 수입관세와 내국세 범위에서 하게 되어 초과환급이 되지 않는다. 그러나 수출물품 생산과정에서는 수입 원재료(투입요소)만을 사용하는 것이 아니라 에너지, 연료, 윤활유, 촉매제 등 다양한 물질이 투입된다. 수입 원재료를 사용하여 물품을 제조할 때 폐기물도 발생한다. 관세 등의 환급대상에서 이러한 에너지, 연료와 폐기물을 포함시킬 것인지가 문제가 된다. 생산과정에서 사용되는 투입요소에 대한 사항은 WTO SCM 협정 부속서Ⅱ에서 규정하고 있다.

수출 물품을 제조할 때 사용하는 국산 물품은 국산물품은 관세 등을 납부

11) 관세청, 알기쉬운 관세심사제도 해설, 2005, 71쪽.

12) 수입부과금(import charges)은 관세, 조세 및 다른 재정적 부과금(fiscal charges)으로서 열거되지 않은 수입에 부과되는 것을 포함한다. WTO 보조금 및 상계관세 협정 부속서 Ⅰ 각주 58.

13) WTO SCM 협정 부속서 Ⅰ자. Imports charges를 외교통상부 홈페이지나 국내 번역서(박덕영 · 이재형, 『WTO 통상조약집』, 박영사, 2006. 521쪽)에서 과징금으로 번역하지만, 과징금은 행정법상 새로운 의무이행 확보수단으로 논의되고 있어 혼동될 우려가 있다. 따라서 본서에서는 부과금으로 번역한다.

14) SCM 협정 부속서 Ⅲ. 5.

하지 않는다. 수출물품을 제조할 때 수입물품과 함께 사용된 국산물품을 정확하게 제외하지 않으면 초과환급이 발생하고 WTO SCM 협정을 위반하게 된다. WTO SCM 협정에서는 이러한 문제를 해결하기 위해 국내 투입요소의 대체사용을 허용하고 있다. 수입 투입요소와 국내 투입요소의 혼용과 관련하여 SCM 협정에서는 특수한 경우 기업은 수입 투입요소 대신에 그와 동일하고 양과 특성이 같은 국내시장 투입요소를 대체품으로 일정량 사용하는 경우에는 수입과 그에 상응하는 수출이 2년을 넘지 않는 합리적인 기간 내에 이루어지면 대체환급 규정의 혜택을 받을 수 있도록 하고 있다.[15] 수출보조금 대체 환급 시스템 결정에 대하여는 부속서 Ⅲ에서 규정하고 있다.[16]

2. 생산과정 투입요소에 대한 관세환급

(1) 투입요소(input)

생산과정에서 소비된 투입요소는 '생산과정에서 사용된 물리적으로 포함된 투입요소, 생산과정에서 사용된 에너지(energy), 연료(fuel), 기름(oil) 그리고 수출품을 얻기 위해 이들이 사용되는 과정에서 소비된 촉매제(catalysts)'를 말한다.[17] 투입요소 정의에 물리적으로 포함된 투입요소 또는 원재료 이외도 에너지, 연료, 기름, 촉매제까지 포함되므로 WTO SCM 협정 부속서상의 환급 대상 투입요소의 범위는 수출용 원재료 보다 그 개념이 매우 넓게 해석되어 진다.

(2) 투입요소에 대한 관세환급

관세환급 제도는 수출품의 생산에 소비된 투입요소(정상적인 폐기물 허용)에 부과된 수입부과금의 경감(remission) 또는 환급(drawback)을 허용할 수 있다.[18]

---

15) SCM 협정 부속서 Ⅰ 자항 둘째 문장.
16) 위와 같음.
17) 위의 부속서 각주 61.
18) SCM 협정 부속서 Ⅱ. 생산과정 투입요소 소비 지침

(3) 초과 환급과 수출 보조금

관세환급 제도가 수출품의 생산에 소비된 투입요소에 실제로 부과된 금액을 초과하는 수입부과금의 경감이나 환급을 초래하는 범위 내에서 수출보조금에 해당할 수 있다.

(4) 투입요소의 수출품 생산 소비여부 검토 절차

환급제도가 수출상품 생산에 소비된 투입요소에 대한 수입부과금의 과도할인 또는 과잉환급으로 인하여 보조금이 된다고 주장될 경우, 조사당국은 먼저 수출회원국의 정부가 수출품의 생산에 어떤 투입요소가 소비되었는지와 얼마만큼의 소비되었는지를 확인하는 제도 또는 절차를 보유하고 적용하는지 여부를 판정하여야 한다.[19] 이 같은 제도 또는 절차가 적용된다고 판정되면, 조사당국은 그 다음에는 이러한 제도나 절차가 합리적인지, 의도된 목적을 위해 효과적인지, 수출국내에 일반적으로 받아들여지는 상관행에 입각하고 있는지를 확인하기 위하여 이러한 제도나 절차를 조사하여야 한다. 제도 또는 절차가 존재하지 아니하거나, 합리적이지 아니하거나, 또는 제정되어 있고 합리적인 것으로 간주되지만, 적용되지 아니하거나 또는 효과적으로 적용되지 아니하다고 판정되는 경우에는 실제 관련된 투입요소에 기초한 수출회원국의 추가적인 검사가 초과지급이 발생했는지 여부를 결정하는 맥락에서 실시되는 것이 필요하다.[20]

(5) 수출상품 내 투입요소 존재 형태

투입요소가 생산에서 사용되고, 수출상품에 물리적으로 존재할 경우 조사당국은 이러한 투입요소를 물리적으로 포함된 것으로 취급하여야 한다. 회원국은 투입요소가 생산에 투입된 형태와 동일한 형태로 최종상품에 존재할 필요는 없다.[21]

19) 위 부속서Ⅱ. 1.
20) 위 부속서Ⅱ. 2.
21) 위 부속서Ⅱ. 3.

(6) 폐기물

폐기물이란 용어는 생산과정에서 독자적인 기능을 수행하지 않고 주어진 수출품의 생산에 소비되지 않으며(비효율성 등의 이유로), 동일한 제조자에 의해 회수, 사용 또는 매각되지 아니하는 투입요소의 일부를 말한다.

수출품의 생산에 소비된 특정 투입요소의 양을 결정할 때에는 "정상적인 폐기물의 허용"을 고려하여야 하며, 이같은 폐기물도 수출품의 생산에 소비된 것으로 취급되어야 한다.[22] 주장된 폐기물에 대한 허용이 "정상적"인지를 결정함에 있어서 조사당국은 생산과정, 수출국산업의 평균적 경험 그리고 다른 기술적 요소를 적절히 고려해야 한다. 조사 당국은 폐기물의 양이 관세할인 또는 경감에 포함되는 용도의 것일 때 수출회원국의 폐기물의 양을 합리적으로 계산했는지 여부가 중요한 문제라는 점을 유념해야 한다.

3. 대체환급제도

대체환급제도는 수출물품에 사용된 수입 투입요소와 품질과 특성이 동일한 국내 투입요소가 함께 사용된 경우에 환급을 허용하는 제도를 말한다. 대체 환급을 허용하는 이유는 물품을 생산하는 과정에서 수입 투입요소와 국내 투입요소(원료)를 함께 사용하는 경우 완성된 제품에 사용된 수입 투입요소의 양을 결정하는 것이 어렵기 때문이다. 이러한 어려움을 감안하여 SCM 협정에서는 수입부과금을 초과하지 않는 대체 환급을 인정하고 있다.

환급제도는 다른 상품의 생산과정에서 소비된 수입 투입요소와 수입 투입요소를 대체하는 동일한 품질과 특성을 갖는 국내산 투입요소가 포함된 물품의 수출인 경우 수입 투입요소에 대한 수입부과금의 환불이나 환급을 허용할 수 있다. 대체환급제도는 SCM 부속서 1의 수출보조금 예시목록 자항에 따라 환급이 청구되는 수입 투입요소에 최초 부과된 수입부과금을 초과하는 범위 내에서 수출보조금을 구성할 수 있다.[23]

SCM 협정상의 대체환급제도를 인정받기 위해서는 우선 국내 시장 투입

22) 위 부속서Ⅱ. 4.
23) 위 부속서 Ⅲ. 대체환급제도 수출보조금 판정 지침

요소와 수입 투입요소가 동량(equal in quantity)이어야 한다.[24] 국내 투입요소가 수입투입요소보다 많으면 대체환급제도로 인정받을 수 없다. 수출자가 환급이 청구되는 특정 수입선적을 선택할 수 있는 대체환급 규정의 존재는 그 자체가 보조금을 수반한다고 간주되지 아니한다.[25] 수출자가 특정 수입 선적분의 선택을 하는 이유는 국내 투입요소와 동량임을 증명하기 위해서이다.

그러나 수입 투입요소와 국내 투입요소가 계속적으로 투입되는 생산공정인 경우 투입량의 동등성을 평가하는 것이 쉽지 않을 것으로 보인다. 특정 기간에는 국내 투입요소가 많지만 다른 기간에는 수입투입요소가 많아질 수 있기 때문이다. 결국 대체 환급이 수입보조금인지를 판정하는 것은 대상 투입 요소에 대한 수입부과금이 환급 금액보다 많은지에 대한 검토를 통해 해야 할 것으로 보인다.

SCM 협정에서는 국내 투입요소가 적은 경우에 대하여 규정하고 있지 않지만 투입요소의 초과 여부에 대한 검증제도를 갖추도록 요구하고 있고 대체환급 제도의 취지상 인정하여야 할 것으로 보인다.

둘째, 수입 투입요소와 대체되는 국내 투입요소는 품질과 특성이 같아야(same quality and characteristics) 한다. 그러나 실무에서 투입요소의 품질과 특성의 동일성을 판단하는 것은 쉽지 않을 것으로 보인다.

셋째, 투입요소의 초과여부와 환급금액의 초과에 대한 검증제도와 절차가 존재해야 한다. 투입요소의 초과여부는 국내 투입요소가 수입 투입요소보다 많아 초과 환급되는 것을 방지하기 위해서 필요하다. 환급금액이 최초 수입 부과금을 초과하는 경우는 금지 보조금에 해당한다. 보조금 조사과정에서 투입량과 환급금액의 초과여부에 대한 검증 절차가 기준을 충족하고 효과적으로 적용되는 범위 내에서, 어떠한 보조금도 존재하지 않는다고 추정되어야 한다.[26] 그러나 검증절차가 존재하지 아니하거나, 합리적이지 아니하거나, 또는 검증절차가 도입되어 있고 합리적인 것으로 간주되지만 실제 적용되지 아니하거나 또는 효과적으로 적용되지 아니하다고 판정되는 경우에는 보조금이 존재할 수 있다고 본다.[27]

---

24) 위의 부속서 Ⅱ. 1.
25) 위의 지침 Ⅱ. 4.
26) 위의 지침 Ⅱ. 2.
27) 위의 지침 Ⅱ. 3.

결국 대체환급이 보조금에 해당하는지는 해당 국가의 검증시스템이 구축되어 있고 이러한 검증제도가 효과적으로 적용되는지 여부에 달려있다.

4. 환급특례법의 WTO SCM 협정 합치 여부

WTO SCM 협정은 수입할 때 부과된 관세 등의 범위 내에서 환급하는 것을 허용하고 있다. 수입할 때 부과한 관세 등을 초과하여 환급하거나 환급할 때 이자를 지급하는 것은 금지되어 있다. SCM 협정은 환급의 대상이 되는 원재료의 투입요소의 범위를 연료와 촉매제까지 넓게 인정하고 있고 국내 물품의 대체 사용도 허용하고 있다. 환급특례법은 표면상으로는 WTO SCM 협정에 합치하는 것으로 보이지만 다음과 같은 문제점이 있다.

첫째, 한국의 관세 등의 환급제도는 실물에 의한 환급관리를 하지 않고 서면에 의한 환급 관리를 하고 있어 초과 환급의 소지가 있다. 환급특례법에 의하여 관세 등을 환급할 때, 수출물품을 생산할 때 실제 사용한 원재료를 확인하여 그 원재료를 수입할 때 납부한 관세 등을 환급해주는 '선수입 · 후수출의 원칙'이 적용되지 않는다. 따라서 수출품을 만들 수 있는 원재료에 해당이 되면 수출이행 기간 내에 수입된 여러 건의 수입신고필증 중에서 업체가 선택적으로 환급을 받을 수 있다. 환급신청인은 수출이행 기간 내에 환급을 신청한 원재료가 수출한 날보다 늦게 수입되었어도 자신에게 가장 유리한 수입신고필증을 사용하여 환급을 받을 수 있다. 대부분의 기업이 수출과 내수 판매를 병행하고 있어 수출물품 제조 · 가공에 사용하지 않았으나 관세환급을 받을 수 있는 원재료의 수입신고필증을 사용하여 환급을 신청할 수 있다. 이 경우 관세 등의 초과환급이 발생하여 SCM 협정 위반이 된다.

서면에 의한 환급관리에서 전체적인 환급액이 초과하는 문제가 없겠지만 특정 수출분에 대한 환급은 초과환급이 발생할 수 있다. 수입한 물품의 원상태 수출의 경우 수입한 상태 그대로 수출하여 수입이 항상 수출보다 앞서고 선수출 · 후수입의 원칙이 지켜진다. 그러나 원료를 사용해서 수출한 경우 서면심사를 하는 현행 제도에서는 특정 수출분에 대한 초과환급의 가능성이 존재하게 된다.

다음으로 외화를 획득하기 위해 주한미군 등에 판매되는 물품에 대한 관세환급의 적절성이다. 환급특례법 제1조에서 정하고 있는 법의 목적은 관세 등을 환급하여 능률적인 수출 지원과 균형 있는 산업발전에 이바지하기 위함이다. 미군에 판매하는 물품에 대한 관세 등의 환급은 수출지원에 해당하지 않아 법의 목적에 맞지 않다. 미군에 판매한 물건에 대한 관세 등의 환급은 WTO SCM 협정에 근거가 없는 보조금이며 만약 미군에 물품을 판매한 기업에 대하여 간접적으로 지원하게 되어 금지 내지 조치가능 보조금에 해당된다. 외화가 많이 필요로 하던 1960대와 1970년대에는 외화획득을 위한 관세 등을 환급해주는 것이 의의가 있었겠지만 현재에는 큰 의미가 없을 것이다. 특히 국산 자동차를 구입하는 자에게 관세 등을 환급해주도록 규정하고 있는 환급특례법 시행규칙 제2조 제2항 제3호는 국산품의 사용을 권장하기 위한 지원에 해당하여 SCM 협정에 위배될 수 있다.[28)]

보세구역 및 자유무역지역내의 입주업체에 대한 물품 공급에 대하여 관세 등을 환급해주는 것도 보조금에 해당할 수 있다. SCM 협정 부속서 Ⅱ의 생산요소에 대한 환급과 부속서 Ⅲ의 국내 물품을 대체 사용한 경우 환급은 수출을 전제조건으로 하고 있다. 보세구역 등에 공급한 원재료를 사용하여 물품을 제조하여 수출을 할 경우 문제가 없다. 그러나 환급특례법은 환급을 받은 원료를 사용한 물품을 국내로 반입한 경우 사후 관리에 대하여 규정하고 있지 않다. 보세구역은 수출을 진흥하기 위해 설치 · 운영하고 있는데 수출과 관계없는 물품의 제조를 지원하는 결과를 초래한다. 보세구역에 대한 관세를 유예하고 사후 관리를 규정하고 있는 관세법상의 지원으로 충분할 것으로 보인다.

개정 교토협약에서는 세관창고, 자유지역에 물품을 반입한 경우 수출을 조건으로 환급을 할 수 있도록 규정하고 있다.[29)] 따라서 수출을 조건으로 하지 않는 환급은 교토협약과도 일치하지 않는다.

---

28) SCM 협정 제3조 3.1항 나. 유일한 조건으로서 또는 다른 여러 조건중의 하나로서, 수입품 대신 국내상품의 사용을 조건으로 지급되는 보조금

29) 9. (권고관행 Recommended Practice)물품이 세관 보세창고에 장치되거나 또는 물품이 자유지대에 반입되면, 동 물품이 추후에 수출되는 것을 조건으로, 환급액이 지급되어야 한다. Drawback should also be paid on deposit of the goods in a Customs warehouse or introduction of the goods into a free zone, on condition that they are subsequently to be exported.

제 2 장

관세 등 징수와 환급

제1절 관세의 징수

1. 수출용 원재료에 대한 관세 등의 징수

세관장은 수입하는 수출용 원재료에 대하여는 「관세법」 등의 규정에도 불구하고 수입하는 때에 해당 관세 등(관세, 임시수입부가세, 개별소비세, 주세, 교통 · 에너지 · 환경세, 농어촌특별세 및 교육세를 말한다)을 징수한다(법 제5조 제1항).

앞에서도 살펴보았듯이 관세법 제4조에서는 세관장은 수입물품에 대하여 부가가치세, 지방소비세, 개별소비세, 주세, 교육세, 교통·에너지·환경세 및 농어촌특별세 등 내국세 등을 부과·징수하도록 하고 있다. 그런데 환급특례법에서는 수출용 원재료에 대하여 관세 등을 징수하도록 규정하고 있는 환급특례법 제5조의 징수 대상에는 부가가치세가 없다. 결국 수출용 원재료에 대한 관세 등의 징수, 상계, 환급 대상은 관세와 부가가치세를 제외한 내국세라고 할 수 있다. 문제는 수출용 원재료에 부가가치세 징수 근거가 환급특례법에 없다는 것이다. 현행 제도 아래서는 수출용 원재료에 대한 부가가치세의 징수는 관세법에 의하고, 관세와 다른 내국세는 환급특례법에 의하게 되다.

관세법 제104조 제1항에서는 수출물품을 제조·가공하기 위한 원재료에 대하여 관세를 면제할 수 있도록 하고 있다. 그런데 관세를 면제하고 사후관리를 하려면 많은 인력이 필요하고 관리비용이 소요된다. 결국 정부는 환급특례법 제5조 제1항에서 수출용 원재료에 대한 관세법상의 관세 면제에 대한 특례를 규정하여, 수출용 원재료에 대하여 관세를 징수하도록 하고 있다. 환급특례법 제1조에서 '관세환급을 적정하게 함으로써 능률적인 수출지원과 균형 있는 산업발전에 이바지하기 위하여 관세법에 대한 특례를 정하는 것'이라고 규정하고 있다. 환급특례법에서 관세를 징수하고 환급하도록 하고 있으나 다음에서 설명하는 일괄납부 제도와 상계 제도에 의하여 수출용 원재료 등을 수입하여 수출하는 자에 대하여 관세 면제와 같은 효과를 가져올 수 있다.

2. 관세 등의 일괄 납부

관세법에서 면제하도록 한 수출용 원재료에 대한 관세를 환급특례법에서 납부하도록 하였지만 수입할 때마다 관세를 납부하도록 하지 않고 일괄 납부할 수 있도록 하여 수출용 원재료를 수입하는 자의 편의를 제공하고 있다.

세관장은 「관세법」 등의 규정에 불구하고 수출용 원재료를 수입하는 자가 신청하는 경우 당해 원재료에 대한 관세 등(관세, 임시수입부가세, 개별소비세, 주세, 교통·에너지·환경세, 농어촌특별세 및 교육세를 말한다)을 6월의 범위 내에서 일정기간(일괄납부기간)별로 일괄하여 납부하게 할 수 있다. 이 경우 관세 등의 납부기한은 당해 일괄납부기간이 종료되는 날의 다음 달 15일까지로 한다(법 제5조 제2항).

관세 등의 일괄납부를 신청하고자 하는 자는 1개월·2개월 또는 3개월의 일괄납부기간 중 어느 하나를 선택하여야 한다. 다만, 정산업무를 효율적으로 수행하기 위하여 필요하다고 인정하는 경우에는 6개월의 범위 안에서 일괄납부기간을 따로 정할 수 있다. 주로 수출하는 물품 또는 수출물품을 생산하는 자에게 공급하는 물품의 생산기간이 3개월 이상 소요되는 업체가 수입하는 수출용 원재료의 경우에는 수출용 원재료의 수입신고 수리일이 속하는 반기이고 「중소기업기본법」 규정에 의한 중소기업자가 수입하는 수출용 원재료의 경우에는 최초로 관세 등의 일괄납부를 신청한 날이 속하는 달의 1일부터 계산하여 4개월(당해 중소기업자가 1개월·2개월 또는 3개월의 일괄납부기간을 적용받고자 하는 경우에는 그러하지 아니하다)이다.

일괄납부기간은 관세 등의 일괄납부를 신청하는 날이 속하는 달의 1일부터 기산한다. 선택한 일괄 납부기간은 관세 등의 일괄 납부를 신청하는 날이 속하는 달의 1일부터 1년이 경과하기 전에는 변경할 수 없다.

수출용 원재료가 내국신용장, 외국환은행의 장이 내국신용장에 준하여 발급하는 구매확인서, 관세청장이 인정하는 매매계약서 기타 이와 유사한 서류(내국신용장등)에 의하여 거래되는 것으로서 관세청장이 관세 등의 일괄납부 및 정산이 가능하다고 인정하는 경우에는 「관세법」 등의 규정에 불구하고 내국신용장 등에 의하여 수출용 원재료를 공급하는 것을 수출로, 공급받는 것을 수입으로 볼 수 있다.

3. 담보의 제공

관세 등을 일괄 납부하고자 하는 자(관세 등의 일괄납부업체)는 일괄 납부하고자 하는 세액에 상당하는 금액의 담보를 제공하여야 한다(법 제6조 제1항).

(1) 담보물의 종류

관세 등의 일괄 납부 업체가 제공할 수 있는 담보물의 종류는 다음과 같다.

- 금전
- 국가 또는 지방자치단체가 발행한 채권 및 증권
- 은행지급보증
- 납세보증보험증권
- 「신용보증기금법」 또는 「지역신용보증재단법」의 규정에 의한 신용보증
- 「기술신용보증기금법」 의 규정에 의한 신용보증

(2) 담보제공절차

수출용 원재료에 대한 관세 등의 담보를 제공하고자 하는 자는 제공할 담보의 종류·수량·금액 등을 기재한 담보제공서를 세관장에게 제출하여야 한다. 담보를 제공하는 자는 일괄 납부하고자 하는 세액에 상당하는 담보를 포괄하여 수입신고전에 제조장을 관할하는 세관장(주된 사무소에

서 환급업무를 취급하는 경우에는 그 주된 사무소를 관할하는 세관장을 말하며, 이하 "관할지세관장"이라 한다)에게 제공하여야 한다. 수입신고할 때마다 관세 등에 대한 담보를 제공하고자 하는 자는 수입신고시에 통관지세관장에게 담보를 제공할 수 있다. 담보의 제공 및 해제에 대한 절차 기타 필요한 사항은 관세청장이 정한다.

(3) 신용담보업체

세관장은 신용담보업체(대통령령으로 정하는 바에 따라 관세채권확보에 지장이 없다고 인정하여 지정한 자를 말한다)에 대하여는 제1항에도 불구하고 담보제공을 생략하게 할 수 있다. 이 경우 세관장은 담보제공 없이 일괄 납부할 수 있는 세액에 대한 한도액을 정하여야 한다(법 제6조 제2항). 담보제공을 생략 받고자 하는 자는 관할지세관장으로부터 신용담보업체로 지정을 받아야 한다.

신용담보업체의 지정절차, 담보제공 없이 일괄 납부할 수 있는 세액에 대한 한도액의 기준 기타 필요한 사항은 「관세 등에 대한 담보제공과 정산제도 운영에 관한고시」를 통해 관세청장이 정한다.[30)]

(4) 신용담보업체의 지정기준

환특법에 따라 수출용 원재료에 대한 관세 등의 일괄납부를 위한 신용담보업체로 지정받고자 하는 자는 다음 요건을 갖추어야 한다.

- 최근 3년간 환특법 또는 「관세법」 위반으로 처벌받은 사실이 없는 자(통고처분을 이행한 자에 대하여는 세관장이 재범의 우려가 없다고 인정하는 경우를 제외한다)
- 최근 2년 이상 관세 등 제세의 체납이 없는 자(납부기한 경과 후 30일 이내에 체납된 관세 등을 납부한 때 또는 납세자가 수입신고 후 10일 이내에 담보를 제공하지 않아 세관장이 납세고지한 것으로 보세구역으로부터 해당 물품이 반출되지 않은 체납(미통관 체납물품)인 경우에는 제외할 수 있다)

30) 관세청고시 제 2010-104호

- 최근 3년 이상 계속하여 수입실적, 수출실적(내국신용장 등에 의하여 공급한 수출용 원재료에 대한 기초원재료납세증명서의 공급실적서를 포함), 환급실적 등이 있는 제조업체
- 다음에 해당하는 자
  - 최근 2년간 계속하여 이익이 발생한 업체
  - 「자본시장과 금융투자업에 관한 법률」에 따른 한국거래소에 상장된 법인으로서 관세청장이 정하는 업체인(관리종목 상장법인은 제외)
  - 5년 이상 제조업을 영위한 업체

관할지세관장은 신용담보업체가 시설확장 등으로 신설하는 사업장에 대해서도 신용담보업체 자격에 따라 신용담보업체로 지정할 수 있다. 다만, 위의 기간경과 후에는 다시 지정요건을 심사한다.

담보제공 생략대상 해당여부 확인, 담보제공특례자 지정 등을 위한 사실 확인은 국가관세종합정보망에 의하여 확인하며, 법인인 경우에는 그 법인에 속하는 모든 사업장에 대하여 확인하여야 한다. 다만, 세관장이 국가관세종합정보망으로 확인이 곤란한 경우로서 행정정보공동이용센터를 통하여 확인할 수 있는 행정정보의 공동이용사무인 때에는 납세자의 동의를 받아 확인하며, 납세자가 행정정보의 공동이용에 관한 동의를 거부하거나 공동이용사무가 아닌 때에는 납세자가 제출하는 서류에 의하여 확인할 수 있다.

(5) 신용담보업체의 지정 절차

신용담보업체로 지정받고자 하는 자는 신용담보업체 지정 신청서에 세관장이 필요하다고 인정하는 서류를 첨부하여 관할지세관장에게 제출하여야 한다. 신청을 받은 관할지세관장은 신용담보업체 지정기준에 적합한 경우 신용담보업체의 지정기간을 지정일로부터 2년이 되는 달의 말일까지로 하여 지정하고, 신용담보한도액을 설정하여야 한다. 관할지세관장은 신용담보업체를 지정한 때에는 즉시 그 내역을 국가관세종합정보망에 등록하고, 신청인에게 그 지정사실을 통지하여야 한다. 신용담보업체의 지정을 신청하는 자에게 다수의 사업장이 있는 경우에는 각 사업장 단위로 지정신청을 하거나 주된 사무소에서 일괄하여 신청하되, 환급업무

수행 등을 위하여 그룹별 지정이 필요한 경우에는 법인단위로 지정신청을 하여야 한다.

(6) 신용담보한도액의 설정기준

신용담보한도액은 다음 방법에 의하여 설정한다.

신용담보한도액 설정기준

일괄납부기간	설정기준
1월	전년도 환급실적 등 × 1/12
2월	전년도 환급실적 등 × 2/12
3월	전년도 환급실적 등 × 3/12
4월	전년도 환급실적 등 × 4/12
6월	전년도 환급실적 등 × 6/12

1. 관할지세관장은 상기 설정기준에 의하여 산출된 금액에 전년도 평균 과세환율상승율에 상당하는 금액을 가산하여 신용담보한도액을 설정할 수 있다.
   예) 사후납부업체의 전년도 제세날부실적이 100만원, 전년도 평균 과세환율상승율이 10%인 경우
   • 신용담보한도액 = 100만원 × 20/365 + (100만원 × 20/365 * 0.1)
2. 관할지세관장은 해당 업체의 시설개체 및 증설계획과 수출전망, 재무상태, 원자재 등의 수입가격 상승에 의한 납부세액 증가 및 수입물량 증가 등을 고려하여 설정기준에 의하여 산출된 금액의 130/100범위내에서 신용담보한도액을 설정할 수 있다.

다만, 관할지세관장은 해당 업체의 환급실적 등의 증가로 최근 실적에 의하여 신용담보한도액을 설정함이 합리적이라고 인정하는 경우에는 신청한 날이 속하는 월의 전월(전산시스템에 의한 확인이 곤란한 경우에는 전전월)부터 이전 1년간의 환급실적 등을 기초로 신용담보한도액을 설정할 수 있다. 관세청장은 관세체납의 증감·세수의 추이 및 그 밖의 사항을 감안하여 필요하다고 인정되는 경우 신용담보한도액의 설정 또는 조정방법을 변경할 수 있다.

각 사업장 단위로 신용담보업체의 지정신청을 하는 경우에 환급실적 등은 해당 법인의 전체 실적을 기준으로 할 수 있으나 신용담보한도액은 해당 사업장의 환급실적 등을 기준으로 설정하여야 한다.

(7) 신용담보한도액의 조정

신용담보업체의 지정을 받은 자가 계절적인 요인 등에 따라 환급실적이 현저하게 영향을 받아 이미 설정된 신용담보한도액이 부족한 경우에는 관할지세관장에게 신용담보한도액의 조정을 요청할 수 있다. 이 경우 관할지세관장은 다음에서 정하는 바에 따라 그 신용담보한도액을 조정할 수 있다.

- 최근 3월{신청한 날이 속하는 월의 전월(전산시스템에 의한 확인이 곤란한 경우는 전전월)부터 이전 3월}동안 또는 전년도 어느 분기 동안의 환급실적 등에 4를 곱한 금액을 적용하여 별표의 방법에 따라서 한도액 조정
- 위의 조정 한도액으로도 부족하게 되는 경우 해당 업체의 시설개체 및 증설계획과 수출전망, 재무상태, 원자재 등의 수입가격 상승에 따른 납부세액 증가 및 수입물량 증가 등을 고려하여 130/100범위 내에서 증액 조정

신규지정 및 기간갱신 승인시에는 신용담보한도액을 조정하지 않는다.

관할지세관장은 신용담보한도액을 조정한 때에는 즉시 그 내역을 국가관세종합정보망에 등록하고, 해당 업체에게 통지하여야 한다. 관할지세관장은 증액 설정된 신용담보한도액의 사용기간이 만료된 때에는 해당 증액분을 전산에서 차감하여야 한다.

(8) 신용담보사용의 일시정지

관할지세관장은 신용담보업체가 「어음법」 및 「수표법」에 의한 어음교환소에서 거래정지처분을 받거나 회사정리절차개시신청 등 상황에 있어 관세채권 확보에 지장을 초래할 우려가 있다고 인정되는 경우에는 신용담보업체의 지정을 취소하기 전에도 이미 설정된 신용담보한도액을 감액 조정하여 신용담보의 사용을 일시 정지할 수 있으며, 일시정지 사유가 해소되었음이 확인되어 신용담보한도액을 증액 조정하여도 채권확보에 지장이 없다고 인정되는 경우에는 감액 조정한 신용담보한도액의 범위 내에서 증액할 수 있다.

신용담보한도액을 감액 조정하여 신용담보 사용을 일시 정지하거나 증액 조정한 세관장은 즉시 그 내역을 국가관세종합정보망에 등록하고, 해

당 업체에게 통지를 하여야 한다.

(9) 신용담보업체 지정사항 변경신고

신용담보업체는 대표자·주소·사업자등록번호 등 지정사항에 변경이 있는 때 또는 일괄납부기간을 변경하고자 하는 때에는 그 사실을 지체 없이 관할지세관장에게 신고하여야 한다. 관할지세관장은 신용담보지정업체의 권리·의무를 포괄적으로 승계하는 조건으로 신용담보지정업체를 인수·합병하는 업체에 대하여는 인수·합병되는 신용담보지정업체의 자격과 환급실적을 인수 · 합병하는 업체에 승계하여 신용담보한도액을 설정할 수 있다. 다만, 신용담보업체 지정요건에 적합하지 않은 업체인 경우에는 제외한다.

신용담보업체가 분할·분할합병되어 모기업으로부터 독립된 분할·분할합병업체(분할업체)에 대하여 모기업이 수출입실적·환급실적 등 중 분할업체의 실적분을 분리하여 분할업체에 승계하고자 하는 자는 그 사실을 관할지세관장에게 제출하여야 한다. 이 경우 세관장은 다음에서 정하는 바에 따라 분할업체를 신용담보업체로 지정하고, 분할업체의 관할 세관이 변경되는 때에는 그 사실 또는 신용담보업체 지정사항 변경신고 수리서를 즉시 분할업체의 관할지세관장에게 통보(송부)하여야 한다.

- 분할업체의 실적분(최근 3년 동안의 수출입실적 등)이 적정한지 확인
- 모기업 실적이 감액 조정되는 경우 모기업의 지정요건은 적정한지 확인
- 승계하는 실적분에 의하여 신용담보한도액을 설정하고 지정기간은 2년으로 등록
- 분할업체에게 승계한 실적분 및 신용담보한도액만큼 모기업의 실적 등 및 신용담보한도액에서 감액 조정

지정사항 변경신고를 받거나 모기업으로부터 분할 · 분할합병된 분할업체의 관할세관이 변경되었음을 통보 받은 관할지세관장은 이를 확인하여 변동사항을 전산 등록하여야 한다. 다만, 변경신고사항 중 상호의 변경 또는 기업의 합병 등으로 해당 업체가 변경전 업체를 승계할 수 없다고 인정되는 경우에는 변경전 업체가 일괄 납부하여야 할 관세 등이 있는 경우에는 관련 규정을 준용하여 정산 처리한다. 변경전 업체를 전산시스템

의 신용담보업체지정내역에서 삭제 등록한다. 다만, 세관장이 필요하다고 인정하는 때에는 이미 제공된 담보액이 인계 · 인수될 때까지 그 삭제를 유예할 수 있다.

일괄납부기간을 변경하고자 하는 자는 환특법시행령에 따라서 정산을 완료하고 정산하는 달의 말일까지 변경 신고하여야 한다.

(10) 신용담보업체의 지정취소

관할지세관장은 신용담보업체로 지정받은 자가 지정요건에 적합하지 아니하거나 직권정산사유(환특법시행령 제7조제1항)에 해당하는 사실이 발생한 때에는 그 지정을 취소하여야 한다. 통관지세관장은 신용담보업체가 지정기준에 적합하지 않는 사실이 발생된 때에는 즉시 관할지세관장에게 통지하여야 한다. 관할지세관장은 신용담보업체의 지정을 취소한 때에는 그 내역을 즉시 국가관세종합정보망에 등록하고, 해당 업체에게 통지하여야 한다.

(11) 신용담보업체 지정기간갱신

신용담보업체는 지정기간 만료 1개월 전까지 신용담보업체 기간갱신 신청서에 세관장이 필요하다고 인정하는 서류를 첨부하여 관할지세관장에게 제출하여야 한다. 기간갱신 신청을 받은 관할지세관장은 이를 심사하여 기준에 따라 신용담보한도액을 설정하고, 지정기간을 직전 지정기간 만료일의 익일부터 2년이 되는 달의 말일까지로 하여 승인하여야 한다. 기간갱신을 승인한 관할지세관장은 즉시 그 내역을 국가관세종합정보망에 등록하고, 해당 업체에게 통지하여야 한다.

(12) 신용담보업체의 담보사용 신청

신용담보업체로 지정된 자가 담보를 사용하고자 하는 경우에는 수입신고서의 징수형태란에 담보사용에 관한 부호를 기재함으로써 신용담보 사용신청에 갈음한다.

(13) 신용담보의 사용승인 및 전산관리

신용담보업체로부터 담보의 사용신청을 받은 세관장은 해당 신청액이 신용담보한도잔액 범위 내인 때에는 해당 수입신고를 수리한다. 담보사용이 승인되거나 관세 등 제세의 수납 등이 종료된 경우 전산시스템에 의하여 다음과 같이 관리한다.

- 담보사용이 승인된 경우 그 승인금액과 환특법에 따른 정산결과 관세 등이 환급된 경우 그 환급금액은 신용담보한도액에서 해당금액이 차감된다.
- 담보를 사용한 자가 환급신청하여 그 금액이 지급보류된 경우 그 지급보류 금액 및 환특법에 따른 정산결과 해당 관세 등을 납부한 때에는 그 납부금액을 신용담보한도액에 가산한다.

제2절 환급 요건

환급특례법에서 관세의 환급은 ① 관세 등을 납부하고 수입한 원재료가 수출용 원재료에 해당되고(법제3조) ② 수출이행 기간(2년) 이내에(법 제9조) ③ 환급대상수출(법 제4조)에 제공하여야 하며 ④ 수출신고수리일로부터 2년 이내에 ⑤ 신청 자격이 있는 환급신청이 환급신청 해야 환급이 가능하다. 관세 환급 절차는 다음 그림과 같다.

【관세환급절차】

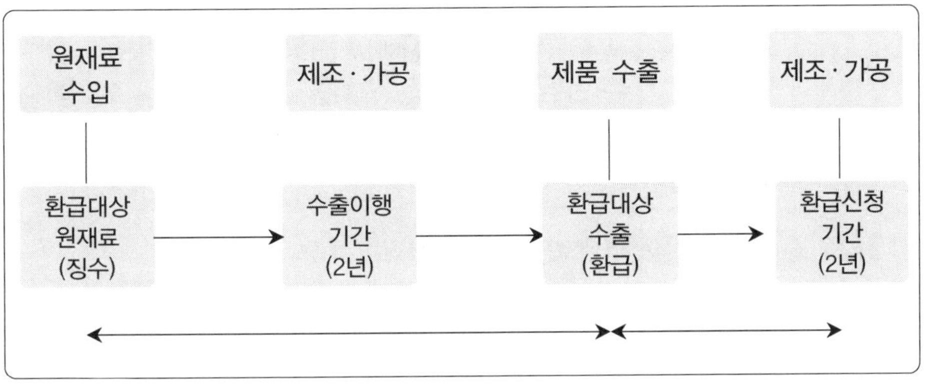

1. 환급의 정의

개정 교토협약 특별 부속서 F 제3장에서는 '환급금액은 환급절차에 따라 다시 지급된 수입 관세(duties)와 제세(taxes)'를 의미한다고 규정하고 있다.[31] 환급특례법에서 "환급"이란 수출용 원재료를 수입하는 때에 납부하였거나 납부할 관세 등을 「관세법」 등의 규정에도 불구하고 환급특례법에 따라 수출자나 수출물품의 생산자에게 되돌려 주는 것을 말한다(법 제2조 제5호).

31) "drawback" means the amount of import duties and taxes repaid under the drawback procedure;

2. 환급대상 원재료

(1) 수출용 원재료

1) 환급대상 원재료

관세 등을 환급받을 수 있는 원재료(수출용 원재료)는 다음 어느 하나에 해당하는 것으로 한다.

- 수출물품을 생산한 경우에는 다음 어느 하나에 해당하는 것
  - 해당 수출물품에 물리적 또는 화학적으로 결합되는 물품
  - 해당 수출물품을 생산하는 공정에 투입되어 소모되는 물품(수출물품 생산용 기계 · 기구 등의 작동 및 유지를 위한 물품 등 수출물품의 생산에 간접적으로 투입되어 소모되는 물품은 제외한다)
  - 해당 수출물품의 포장용품
- 수입한 상태 그대로 수출한 경우에는 해당 수출물품

2) 대체환급 제도

국내에서 생산된 원재료와 수입된 원재료가 동일한 질(質)과 특성을 갖고 있어 상호 대체 사용이 가능하여 수출물품의 생산과정에서 이를 구분하지 아니하고 사용되는 경우에는 수출용 원재료가 사용된 것으로 본다(법 제3조 제2항). 이 조항은 환급 특례법이 국산품의 이용을 장려내지 촉진하고 있으며, 국산품 사용 촉진 기능 외에도 범법자 발생을 방지하고 환급 행정을 원활하게 하는 기능이 있다. 환급을 할 때 서면심사를 하고 있으므로 이러한 규정이 없으면 국산품을 사용했는지 수입물품을 사용했는지 구분할 수 없어 환급에 많은 어려움이 발생할 것으로 예상된다.

판례 수출용 원재료에대한관세등환급에관한특례법 제3조 제2항은 "국내에서 생산된 원재료와 수입된 원재료가 동일한 질과 특성을 가지고 상호 대체사용이 가능하여 수출물품의 생산과정에서 이를 구분하지 아니하고 사용되는 경우에는 수출용 원재료가 사용된 것으로 본다"고 규정하고 있

으므로, 수출물품의 제조업자가 국내에서 공급받은 원재료를 사용하여 수출물품을 생산한 경우에 이미 수입업자로부터 공급받은 원재료와 동종·동질 물품을 직접 수입한 실적이 있다면, 그 수입업자로부터 교부받은 수입신고필증분할증명서 등이 없더라도 수출용 원재료를 직접 수입할 때 발급받은 수입신고필증으로도 관세환급이 가능하다고 보아야 할 것이고, 관세환급실무도 이와 같이 처리하는 것으로 보인다.[서울고등법원 2007.9.13, 선고, 2006노63, 판결]

(2) 환급대상 원재료의 요건

관세 등의 환급을 받을 수 있는 원재료는 수입하는 때에 관세 등을 납부하였거나 납부할 물품으로서 이에 대한 증빙서류는 수입신고필증이다. 외국으로부터 수입하는 때에 관세법이 정하는 바에 따라 관세 등을 납부하였거나, 환급특례법에 의한 일괄납부승인을 받은 물품이어야 한다. 환급대상이 되는 수출용 원재료는 수입하는 때에 관세 등을 납부하였거나 납부할 물품이라면 정상적인 무역거래에 의하여 수입되고 물품대금을 지불하는 유환수입물품은 물론 물품대금을 지불하지 않고 수입되는 무환수입물품까지도 환급대상이 될 수 있다. 다만, 무환수입물품의 경우에는 간이세율이 아닌 기본세율을 적용받아야 환급이 가능하다.

유상수출이 있었다면 수출품의 가격이 수출요원재료의 수입가격에도 미치지 못하는 수출의 경우에도 환급을 받을 수 있다. 그리고 무상수입제품과 유상 수입한 원재료를 사용하여 제조·가공한 경우 관세환급을 받을 수 있다.

국내에서 사용·소비하다가 수출하는 중고품의 경우에는 수입 원재료를 사용하지 않았기 때문에 환급대상이 되지 아니한다. 중계무역이나 현지인도 수출은 관세법상 수출신고가 이루어지지 않았고 관세법에 의하여 수입한 원재료를 사용하지 않았기 때문에 환급대상이 아니다.

3. 환급대상 수출

(1) 수출

환급특례법에서 "수출 등"이란 「관세법」, 「임시수입부가세법」, 「개별소비세법」, 「주세법」, 「교통·에너지·환경세법」, 「농어촌특별세법」 및 「교육세법」(「관세법」 등)의 규정에도 불구하고 수출용 원재료에 대한 관세 등을 환급받을 수 있는 수출 등은 다음 어느 하나에 해당하는 것으로 한다.

- 「관세법」에 따라 수출신고가 수리(受理)된 수출. 다만, 무상으로 수출하는 것에 대하여는 기획재정부령으로 정하는 다음 수출로 한정한다.
  - 외국에서 개최되는 박람회 · 전시회 · 견본시장 · 영화제 등에 출품하기 위하여 무상으로 반출하는 물품의 수출. 다만, 외국에서 외화를 받고 판매된 경우에 한한다.
  - 해외에서 투자 · 건설 · 용역 · 산업설비수출 기타 이에 준하는 사업에 종사하고 있는 우리나라의 국민(법인을 포함한다)에게 무상으로 송부하기 위하여 반출하는 기계 · 시설자재 및 근로자용 생활필수품 기타 그 사업과 관련하여 사용하는 물품으로서 주무부장관이 지정한 기관의 장이 확인한 물품의 수출
  - 수출된 물품이 계약조건과 서로 달라서 반품된 물품에 대체하기 위한 물품의 수출
  - 해외구매자와의 수출계약을 위하여 무상으로 송부하는 견본용 물품의 수출
  - 외국으로부터 가공임 또는 수리비를 받고 국내에서 가공 또는 수리를 할 목적으로 수입된 원재료로 가공하거나 수리한 물품의 수출 또는 당해 원재료 중 가공하거나 수리하는데 사용되지 아니한 물품의 반환을 위한 수출
  - 외국에서 위탁 가공할 목적으로 반출하는 물품의 수출
  - 위탁판매를 위하여 무상으로 반출하는 물품의 수출(외국에서 외화를 받고 판매된 경우에 한한다)
- 우리나라 안에서 외화를 획득하는 판매 또는 공사 중 기획재정부령으로

정한 다음의 것

- 우리나라 안에 주류하는 미합중국군대(주한미군)에 대한 물품의 판매
- 주한미군 또는 우리나라에 있는 외국의 대사관 · 공사관 · 영사관 및 그 밖에 이에 준하는 기관의 (관세법 제88조제1항제1호 및 제3호)의 규정에 의한 기관이 시행하는 공사
- 「관세법」 제88조와 「대한민국과 아메리카합중국 간의 상호방위조약 제4조에 의한 시설과 구역 및 대한민국에서의 합중국군대의 지위에 관한 협정」에 의하여 수입하는 승용자동차에 대하여 관세 등의 면제를 받을 수 있는 자에 대한 국산승용자동차의 판매(주무부장관의 면세추천서를 제출하는 경우에 한한다)
- 「외국인투자촉진법」 에 의하여 외국인 투자 또는 출자의 신고를 한 자에 대한 자본재(우리나라에서 생산된 것에 한한다)의 판매. 다만, 당해 자본재가 수입되는 경우 「조세특례제한법」 규정에 의하여 관세가 면제되는 경우에 한한다.
- 국제금융기구로부터 제공되는 차관자금에 의한 국제경쟁입찰에서 낙찰(낙찰받은 자로부터 도급을 받는 경우를 포함한다)된 물품(우리나라에서 생산된 것에 한한다)의 판매(당해 물품이 수입되는 경우 「관세법」에 의하여 관세가 감면되는 경우에 한한다)

– 「관세법」 규정에 의한 보세창고(수출한 물품에 대한 수리 · 보수 또는 해외조립생산을 위하여 부품 등을 반입하는 경우에 한한다), 보세공장(수출용 원재료로 사용될 목적으로 공급되는 경우에 한한다), 보세판매장, 종합보세구역(수출용 원재료로 공급하거나 수출한 물품에 대한 수리 · 보수 또는 해외조립생산을 위하여 부품 등을 반입하는 경우 또는 보세구역에서 판매하기 위하여 반입하는 경우에 한한다) 또는 「자유무역지역의 지정 및 운영에 관한 법률」에 따른 자유무역지역의 입주기업체에 대한 공급

– 우리나라와 외국간을 왕래하는 선박 또는 항공기에 선용품 또는 기용품으로 사용되는 물품의 공급(선박 또는 항공기에는 외국군함(군용기)을 포함)

– 「원양산업 발전법」에 따라 농림수산식품부장관의 허가 · 승인 또는 지정을 받은 자가 그 원양어선에 무상으로 송부하기 위하여 반출하는 물품으로서 농림수산식품부장관 또는 농림수산식품부장관이 지정한 기관의 장이 확인한 물품의 수출

(2) 내국신용장등에 의한 공급

수출용 원재료가 내국신용장(內國信用狀), 외국환은행의 장이 내국신용장에 준하여 발급하는 구매확인서, 관세청장이 인정하는 매매계약서 기타 이와 유사한 서류에 의하여 거래되는 것으로서 관세청장이 관세 등의 일괄납부 및 정산이 가능하다고 인정하는 경우에는 「관세법」 등의 규정에도 불구하고 내국신용장등에 의하여 수출용 원재료를 공급하는 것을 수출로, 공급받는 것을 수입으로 볼 수 있다(법 제5조 제3항, 시행규칙 제5조)

(3) 다른 법령에 의한 환급대상 수출

1) 자유무역지역에 반입하는 내국물품

「자유무역지역의 지정 및 운영에 관한 법률」[32] 제45조에 의하여 입주기업체가 반입신고를 한 내국물품에 대하여는 「수출용 원재료에 대한 관세 등 환급에 관한 특례법」 제4조제1호 또는 제3호의 규정에 의하여 수출 또는 공급하는 것으로 보아 관세 등을 면제하거나 환급한다.

2) 북한으로 반출하는 물품

「남북교류협력에 관한 법률」 제26조 제2항과 시행령[33] 제41조 제4항에서는 "남북교류협력법에 따른 물품 등의 반출은 「수출용 원재료에 대한 관세 등 환급에 관한 특례법」 제2조에 따른 "수출 등"으로 본다. 다만, 반출되는 물품 등이 북한에서 제조·가공 등의 공정을 거쳐 남한으로 다시 반입되는 경우에는 그러하지 아니하다"고 규정하고 있다. 따라서 북한으로 유상반출을 하여 북한에서 사용하거나 반출한 물품 등을 사용하여 제조·가공한 제품을 제3국으로 수출한 경우에는 관세환급의 대상이 되지만 남한으로 다시 반입한 경우는 환급을 받을 수 없다.

32) 법률 제9587호

33) 대통령령 제22845호.

4. 환급적용대상 기간

(1) 환급적용 대상 기간

세관장은 물품이 「관세법」에 따라 수출신고가 수리된 수출의 경우에는 수출신고를 수리한 날, 기타 수출의 경우에는 수출·판매·공사 또는 공급을 완료한 날이 속하는 달의 말일부터 소급하여 2년 이내에 수입된 당해 물품의 수출용 원재료에 대한 관세 등을 환급한다(법 제9조 제1항). 관세 등을 환급하는 수출용 원재료는 수출이행기간 기준일부터 소급하여 2년 이내에 다음에 해당하는 수입신고수리반출승인·즉시반출신고·거래 등이 행하여진 것이어야 한다.

- 수입신고수리
- 수입신고수리전 반출승인
- 수입신고전 즉시반출신고
- 수출용 원재료가 내국신용장등에 의하여 거래된 경우에는 최후의 거래

(2) 내국신용장 등에 의한 거래시의 기간

수출용 원재료가 내국신용장 등에 의하여 거래되고, 그 거래가 직전의 내국신용장 등에 의한 거래(직전의 내국신용장 등에 의한 거래가 없는 경우에는 수입을 말한다)가 있은 날부터 1년 내에 이루어진 경우에는 해당 수출용 원재료가 수입된 날부터 내국신용장 등에 의한 최후의 거래가 있은 날까지의 기간은 환급 기간에 산입(算入)하지 아니한다. 다만, 수출용 원재료가 수입된 상태 그대로 거래된 경우에는 그러하지 아니하다(법 제9조 제2항).

5. 환급대상 조세

수입물품에 대하여 세관장이 부과·징수하는 조세는 관세 외에 부가가치세, 지방소비세, 개별소비세, 주세, 교육세, 교통 · 에너지 · 환경세 및 농어

촌특별세 등 내국세가 있다(관세법 제4조 제1항). 환급특례법법은 수출용 원재료(原材料)에 대한 관세, 임시수입부가세(臨時輸入附加稅), 개별소비세, 주세(酒稅), 교통 · 에너지 · 환경세, 농어촌특별세 및 교육세의 환급을 적정하게 함으로써 능률적인 수출 지원과 균형 있는 산업발전에 이바지하기 위하여 「관세법」, 「임시수입부가세법」, 「개별소비세법」, 「주세법」, 「교통 · 에너지 · 환경세법」, 「농어촌특별세법」, 「교육세법」, 「국세기본법」 및 「국세징수법」에 대한 특례를 규정함을 목적으로 한다(법 제1조). 따라서 수출용 원재료에 대한 환급의 경우 환급특례법과 개별 세법이 충돌하는 경우 환급특례법이 우선 적용된다.

그러나 환급특례법은 부가가치세법에 대한 특례를 규정하고 있지 않아 세관장이 관세와 함께 징수한 부가가치세의 환급에 있어서는 부가가치세법이 우선 적용된다. 부가가치세의 환급은 부가가치세법과 국세기본법에 따라 사업자의 관할세무서장이 행한다. 부가가치세의 환급은 과세기간 단위로 환급하는 일반환급과 환급세액 확정 이전에 미리 환급하고 사후 정산을 하는 조기환급이 있다.

환급특례법에서는 다음 표와 같이 관세법에서 규정하고 있는 부가가치세와 지방소비세가 관세 등에 포함되어 있지 않다. 그리고 관세법에는 없는 임시수입부가세가 포함되어 있다. 수출용 원재료에 대한 관세 등을 징수할 때 부가가치세와 지방소비세를 포함한 내국세를 징수하고 있는데 환급특례법에는 부가가치세와 지방소비세가 포함되어 있지 않다. 환급특례법 제5조에서는 관세법의 규정에도 불구하고 관세 등을 징수하도록 하고 있는데 환급특례법 제2조 제1호의 관세 등의 정의에는 부가가치세와 지방소비세가 포함되어 있지 않다. 결국 환급특례법에 의하면 수출용 원재료에 대한 부가가치세와 지방소비세는 징수할 수 없다.

	관세법	환급특례법
징수대상 조세	관세, 부가가치세, 지방소비세, 개별소비세, 주세, 교육세, 교통 · 에너지 · 환경세 및 농어촌특별세	관세, 임시수입부가세, 개별소비세, 주세, 교통 · 에너지 · 환경세, 농어촌특별세 및 교육세

입법론적으로는 환급특례법의 관세 등의 정의에는 관세법에 포함된 모든 내국세를 포함시키고 환급특례법 제9조 관세 등의 환급 대상에서 부가가치

세를 제외하는 것이 타당할 것으로 보인다.

환급특례법에서는 가산세의 환급에 대하여 별도로 규정하고 있지 않아 원재료를 수입할 때 관세법에 정한 의무불이행으로 대한 가산세는 환급을 받을 수 없다.

6. 수출 등의 사실 확인

(1) 수출 등의 사실 확인

수출 등에 제공된 물품에 대하여 관세 등의 환급을 받으려는 자는 관세청장이 정하는 바에 따라 물품을 공급할 때 또는 환급을 신청할 때 세관장으로부터 수출 등의 사실을 확인받아야 한다.

(2) 반입확인서 발급

1) 환급대상수출물품반입(적재)확인서

환급대상수출물품반입(적재)확인서란 보세창고, 보세공장, 보세판매장, 종합보세구역, 자유무역지역 안의 입주업체에 반입하는 수출용 원재료와 판매물품 등과 선박 또는 항공기에 적재하는 선(기)용품(판매용품 포함)에 대하여 세관장이 확인하여 발급하는 서류(반입 또는 적재확인서)를 말한다.

2) 반입확인 신청 및 제출서류

보세구역 등과 자유무역지역에 환급대상수출물품을 반입하고 반입확인서를 발급받고자 하는 자는 물품을 당해 보세구역 등과 자유무역지역에 반입하고 환급대상 수출물품 반입(적재)확인서 작성요령에 따라 전자문서로 작성한 신청 자료를 즉시 공항만시스템에 전송하고 접수통보를 받은 날로부터 3일 이내에 반입확인신청서에 다음 서류를 첨부하여 반입 장소를 관할하는 세관장에게 신청하여야 한다.

- 내국신용장
- 구매확인서
- 수출신용장 또는 수출계약서(물품대금은 외화로 받고 물품은 외국인이 지정한 국내업체에 인도하는 경우로서 신용장 또는 수출계약서와 물품을 인도받은 자가 기재된 것. 다만, 수출계약서의 경우에는 거래명세표 등에 의하여 물품인도 사실이 확인되고 인도물품이 수출 등에 제공할 것으로 인정되는 경우에 한함)
- 매매계약서(세관장이 법 제4조제3호 및 규칙 제2조제3항 각 호에서 정한 목적으로 거래된 것임을 인정한 것)
- 동일업체가 보세구역 등(자유무역지역포함)과 관세영역에 각각 소재하여 관세영역내 업체에서 보세구역 등(자유무역지역 포함)내 업체로 물품을 반입한 경우에는 반입사유 및 반입사실을 증명할 수 있는 서류

접수통지를 받을 때 처리기준이 즉시심사인 경우에는 서류제출을 하지 아니할 수 있다. 신청인은 전송한 자료에 대하여 오류통보를 받은 경우 오류사항을 정정한 후 당초 제출번호로 다시 전송하여야 한다.

2) 반입확인신청서의 배부 및 접수내역 통보

세관장은 반입확인신청서를 처리할 담당자를 공항만시스템에 등록하여 자동배부하거나 수작업에 의하여 배부 할 수 있다. 세관장은 반입확인신청 자료가 공항만시스템에 접수된 경우에는 ① 접수번호, ② 접수일자, ③ 처리담당자, ④ 오류발생여부, ⑤ 처리기준(즉시심사, 서류제출심사)을 신청인에게 전자문서로 통지한다.

3) 반입확인신청서의 처리방법 및 심사사항

반입확인신청서의 처리는 즉시심사나 서류제출심사를 한다. 다음에 해당하는 경우에는 서류제출대상으로 처리하고, 그 이외의 경우에는 즉시심사대상으로 처리한다.

- 세관장이 제검사물품으로 정한 경우
- 환급전심사 대상업체 또는 품목인 경우

- 최근 1년 이내 부당·과다환급 사실이 있는 업체가 공급하는 경우(세관장이 과다환급의 우려가 없다고 인정하는 경우에는 제외)
- 세관장이 서류제출 심사가 필요하다고 인정하는 업체 또는 품목

세관장은 즉시심사 대상 건에 대하여 다음 사항을 심사하여야 한다. 다만, 즉시심사가 곤란하다고 인정되는 경우에는 서류제출심사건으로 변경하여 심사할 수 있다.

- 신청내용이 신청서작성요령에 의하여 정확하게 작성되었는지 여부
- 품목번호(HSK 10단위)와 품명·규격의 기재가 적정한지 여부
- 제4항제6호에 의한 환급대상수출물품 해당여부

세관장은 서류제출심사건에 대하여 제출된 서류와 전송된 자료를 확인하여 신청서 작성요령에 따라 정확히 작성되었는지 여부와 다음 사항을 심사하여야 한다.

- 품명 및 규격의 정확한 기재여부
- 품목번호(HSK 10단위)의 적정여부
- 원상태 또는 제조·가공여부
- 공급자의 실제조자여부
- 수량(중량) 및 수량(중량)단위의 정확한 기재여부
- 반입확인신청한 물품이 다음에 해당하는지 여부
  - 보세공장의 경우에는 「관세법 시행령」 제199조제1항 및 제2항의 규정에서 정한 물품에 해당되는지 여부
  - 자유무역지역의 경우에는 「자유무역지역의 지정 및 운영에 관한 법률」 제29조제1항제2호각목에서 정한 물품에 해당되는지 여부
  - 보세판매장의 경우에는 판매물품에 해당되는지 여부
  - 보세창고의 경우에는 수출물품에 대한 수리·보수 또는 해외조립생산을 위한 부분품에 해당되는지 여부
  - 종합보세구역의 경우에는 수출용 원재료로 공급하거나 수출물품의 수리·보수 또는 해외조립생산을 위한 부분품 또는 보세구역에서 판매하기 위한 물품에 해당되는지 여부

4) 반입확인대상 물품의 검사

세관장은 반입확인 신청물품이 다음 사유 등으로 인하여 검사할 필요가 있다고 인정되는 경우에는 검사할 수 있다.

- 전산시스템에서 검사대상으로 선별된 경우
- 물품반입없이 반입확인 신청한 것으로 판단되는 경우
- 반입물품과 신청내역이 상이하다고 판단되는 경우
- 기타 심사결과 환급대상 원재료 여부 확인 등 현품검사가 필요하다고 인정하는 경우

반입물품에 대한 검사는 당해 물품이 반입되어 있는 장소(보세구역 등)에서 행한다.

5) 검사결과 조치 및 보완요구

세관공무원은 반입물품을 검사한 결과 이상이 없을 때에는 검사결과를 공항만시스템에 등록하여야 한다. 검사결과 반입물품이 신청내역과 상이한 경우에는 담당과장에게 보고하여 직권오류 조치하거나 또는 보완할 내용 및 보완기간을 기재하여 담당과장 명의로 신청인에게 보완요구하여야 한다. 보완하여야 할 사항이 경미한 경우에는 반입확인서 발급 후 이를 보완하게 할 수 있으며, 이 경우 신청인은 세관장이 지정한 기간 내에 보완하여야 한다.

6) 발급내역 전산등록·확인서 교부 및 통보

심사(검사)가 완료된 건에 대하여는 확인일자 등을 전산등록하고 신청인에게 전산으로 통보하여야 한다. 신청인이 요청하는 경우에는 반입확인서를 양수자에게 전자문서로 통보할 수 있다. 이 경우 양도자는 제증명전자문서전송업체통보서를 발급신청 전까지 관할지세관장에게 통보하여야 하며 이를 통보받은 세관장은 공항만시스템에 등록하여야 한다. 반입확인 신청인은 즉시심사 발급대상 건에 대하여 공항만시스템으로부터 확인내역을 통보받아 통보된 내용과 일치하는지를 확인한 후 다음의 확인인을 날인하여 반입확인서를 발급한다.

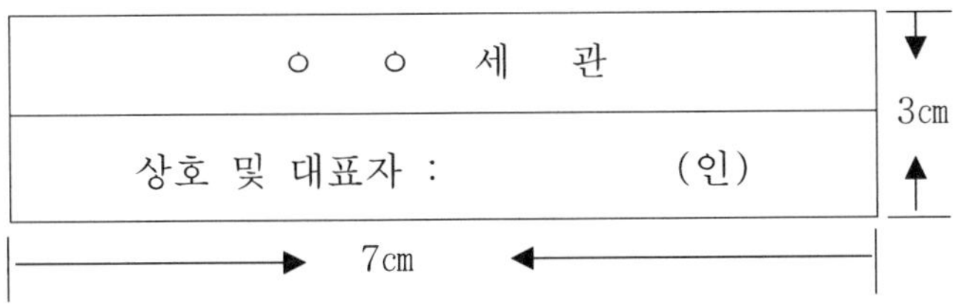

세관장은 서류제출 심사건에 대한 심사가 완료된 때에는 확인신청서에 확인일자를 기재하고 세관담당자의 인장을 날인하여 확인서를 발급한다. 보세구역 등에 환급대상 수출물품을 공급받은 자가 공급받은 물품과 확인서 내역이 서로 상이한 사실을 발견한 때에는 그 사실을 당해 확인서를 발급한 세관장에게 즉시 보고하여야 한다. 세관장은 보세공장에서 건조되는 선박에서 사용·소비할 시험운전용 유류를 반입하는 경우에는 시험운전 종료 후 소요된 량을 제외한 확인대상 물량(잔존유류)이 확정될 때에 물품반입확인서를 발급할 수 있다. 신청인은 반입확인서 발급에 관련된 거래서류와 물품수령증 등 관련서류를 정리하고 보관하여야 한다. 발급한 반입확인서는 양수자가 공항만시스템에서 확인할 수 있도록 그 내역을 공개한다.

(3) 적재확인서 발급

1) 적재허가 신청

외국무역선(기)에 선(기)용품 또는 원양어선에 무상으로 반출하는 물품에 대한 적재허가를 받고자 하는 자는 당해물품을 적재하기 전에 환급대상 수출물품 반입(적재) 확인서 작성요령에 따라 전자문서로 작성한 신청 자료를 공항만시스템에 전송하고, 적재장소를 관할하는 세관장에게 다음에 해당하는 서류를 제출하여 적재허가를 받아야 한다.

- 선(기)용품 적재의 경우 선박(항공기)의 종류·선박톤수(총톤수 및 순톤수)·승무원수·항해기간을 확인할 수 있는 서류
- 원양어업용 물품 적재의 경우 농림수산식품부장관 또는 농림수산식품부장관이 지정한 기관의 장이 발급한 원양어업용선용품무환반출확인서
- 적재허가서 발급신청시

- 내항자격전환시 과세내역을 확인할 수 있는 수입신고필증 등
- 내항운항일지, 기관일지 및 기관설계서 사본 등 내항운항기간 중 적재 및 소비된 유류량을 확인할 수 있는 서류

– 기타 거래명세표 등 적재물품을 확인할 수 있는 서류. 다만, 세관장이 제출할 필요가 없다고 인정하는 경우에는 제출을 생략할 수 있다.

2) 적재허가신청서 배부

세관장은 적재허가신청서를 처리할 담당자를 공항만시스템에 등록하여 자동 배부하거나 수작업에 의하여 배부할 수 있다.

3) 적재허가신청서 심사 및 허가서 발급

적재허가신청서의 심사방법은 즉시심사 또는 서류제출 심사로 한다. 세관장이 신청업체의 성실도·적재물품의 특성 등을 고려하여 서류제출의 필요성이 있다고 인정하여 전산시스템에 등록한 업체 및 품목을 제외하고는 즉시심사방법에 의해 처리한다. 즉시심사대상의 허가신청 건에 대하여 심사자는 전산화면 심사 후 허가하고, 허가내역을 전산 등록하여야 한다. 서류제출심사대상 허가신청 건에 대하여 세관담당자는 제출된 서류와 전자문서로 전송된 내용에 대해 다음 각호를 참고하여 선(기)용품적재허가신청내용의 적정성여부를 심사하여 허가하고, 그 내용을 전산 등록하여야 한다.

– 당해 선박(항공기)의 승무원수·선박(항공기)의 톤수·항해기간 등을 고려하여 적재허가신청물품이 선(기)용품으로 인정될 수 있는지 여부
– 적재허가신청물품의 품목분류·품명·규격의 정확한 기재 여부
– 원양어업용선용품무환반출확인서와 적재허가신청물품의 일치 여부(원양어업용 물품의 경우)

외국무역선(기)이 내항선(기)으로 자격 전환하여 내항운항을 한 후 다시 외국무역선(기)으로 자격전환(내항선(기)이 외국무역선(기)으로 자격 전환하는 경우를 포함한다)할 때 당해 선박에 남아있는 유류에 대하여 적재허가서를 발급할 수 있다. 다만, 원상태 적재허가서는 외국무

역선(기)이 내항선(기)으로 자격 전환할 때의 과세유류 중 내항운항에 소비된 양을 제외한 잔존유류에 대하여만 발급할 수 있다. 즉시 심사하여 허가된 적재허가서는 신청인이 발급하며, 서류제출 심사하여 허가된 적재허가서는 환급대상수출물품 반입확인(적재허가)인을 날인하여 발급한다. 선(기)용품에 대한 적재허가를 받은 경우 「관세법」 제143조의 규정에 의하여 적재허가를 받은 것으로 본다.

4) 적재확인 및 확인서 교부

세관장으로부터 물품적재허가를 받은 자는 해당 선박(항공기)에 허가받은 물품을 적재하고 적재확인서에 공급자와 선(기)장 또는 그 대리인의 적재확인(적재일자, 선(기)적 확인자)을 받아 허가받은 세관에 이를 제출하여 적재확인서 교부를 신청하여야 한다. 다만 다음 각호의 사유에 해당되는 경우에는 검사를 실시하거나 공인검정기관이 발행한 검정서(Survey report)를 제출하게 할 수 있다.

- 전산시스템에서 검사대상으로 선별된 경우
- 적재하지 않고 적재확인 신청한 것으로 판단되는 경우
- 적재확인을 신청한 물품이 신청한 내역과 상이하다고 판단되는 경우
- 기타 세관장이 현품검사가 필요하다고 인정하는 경우

선(기)용품의 적재확인서 교부신청이 있는 때에는 적재허가받은 물품에 대한 적재사항을 확인한 후 적재일자 및 적재확인자를 전산등록하고 처리담당자의 인장[별표 4]을 날인하여 확인서를 교부한다.

5) 검사결과 조치 및 보완요구

세관공무원은 적재물품을 검사한 결과 이상이 없을 때에는 검사결과를 공항만시스템에 등록하여야 한다. 검사결과 적재물품이 신청내역과 상이한 경우에는 즉시 담당과장에게 보고하여 자체조사 및 통고처분 또는 조사의뢰 등의 조치를 하여야 한다. 보완하여야 할 사항이 경미한 경우에는 담당과장에게 보고하여 직권오류 조치하거나 또는 보완할 내용 및 보완기간을 기재하여 담당과장 명의로 신청인에게 보완요구하여야 한다.

(4) 반입(적재)확인(신청)서의 정정 등

환급대상수출물품 반입(적재)확인(신청)내용을 정정하거나 취하하고자 하는 자는 작성요령에 따라 전자문서로 작성한 신청 자료를 공항만시스템에 전송하고, 당초 확인서 발급세관장에게 신청하여 승인을 받아야 한다. 세관장은 정정·취하를 승인할 경우 당해 반입(적재)확인서가 환급에 사용되었는지 여부를 확인하여 정정·취하로 인하여 환급금의 변동이 있다고 판단되는 경우에는 해당 환급금을 추징한 후에 정정·취하 승인하여야 한다. 정정·취하를 승인한 세관장은 정정·취하사항을 공항만시스템에 등록한 후 환급대상수출물품 반입확인(적재확인)인을 날인하여 승인서를 신청인에게 교부한다. 양수자에게 전자문서로 통보된 반입확인서를 정정·취하승인한 세관장은 정정·취하사항을 양수자에게 전자문서로 통보하여야 한다. 환급대상수출물품 반입(적재)확인(신청의 분실·도난 및 소실 등으로 재발급 받고자 하는 자는 당해서류를 발급한 세관장에게 재발급사유서를 제출하고 재발급 받을 수 있다.

(5) 동일업체간 반복공급하는 물품에 대한 반입확인서 발급

1) 대상 업체의 지정

보세공장 등에 동일한 수출용 원재료를 계속 반복적으로 공급하는 자 중 세관장의 지정을 받은 자는 당해물품을 보세공장 등에 공급한 후 반입확인서 발급을 신청할 수 있다. 보세공장 등에 물품을 공급한 후 반입확인서를 발급받고자 하는 자는 보세공장 등을 관할하는 세관장에게 다음 서류 등을 제출하여 지정을 받아야 한다.

- 물품공급 후 반입확인서 발급업체지정신청서
- 보세공장 등에 공급하는 물품에 대한 설명서 및 물품견본(지정 후 견본은 반환한다) 다만, 거대중량 등의 부득이한 사유로 견본 제출이 곤란한 경우에는 물품을 확인할 수 있는 사진, 카탈로그 등을 제출할 수 있다.

세관장은 지정신청이 있는 경우 다음 사항을 검토한 후 지정기간을 2년으로 하여 지정하고 그 사실을 당해 업체에 통지하여야 한다.

- 최근 3년 이내 환급특례법 제23조 또는 「관세법」 제269조 내지 제276조 위반으로 처벌받은 사실여부
- 환급 전 심사대상 업체 또는 품목에 해당하는지 여부
- 공급물품이 보세공장 등에서 수출물품 제조·가공에 소요되는 원재료로서 시중유출의 우려가 있는지 여부
- 최근 2년간 물품을 공급받는 보세공장 등에 대한 재고조사결과 특이사항이 있는지 여부

물품공급 후 반입확인서 발급업체로 지정한 세관장은 그 지정사실을 양수자가 공항만시스템에서 확인할 수 있도록 내역을 공개한다.

2) 동일업체간 반복 공급하는 수출용 원재료에 대한 반입확인서 발급

지정받은 자가 보세공장 등에 공급한 수출용 원재료에 대하여 반입확인서를 발급받고자 하는 경우 환급대상수출물품 반입(적재)확인서 작성요령에 따라 작성된 전자문서를 공항만시스템에 전송하여야 한다. 다만, 서류제출대상에 해당하는 경우에는 기존 서류 이외에 ① 신용장에 의하여 물품을 공급한 경우에는 내국신용장물품수령증 또는 양수인이 발행한 물품인수증, ② 구매확인서 또는 매매계약서에 의하여 물품을 공급한 경우에는 세금계산서 또는 양수인이 발행한 물품인수증을 제출하여야 한다.

반입확인서는 당해 수출용 원재료를 공급한 날(내국신용장물품수령증 또는 양수인이 발행한 인수증상의 인수일)로부터 10일 이내에 발급신청하여야 한다. 다만, 일정기간 공급물품에 대하여 일괄하여 반입확인서를 발급받고자 하는 경우에는 ① 매월 1일부터 15일까지 공급한 물품에 대하여는 그 달 25일까지, ② 매월 16일부터 말일까지 공급한 물품에 대하여는 그 다음달 10일까지 발급신청을 하여야 한다.

3) 보세공장 운영에 관한 고시 적용배제

물품공급 후에 발급하는 반입확인건에 대하여는 보세공장 운영에 관한 고시 제13조제2항 및 제18조제1항에서 정한 “반입확인을 반입신고

및 사용신고에 갈음"하는 규정을 적용하지 아니한다.

4) 지정기간 갱신

대상업체 지정기간은 갱신할 수 있다. 지정기간을 갱신하고자 하는 자는 지정기간 만료 30일전까지 서류를 세관장에게 제출하여야 한다.

5) 지정의 취소

세관장은 다음 사유가 발생한 경우 물품공급 후 반입확인서 발급업체 지정을 취소할 수 있다.

- 지정받은 자(수출용 원재료를 공급받은 자를 포함한다)가 영 제7조제1항제2호 내지 제4호에 해당하는 때
- 지정받은 자의 요청이 있는 경우
- 기타 세관장이 물품공급 후 반입확인서를 발급하는 것이 보세공장 등의 물품관리상 부적합하다고 인정되는 경우

세관장은 지정을 취소한 경우 그 사실을 해당업체에 통지하여야 한다.

제3절 정액환급제도

1. 환급제도

환급금의 산출방법에는 개별환급방법과 정액환급방법이 있다. 개별환급방법은 수출물품 제조에 소요된 원재료의 품명·규격·수량과 동원재료의 수입시 납부세액을 원재료별로 개별적으로 확인하여 환급금을 산출하는 방법이며, 정액환급방법은 정부가 정하는 일정한 금액(정액환급율표 상의 금액)을 소요원재료의 수입시 납부세액으로 보고 환급금을 산출하도록 하는 방법이다.

정액환급과 개별 환급의 비교

구분	(간이)정액환급	개별환급(사후정산제도)
개념	관세청장이 환급액을 미리 산출하여 고시한 정액환급율표에 의해 환급	수출신고필증과 소요량계산서 및 수입관계 서류에 의거 소요원재료별로 납부세액을 산출하여 환급 원재료 수입업자가 신청하는 경우 수입시 6월의 범위 내에서 일정기간동안 관세 등의 징수를 유예하였다가 동원재료를 사용하여 물품을 생산·수출 후 결정되는 환급금과 상계·정산
장점	환급절차 간편/수출용 원재료의 국산화 촉진	납세액을 정확히 환급
단점	평균개념에 의한 환급액 산정으로 과다 또는 과소 환급 발생	환급절차가 복잡
적용	「중소기업기본법」에 의한 **중소기업자**로 환급신청일이 속하는 연도의 직전 2년간 매년도 환급실적(기초원재료납세증명서 발급실적 포함. 업체별 실적을 말하며, 사업장이 2이상인 업체의 경우에는 모든 사업장의 실적을 합한 것)이 6억원 이하인 자가 **제조·가공**한 수출물품에 대한 관세 등의 환급과 내국신용장 등에 의하여 공급된 수출용 원재료에 대한 기초원재료납세증명서 발급시에 적용	정액환급율표의 적용대상이 아닌 경우 정액환급율표 적용대상 중 관세청장의 비적용 승인을 받은 경우
서류	수출신고필증	수출신고필증 소요량계산서 수입신고필증

관세환급이 수출물품 제조에 소요된 원재료의 수입시 납부세액을 수출한 때에 되돌려 주는 것이므로 환급액을 정확하게 산출하기 위하여서는 개별 환급방법에 의하는 것이 합리적이다. 그러나 관세환급 제도는 수출을 지원하기 위한 제도이므로 원재료 수입시 납부세액을 정확하게 환급하여야 한다는 목표와 함께 간편하게 환급하여야 하는 상반된 두 목표를 동시에 추구해야 한다. 관세청 홈페이지 자료에 의하면 수출지원을 위한 제도 본래의 목적달성을 위하여서는 환급액과 원재료 납부세액 간에 다소의 차이가 있다 하더라도 정액환급을 확대 운용하는 것이 필요하다는 것이 정부의 입장이다.

2. 정액환급률표

(1) 고시

관세청장은 ㉠ 단일(單一) 수출용 원재료에 의하여 둘 이상의 제품이 동시에 생산되는 등 생산공정(生産工程)이 특수한 수출물품과 ㉡ 중소기업 수출물품에 대한 관세 등의 환급 절차를 간소화하기 위하여 필요하다고 인정하는 경우에는 대통령령으로 정하는 바에 따라 수출용 원재료에 대한 관세 등의 평균 환급액 또는 평균 납부세액 등을 기초로 수출물품별로 정액환급률표(定額還給率表)를 정하여 고시할 수 있다(법 제13조 제1항).

(2) 환급

정액환급률표에 정하여진 금액은 해당 물품을 생산하는 데 드는 수출용 원재료를 수입한 때에 납부하는 관세 등으로 보아 환급한다(법 제13조 제2항).

(3) 정액환급의 기준

정액환급률표는 수출물품의 품목번호를 기준으로 정하되, 필요한 경우에는 수출물품의 품명 또는 규격별로 정할 수 있다. 정액환급률표를 정할 때에는 적정한 환급을 위하여 관세율 및 환율의 변동 등을 감안하여 일정률을 가감할 수 있다. 수출물품 또는 내국신용장등에 의하여 거래된 물품이 정액환급률표에 기재된 경우에는 수출등에 제공된 날 또는 내국신용장등에 의하여 거래된 날에 시행되는 정액환급률표에 정하여진 바에 따라 환급하거나 기초원재료납세증명서를 발급한다.

(4) 정액환급률표 비적용

관세청장이 정하는 바에 따라 정액환급률표를 적용하지 아니하기로 승인(비적용승인)을 얻은 경우에는 정액환급률표를 적용하지 아니하다. 비적용 승인을 얻은 자의 모든 수출물품(내국신용장등에 의하여 거래된 물품을 포함한다)에 대하여는 정액환급률표를 적용하지 아니한다.

특수공정물품 정액환급률표가 적용되는 물품에 대하여는 간이 정액환급률표를 적용하지 아니한다.

비적용 승인을 얻은 자가 관세청장이 정하는 바에 따라 정액환급률표의 적용을 신청하거나 정액환급률표의 적용승인을 얻은 자가 다시 비적용 승인을 신청하는 경우에는 비적용승인 또는 적용승인을 얻은 날부터 2년 이내에는 이를 신청할 수 없다. 다만, ㉠ 생산공정의 변경 등으로 인하여 소요량계산서의 작성이 곤란하게 된 때(생산제품과 관련하여 P/L소요량계산서의 작성에 필요한 장부 기장능력이 없는 경우와 제품의 특성상 소요원재료의 다양성이나 잦은 변경 등으로 P/L소요량계산서의 작성이 곤란하거나 비용이 과다하게 소요된다고 세관장이 인정하는 경우)와 ㉡ 정액환급률표에 의한 환급액이 산출된 환급액의 70퍼센트에 미달하게 된 때에는 관세청장이 정하는 바에 따라 2년 이내에도 신청할 수 있다.

(5) 정액환급률표의 고시요청

정액환급률표를 적용받을 수 있는 자는 대통령령으로 정하는 바에 따라 관세청장에게 정액환급률표를 정하여 고시할 것을 요청할 수 있다(법 제13조 제3항). 정액환급률표의 고시를 요청하고자 하는 자는 다음 서류를 첨부한 신청서를 관세청장에게 제출하여야 한다.

- 고시요청 사유서

- 수출물품의 품목번호별 소요원재료의 내역
- 원재료별 최근 1년 동안의 관세납부내역
- 기타 정액환급률표의 고시요청의 필요성을 입증하는 서류 등 관세청장이 정하는 서류

관세청장은 정액환급률표의 고시를 요청받은 경우에는 제출된 서류 및 환급실적 등을 기초로 이를 고시하여야 한다. 다만, 당해 물품의 거래의 특수성 등으로 현저히 과다 · 과소환급의 우려가 있어 정액환급 대상물품으로 부적합하다고 인정되는 경우에는 이를 고시하지 아니할 수 있다.

(6) 적용중지

관세청장은 수출구조, 원재료 수입구조, 관세율 및 환율의 변동 등으로 정액환급률표에 고시된 환급액이 많거나 적어 정액환급률표를 적용하는 것이 부적당하다고 인정하는 경우에는 그 적용을 중지하거나 정액환급률표의 전부 또는 일부를 조정하여 고시할 수 있다(법 제13조 제4항).

(7) 관세환급금의 귀속시기

판례는 법인세법상의 익금과 손금의 귀속연도와 관련하여 정액환급금의 귀속 시기는 수출을 완료한 당해 사업년도에 귀속하는 익금으로 보아야 한다는 입장이다. 각 사업연도에 수출을 완료한 물품에 대한 관세환급금중 수출한 당해 연도에 환급받은 금액은 물론이고 그 다음해에 환급받은 금액이라 할지라도 정액환급율표에 의하여 환급받은 액(정액환급액)은 수출과 동시에 납세자가 환급받을 수 있는 환급액이 구체적으로 확정되기 때문이다. 반면에 개별환급의 익금 귀속 시기는 수출을 완료한 당해 연도에 그 금액이 확정되지 아니하므로 실제로 관세를 환급받은 사업연도에 귀속하는 익금으로 보아야 한다는 입장이다.

판례 수출용 원재료에 대한 관세 등 환급에 관한 특례법(이하 특례법이라고 한다) 제6조 (정액환급율표)에 의하면 관세청장은 대통령령이 정하는 바에 의하여 수출물품별로 수출용 원재료에 대한 관세 등의 평균환급액을 기초로 정액환급율표를 정하여 고시할 수 있고, 이 정액환급율표에 정하여진 금액은 당해 물품을 제조, 가공하는데 소요되는 수출용 원재료를

수입한 때에 납부한 관세 등으로 보아 이를 환급한다고 규정되어 있으므로, 이러한 규정들에 비추어 보면 각 사업연도에 수출을 완료한 물품에 대한 관세환급금 중 수출한 당해 연도에 환급받은 금액은 물론이고 그 다음해에 환급받은 금액이라 할지라도 위 정액환급율표에 의하여 환급받은 액(정액환급액)은 수출과 동시에 납세자가 환급받을 수 있는 환급액이 구체적으로 확정되는 것이어서 **이를 수출을 완료한 당해 사업연도에 귀속하는 익금으로 보아야 하고,** 그 다음해에 환급받은 금액 중 위 정액환급율표에 의하지 아니하고 개별적으로 환급받은 나머지 액(개별환급액)은 수출을 완료한 당해 연도에 그 금액이 확정되지 아니하므로 실제로 관세를 환급받은 사업연도에 귀속하는 익금으로 보아야 할 것이라는 원심의 판단은 정당하고, 거기에 관세환급금의 귀속시기에 대한 법리를 오해한 위법이 있다고 할 수 없다. 【대법원 1990.11.13. 선고 90누943 선고 판결】

3. 간이정액환급

간이정액환급제도는 개별환급을 받을 능력이 없는 중소기업의 수출을 지원하고 환급절차를 간소화하기 위하여 도입된 제도이다. 간이 환급 제도를 이용하여 2010년 1월부터 11월까지 총 9,642개 업체가 1,951억 원을 환급을 받았다. 전체 환급 금액 전체 34,461억 원에서 간이정액환급 액수가 차지하는 비중은 5.7%이지만, 환급업체는 전체 16,258개의 59.3%를 차지한다. 간이정액환급제도는 금액은 많지 않지만 적용내지 혜택을 보는 기업은 많아 중소기업에 유리하고 필요한 제도임을 알 수 있다.

간이정액환급율은 수출물품의 세번부호(HS10단위)별로 전년도 평균환급액을 기준으로 수출업체 구분없이 책정·적용하는 것이어서 개별 수출업체의 입장에서 보면 과다 또는 과소환급이 발생하게 된다. 국산원재료를 상대적으로 많이 사용하는 업체에서는 과다환급으로 수출을 확대함으로써 수출용원 재료의 국산화를 촉진할 수 있으나 지나친 과소환급 업체는 수출자체를 어렵게 할 우려가 있어 수출업체가 원하는 경우에는 수출업체의 간이정액 비적용신청에 의거 수출업체별로 간이정액환급율표를 적용하지 아니할 수 있도록 허용하고 있다.

(1) 간이정액환급율표

관세청장은 중소기업의 수출물품에 적용하는 정액환급률표(간이정액환급률표)를 정할 때에는 최근 6월 이상 기간 동안의 수출물품의 품목번호별 평균환급액 또는 평균납부세액 등을 기초로 하여 적정한 환급액을 정하여야 한다.

관세청장은 매년 간이정액환급율표를 고시한다.[34] 간이정액환급률표는 수출물품 HS 10단위별 최근 6월 이상(2011년 경우 2009.11.1-2010.10.31)의 평균환급액을 기초로 환급액을 책정하여 관세청장이 매년 고시하고 있다. 간이정액환급률표는 1회계년도(1.1~12.31) 단위로 운영됨에 따라 2011년에 적용할 간이정액환급률표 2011년 5월 25일 개정하였다. 2011년 선정 결과 56개 품목이 추가되어 총 3천 9백 7십 3개이다.

(단위 : 개)

기 존	삭 제	추 가	개 정	증 감
3,917	–	56	3,973	+ 56 (1.4%↑)

☞ 간이정액환급대상 연도별 품목 수 현황

'07.1월	→	'08.1월	→	'09.1월	→	'10.1월	→	'11.1월
3,654개		3,735개		3,867개		3,917개		3,973개

2011년에 추가된 56개 품목은 전년도 간이정액환급률표에 등록되지 않은 품목으로 관세청 자체 선정한 녹차, 타워크레인 등 53개 품목과 유관협회가 요청한 고압증기 세척기 등 3개 품목이다.

간이정액환급율표는 수출금액 원화 10,000원을 기준으로 산정하되, 10원미만의 단수가 있는 경우에는 절상한다. 간이정액환급율표는 당해 간이정액환급율표가 적용되는 해의 전전년도 11월부터 전년도 10월까지 환급 및 기납증 발급실적을 기초로 작성한다. 다음 표는 02류부터 09류까지의 간이정액환급율표이다. 간이정액환급율표에는 02류부터 96류까지 HS 10단위 기준 3973개의 품목에 대한 세율이 고시되어 있다.

34) 2011년 간이정액환급율표는 관세청고시 제2011-26호 참조.

간이정액환급율표

세 번	품명	수출금액(FOB) 1만원당환급액
0202.30-0000	뼈 없는 것	180
0303.44-0000	눈다랑어(터너스오베서스)	180
0303.61-0000	황새치(자이피어스글래디어스)	180
0303.79-3000	갈치	180
0303.79-8000	꽁치(학꽁치를 포함한다)	180
0303.79-9099	기타	180
0304.21-0000	황새치(자이피어스글래디어스)	70
0304.29-2000	붕장어의 것	20
0304.29-5000	참다랑어의 것	180
0304.29-8000	쥐치의 것	30
0304.29-9000	기타	70
0305.69-5000	고등어	180
0306.14-2000	왕게	180
0306.14-9000	기타	180
0306.24-1090	기타	180
0307.91-1510	종패용	180
0307.91-1590	기타	180
0307.99-1190	기타	80
0307.99-3910	성게	70
0403.10-1000	액상의 것	100
0403.10-2000	냉동한 것	180
0406.30-0000	가공치즈(갈았거나 분상의 것을 제외한다)	180
0505.10-0000	솜털 및 충전재용 깃털	180
0506.90-2000	골분	180
0603.14-0000	국화	10
0712.39-1020	표고버섯	180
0802.40-2000	탈각한 것	10
0811.10-0000	초본류딸기	10
0902.10-0000	녹차(발효하지 아니한 것에 한한다)(내용량이 3킬로그램 이하로 포장된 것에 한한다)	20

* 주 : FOB 기준 원화 10,000원당 환급액으로 단위는 원(₩)임

(2) 간이정액환급율표 적용 대상

간이정액환급율표는 「환급특례법 시행규칙」에서 정한 「중소기업기본법」에 의한 중소기업자에게 적용된다. 중소기업의 범위는 다음과 같다.

「중소기업기본법」 상의 **중소기업의 범위**

중소기업은 다음 기준을 모두 갖춘 기업으로 한다.

1. 해당 기업이 영위하는 주된 사업의 업종과 해당 기업의 상시 근로자 수, 자본금 또는 매출액의 규모가 다음 기준에 맞는 기업.

해당업종	분류부호	규모기준
제조업	C	상시 근로자 수 300명 미만 또는 자본금 80억원 이하
광업	B	상시 근로자 수 300명 미만 또는 자본금 30억원 이하
건설업	F	
운수업	H	
출판, 영상, 방송통신 및 정보서비스	J	상시 근로자 수 300명 미만 또는 매출액 300억원 이하
사업시설관리 및 사업지원서비스업	N	
보건 및 사회복지사업	Q	
농업, 임업 및 어업	A	상시 근로자 수 200명 미만 또는 매출액 200억원 이하
전기, 가스, 증기 및 수도사업	D	
도매 및 소매업	G	
숙박 및 음식점업	I	
금융 및 보험업	K	
전문, 과학 및 기술 서비스업	M	
예술, 스포츠 및 여가관련산업	R	
하수처리, 폐기물 처리 및 환경 복원업	E	상시 근로자 수 100명 미만 또는 매출액 100억원 이하
교육 서비스업	P	
수리 및 기타서비스업	S	
부동산업 및 임대업	L	상시 근로자 수 50명 미만 또는 매출액 50억원 이하

※ 해당 업종의 분류 및 분류부호는 「통계법」 제22조에 따라 통계청장이 고시한 한국표준산업분류에 따른다.

다만, ①상시 근로자 수가 1천명 이상인 기업, ②자산총액(직전 사업연도 말일 현재 대차대조표에 표시된 자산총액을 말한다)이 5천억원 이상인 법인(이 경우 외국법인의 자산총액을 원화로 환산할 경우에는 직전 사업연도 말일 현재의 종가환율 또는 직전 사업연도의 평균환율을 적용하여 환산한 금액 중 적은 것으로 한다) ③ 자기자본이 5백억원 이상인 기업, ④ 직전 3개 사업연도의 평균 매출액이 1천5백억원 이상인 기업은 제외한다.[35)]

2. 소유와 경영의 실질적인 독립성이 다음 모두에 해당하는 기업

- 「독점규제 및 공정거래에 관한 법률」에 따른 상호출자제한기업집단에 속하지 아니하는 회사일 것
- 자산총액 5천억원 이상인 법인(「중소기업창업 지원법」에 따른 중소기업창업투자회사와 이에 준하는 자로서 중소기업 육성을 위하여 중소기업청장이 정하여 고시하는 자는 제외한다)이 발행주식(「상법」 제370조에 따른 의결권 없는 주식은 제외한다) 총수의 100분의 30 이상을 직접적 또는 간접적으로 소유한 최대주주(법인의 의결권 있는 발행주식 총수를 기준으로 본인 및 그와 특수관계자가 소유하는 주식을 합하여 그 수가 가장 많은 경우의 본인을 말한다. 이 경우 특수관계자는 본인이 개인인 경우 사실상 혼인관계에 있는 자를 포함한 배우자, 8촌 이내의 혈족 및 4촌 이내의 인척을 말하며, 본인이 법인인 경우 그 법인의 임원을 말한다)인 기업이 아닐 것. 이 경우 발행주식의 간접소유 비율에 관하여는 「국제조세조정에 관한 법률 시행령」 제2조제2항을 준용한다.
- 관계회사에 속하는 기업의 경우에는 상시 근로자 수, 자본금, 매출액, 자기자본 또는 자산총액이 기준을 초과하는 기업이 아닐 것

35) ③과 ④는 2012년 1월 1일부터 적용

그리고 환급신청일이 속하는 연도의 직전 2년간 매년도 환급실적(기초원재료납세증명서 발급실적을 포함한다. 업체별 실적을 말하며, 사업장이 2이상인 업체의 경우에는 모든 사업장의 실적을 합한 것)이 6억 원 이하인 자가 제조·가공한 수출물품에 대한 관세 등의 환급과 내국신용장 등에 의하여 공급된 수출용 원재료에 대한 기초원재료납세증명서 발급시에 적용한다. 이 경우 수출자와 수출물품의 생산자가 다른 경우에는 수출물품의 생산자가 직접 관세 등의 환급을 신청하는 경우에 한한다. 간이정액환급율표는 수출물품 및 내국신용장 등에 의하여 공급한 물품(수출물품)의 수출신고수리일 또는 양도일에 시행하는 간이정액환급율표를 적용한다.

간이정액환급율표의 적용여부는 수출물품 또는 내국신용장 등에 의하여 공급된 물품(수출물품등)의 세번부호(HS10단위)가 수출신고수리일 또는 양도일에 시행되는 간이정액환급률표에 기재된 세번부호(HS10단위)와 일치하는지의 여부로 결정하고 단지 품명은 참고로 한다.

(3) 적용 방법

환급금액 및 전가세액은 다음의 계산방식에 의하여 결정한다.

$$\text{간이정액환급액} = \frac{FOB\text{원화기준 수출(공급)금액} \times \text{표의 해당 금액}}{10{,}000}$$

환급신청의 경우는 수출신고필증상의 FOB₩(원), 기초원재료 납세증명서 발급신청의 경우는 내국신용장, 구매확인서 또는 특수신용장상의 물품금액 10,000원당 책정한 간이정액환급율을 곱하여 산출한다. FOB 1백만원에 해당하는 꽁치를 수입했을 경우 (1,000,000 × 180)÷10,000 = 18,000원을 환급받을 수 있다.

기초원재료납세증명서를 발급 신청할 때 물품대금과 양도세액이 구분표시되지 아니한 경우는 물품대금을 산출한 뒤 간이정액환급금 산출공식에 의거 산출한다. 수출신고필증등상의 수출금액 또는 내국신용장등의 공급금액이 FOB조건이 아니거나 내국신용장등에 전가세액과 물품대금이 구분 기재되어 있지 않아 물품대금을 확인할 수 없는 때에는 다음의 산식에 의하여 산출된 FOB 기준 금액(물품대금)을 기준으로 결정하되 소수점 이하는 절사한다.

$$\frac{\text{원화로 표시된 내국신용장등상의 거래금액}}{1+\frac{\text{표의 해당 금액}}{10{,}000}}$$

표 적용시에는 별도로 환급금 지급제한이나 부산물에 대한 환급액의 공제를 하지 아니한다.

(4) 적용 제외물품

간이정액환급율표는 다음에 해당하는 물품에 대하여는 적용하지 아니한다.

㉠ 수출용 원재료를 수입한 상태 그대로 수출 등에 제공하거나 내국신용장 등에 의하여 공급한 물품[36)]

㉡ 비적용승인을 받은 자가 제조·가공한 수출물품 또는 내국신용장 등에 의하여 공급한 물품

㉢ 해외로부터 가공임을 받고 국내에서 가공할 목적으로 반입된 수입원재료의 가공물품 수출

㉣ 수출물품의 생산자를 알 수 없는 물품(수출신고필증에 제조자 통관고유부호가 "제조미상9999000"으로 기재된 것)

㉤ 하드웨어의 생산없이 단순히 하드웨어에 소프트웨어를 결합하여 수출(공급)되는 물품

(5) 간이정액환급율표의 비적용 및 적용승인에 관한 사항

최근 6월 이상의 기간 동안 수출물품의 품목번호별 환급실적(간이정액환급실적을 제외한다)이 없거나 미미하여 당해 물품의 품목번호별 평균환급액 또는 평균납부세액 등을 기초로 간이정액환급률표의 환급액을 정하는 것이 불합리한 것으로 판단되는 경우에는 직전의 간이정액환급률표의 환급액을 기초로 하여 적정한 환급액을 정할 수 있다.

간이정액환급율표의 비적용승인을 받고자 하는 자는 관할지세관장에게

---

36) 수입물품을 수입한 상태 그대로 수출한 경우에는 간이정액으로 환급신청시 개별환급액으로 신청할 때보다 환급액이 너무 과소 계상되기 때문에 간이정액율표의 적용을 배제시키고 있다.

비적용신청을 하여 승인을 받아야 한다. 비적용승인을 받고자 하는 자는 간이정액환급비적용승인신청서를 관할지세관장에게 제출하여야 한다.

2년 이내에 적용 또는 비적용 신청을 하고자 하는 경우에는 그 산출내역과 증빙서류를 첨부하여야 한다. 간이정액환급비적용 승인을 받은 자가 다시 간이정액환급율표의 적용을 받고자 하는 때에는 관할지세관장에게 적용신청을 하여 승인을 받아야 한다. 간이정액환급비적용 또는 적용 승인신청을 받은 세관장은 2년이 경과되었는지 여부를 관세환급시스템에서 조회한 후 이를 승인하여야 한다.

간이정액환급적용(비적용)신청서를 접수한 세관장은 신청업체가 적용 또는 비적용승인을 받은 날로부터 2년이 경과하였는지를 확인하여 적용(비적용)여부를 결정하여야 한다. 다만, 생산공정의 변경 등으로 인하여 소요량계산서의 작성이 곤란하게 된 때와 정액환급률표에 의한 환급액이 산출된 환급액의 70퍼센트에 미달하게 된 때 2년 이내에도 신청할 수 있다.

간이정액환급(적용, 비적용)승인신청

				처리기간 : 즉시
① 신청인	상　　호		대　표　자	
	주　　소		사업자 등록번호	
	통관고유부호		대표자 주민등록번호	

② 사업장내역(사업장이 2이상인 경우 전부기재)

사 업 장 명	사업자등록번호	통관고유부호	소 재 지

③ 비적용(적용)신청사유

수출용 원재료에대한관세등환급사무처리에관한고시 제3-2-2조의 규정에 의하여 간이정액환급(적용, 비적용)승인 신청합니다.

년　　월　　일

신 청 인　　　　　(인)

○ ○ 세 관 장 귀 하

처리내역		
	승 인 일	
	전산등록일	
	전산등록자	
첨부서류 : 없음. 수수료 : 없음		

결재	담당	주무	과장

(6) 행정사항

세관장은 간이정액환급 표의 적용대상여부는 관세환급시스템(간이정액환급 적용/비적용화면)에 의하여 확인 하되, 중소기업자 해당여부를 확인하고, 환급신청자가 당해 수출물품등을 제조·가공하였는지의 여부를 확인하여야 한다. 간이정액환급대상자인 중소기업자에 해당여부의 확인은 환급신청일 또는 기초원재료 납세증명서 의 신청일을 기준으로 환급기관장이 확인하고 있으나 별도의 서류를 제출하지 않는다. 다만 환급기관장이 중소기업자의 여부에 의심이 있는 업체에 대하여는 ① 상용종업원수(3개월 이내(확인신청일 속하는 달 포함) 세무서장이 확인한 소득세징수액집계표(표준율코드가 명기된 것)), ② 자산총액(최근회계연도의 당해업체의 대표자가 확인한 대차대조표)의 제출을 요구할 수 있다.

환급신청년도가 속하는 년도의 직전 2년간 매년도 총 환급실적 6억원이하 업체의 확인은 관세청에서 운영 중인 환급전산시스템에 의해 확인하고 있으므로 별도의 서류를 제출하지 않아도 된다. 여기에서 총 환급실적이라 함은 환급실적 뿐만 아니라 기초원재료 납세증명서 발급실적도 포함되며, 이 경우 환급액이나 양도세액 산출방법은 개별환급방법이나 정액환급방법 모두 포함된다. 세관장은 간이정액환급비적용 및 적용승인을 한 때에는 이를 관세환급시스템에 등록하고 또한 승인내역이 변경된 경우에도 지체없이 변경된 내역을 등록하여야 한다. 세관장은 간이정액환급율표의 적용에 문제점이 있는 경우에는 이를 관세청장에게 보고하여야 한다.

(7) 간이정액환급율표의 우선 적용

중소기업자가 환급과 기납증 발급을 신청할 때에는 간이정액환급율표를 우선 적용하여야 한다. 간이정액 대상품목에 대하여 그 요건에 해당되는 수출업체는 간이정액환급율표에 의한 환급을 우선적으로 적용하여야 할 의무가 있기 때문에 임의로 개별환급방법 등을 적용할 수 없다. 그러나 수출업체의 입장에서는 간이정액환급율표를 적용한 환급액이 개별환급방법에 의한 환급액 보다 적은 경우가 발생할 수 있다. 이 경우에는 관할지세관장장에게 간이정액환급 비적용신청을 하여 승인을 받아 개별환급방법으로 환급받을 수 있다. 비적용승인을 받은 수출업체는 정액율표상의 모든 품목에 대하여 적용이 배제되고 품목별 선별 비적용은 인정되지 않는다.

(8) 간이정액환급율표의 고시요청

간이정액환급율표의 고시를 요청하고자 하는 자는 ㉠ 고시요청 사유서, ㉡ 수출물품의 품목번호별 소요원재료의 내역, ㉢ 원재료별 최근 1년동안의 관세 등 납부내역, ㉣ 기타 간이정액환급율표 고시요청의 필요성을 입증하는 서류를 첨부한 간이정액환급율표고시요청서를 매년 10월말까지 관세청장에게 제출하여야 한다.

간이정액환급율표 고시요청서

<table>
<tr><td rowspan="3">신 청 인</td><td>상 호</td><td></td><td>사업자등록번호</td><td></td></tr>
<tr><td>주 소</td><td></td><td rowspan="2">통관고유부호</td><td rowspan="2"></td></tr>
<tr><td>대 표 자</td><td></td></tr>
<tr><td colspan="5">제조장 내역(제조장이 둘 이상인 경우 전부기재)</td></tr>
<tr><td>제조장명</td><td colspan="2">사업자등록번호</td><td>통관고유부호</td><td>소 재 지</td></tr>
<tr><td></td><td colspan="2"></td><td></td><td></td></tr>
<tr><td></td><td colspan="2"></td><td></td><td></td></tr>
<tr><td></td><td colspan="2"></td><td></td><td></td></tr>
<tr><td colspan="5">수출물품내역</td></tr>
<tr><td>수출물품명</td><td colspan="2">품목번호(HSK10단위)</td><td>수출물량</td><td>납부세액(백만원)</td></tr>
<tr><td></td><td colspan="2"></td><td></td><td></td></tr>
</table>

「수출용 원재료에 대한 관세 등 환급사무처리에 관한 고시」 제3-1-2조에 따라 간이정액환급율표의 고시를 요청합니다.

붙임 1. 고시요청 사유서
2. 수출물품의 품목번호별 소요원재료 내역
3. 원재료별 최근 1년 동안의 관세 등 납부내역
4. 기타 간이정액환급율표 고시요청의 필요성을 입증하는 서류

200 년 월 일

신청인 (서명 또는 인)

○ ○ 세 관 장 귀 하

(9) 중소기업에 대한 간이한 환급신청

1) 대상업체 요건 및 지정

요건에 해당하는 업체는 수출신고시 간이하게 환급신청할 수 있다(자동환급업체). 자동환급업체로 지정을 받고자 하는 자는 자동환급업체지정신청서(별지 제2-7-1호 서식)를 관할지세관장에게 제출하여야 한다. 관할지세관장은 신청이 있는 경우 ㉠ 공장등록증 사본 또는 임가공계약서사본 등에 의한 제조업체인지 여부와 ㉡ 요건에 해당되는 업체인지 여부를 확인하여 자동환급업체로 지정한 후 이를 당해업체에 통지하고 관세환급시스템에 등록해야 한다.

2) 수출신고시 환급신청사항의 기재방법

자동환급업체로 지정받은 자는 지정받은 날 이후에 자동환급으로 처리하고자 하는 자동환급 대상품목을 수출신고하는 경우 수출신고서 간이환급(㉑) 항목에 "AD"라고 기재하여 신고하여야 한다. 수출신고품목 중 자동환급으로 처리하지 아니하고자 하는 품목이 있는 경우 해당품목의 ㉞송품장번호 첫머리에 "NAD-"로 기재한다.

3) 자동환급업체에 대한 환급금의 지급

"AD"로 기재하여 수출신고수리된 자동환급대상품목("NAD-" 기재품목 제외)에 대하여는 다음에서 정하는 바에 따라 환급금을 결정하여 지급한다.

- 수출물품 선(기)적이 완료된 즉시 관세환급시스템이 업체별 수출물품 HS10단위별로 환급신청서를 작성한다. 단, 별지 제2-7-1호 서식에 의한 자동환급금 지급시기가 월 또는 분기인 경우에는 자동환급금 지급시기가 종료한 날의 익일(공휴일인 경우에는 그 익일)에 전월 또는 전분기 동안 선(기)적된 수출물품에 대하여 관세환급시스템이 업체별 수출물품 HS10단위별로 환급신청서를 작성한다.
- 환급신청서는 관세환급시스템이 접수하여 심사한 후 환급금을 결정한다.

- 세관장은 전산심사결과 관세환급시스템에서 작성된 환급신청서에 오류가 발생하였거나 서류를 제출받아 심사할 필요가 있다고 인정되는 경우에는 관련서류를 제출하도록 요구하거나 오류통보할 수 있다.
- 오류통보받은 환급신청건에 대하여는 신청서를 작성하여 관할세관장에게 환급신청하여야 한다
- 환급심사과장은 결정된 환급금에 대하여 지급요구를 한다.

4) 자동환급업체의 변경사항 신고 및 지정취소

지정 받은 자동환급업체는 다음 사항이 발생되는 경우에는 이를 세관장에게 신고하여야 한다.

㉠ 자동환급 대상품목을 변경하고자 하는 경우

㉡ 제조장을 이전하거나 제조장을 매각한 경우

㉢ 업체의 폐업·분할·합병 등 변경이 있는 경우

㉣ 기타 대표자·주소·사업자등록번호 등 지정사항의 변경이 있는 경우

변경신고를 받은 세관장은 변경내용이 폐업 또는 지정취소 사유에 해당하는 경우에는 그 지정을 취소하고 제조장 이전 또는 주소 변경으로 관할지세관이 변경되는 경우에는 이를 관할지세관장에게 통지하여야 하며 변경 후 관할지세관장이 자동환급업체를 관리한다.

5) 자동환급업체의 지정취소

관할지세관장은 자동환급업체가 다음 사유가 발생한 경우 지정을 취소할 수 있다.

㉠ 규칙 제12조의 요건에 적합하지 아니하게 된 경우

㉡ 과다·부정환급이 적발되거나 관세 등의 체납이 발생한 경우(단순착오에 의한 과다환급이거나 체납세액을 독촉기간 내 자진 납부한 경우를 제외한다)

㉢ 간이정액환급 비적용승인을 받은 경우

㉣ 업체의 지정취소 요청이 있는 경우

세관장은 신고받은 내용 및 지정취소한 내용을 당해업체에 통지하고 이를 관세환급시스템에 등록하여야 한다. 비적용승인을 받은 업체에 대하여는 비적용승인일로부터 자동환급을 적용하지 아니한다.

6) 자동환급업체에 대한 관리

관할지세관장은 자동환급업체에 대하여 매년 1회 이상 ㉠환급받은 수출물품의 품목분류가 적정한지 여부, ㉡ 자동환급업체가 생산한 물품의 수출 여부, 제조장 이전·주소변경 등 업체의 변동사항이 있는지 여부를 심사하여야 한다. 관할지세관장은 제1항에서 규정한 사항을 확인하기 위하여 필요한 경우 수출통관을 대리한 관세사와 당해업체에게 필요한 자료의 제출을 요구할 수 있다.

4. 특수공정물품의 정액환급

관세청장은 생산공정이 특수한 수출물품의 정액환급률표(특수공정물품 정액환급률표)를 정할 때에는 최근 6월 이상 기간 동안의 수입 또는 내국신용장등에 의하여 매입한 원재료에 대한 관세 등의 평균환급액 또는 평균납부세액을 기초로 하여야 한다. 관세청장은 특수공정물품 정액환급률표를 정하거나 고시된 특수공정물품 정액환급률표의 조정을 위하여 필요한 경우에는 당해 물품의 생산자에게 관련 자료의 제출을 요청할 수 있다. 특수공정물품 정액환급률표의 적용을 받는 자는 수출물품별로 수출용 원재료에 대한 관세 등의 납부세액, 제조공정의 변동 등에 관한 사항을 관세청장에게 신고하여야 한다. 이 경우 관세청장은 신고된 자료를 기초로 특수공정물품 정액환급률표를 조정하여 고시할 수 있다.

제4절 개별환급

1. 총설

개별환급제도란 수출품을 제조하는 데에 소요된 원재료의 수입시 납부한 관세등의 세액을 소요원재료 별로 확인·합계하여 환급금을 산출하는 방법이다. 개별환급방법은 정액환급에 비하여 납부세액을 정확하게 환급할 수 있는 장점은 있으나 구비서류가 복잡하고 환급금 산출에 많은 시일이 소요되는 단점이 있다. 개별환급방법은 우선적으로 정액환급율표가 적용될 수 없는 수출물품에 적용된다. 앞에서도 살펴보았듯이 중소기업에 대한 간이 정액환급이 전체 환급 건수에서 차지하는 비중이 높지만 금액 면에서는 개별환급이 전체 환급실적의 대부분을 차지하고 있다.

판례 개별환급제도는 수출물품을 생산하는데 소요되는 각각의 원재료별 소요량을 산출하고 각 원재료를 수입하는 때에 납부하였거나 납부할 관세 등을 수입신고필증 등에 의해 계산하여 환급하는 방식이다. 개별환급제도 하에서 수출물품의 제조업자가 수출용 원재료를 직접 수입하여 제조·가공하지 않고, 다른 수입업자가 수입한 수출용 원재료나 국내에서 제조한 원재료를 구입·가공하여 수출하는 경우에는 그 수입업자나 제조자로부터 수입신고필증분할증명서나 기초원재료납세증명서분할증명서를 교부받아 관세환급신청시 환급신청서와 함께 이를 첨부하여 제출하는 것이 원칙이다[서울고등법원 2007.9.13, 선고, 2006노63, 판결].

개별환급제도에는 수출품 생산자가 수출용 원재료를 수입하여 생산한 중간원재료를 국내에서 구입 하여 수출하는 경우 수출품 생산자가 환급을 받을 수 있도록 중간제품에 대한 납부세액을 증명하는 기초원재료 납세증명제도와 수입한 물품이나 중간원재료를 수입(구입)한 상태 그대로 수출품 생산자에게 공급한 경우 공급한 물품에 대한 납부세액을 증명하는 분할증명제도가 있다.

개별환급으로 환급을 신청할 경우에는 국내산업보호 등 정책목적상 환급금의 지급을 일부 제한하는 지급제한물품여부를 확인하여야 하고 수출물품의 제조과정에서 경제적 가치가 있는 부산물이 발생하는 경우에는 부산물공제비율만큼 부산물의 가치에 해당하는 금액을 공제하여야 한다.

2. 개별 환급금의 산출

소요원재료의 확인 (소요량 계산서 작성)	개별환급 방법에 의하여 환급금을 산출하기 위해서는 소요량계산서를 작성하여 수출품 제조에 소요된 원재료의 품명 · 규격 · 수량을 확인하여야 한다.
납부세액 산출 (수입신고필증)	수출용 원재료를 수입할 때 관세를 납부한 사실과 납부 금액이 확인되어야 한다. 이러한 사실을 입증하는 서류가 수입신고필증, 평균세액증명서, 기초원재료 납세증명서 및 분할증명서 등이다.
수출품 확인 (수출신고필증)	물품이 수출에 제공되었는지의 여부가 확인되어야 하며, 이러한 사실이 서류로 입증되어야 한다. 수출사실을 입증하는 서류로는 수출신고 필증을 비롯하여 환급대상이 되는 수출의 형태에 따라 물품반입확인서, 물품적재확인서, 납품증명서, 외화입금증명서 등이 있다.

(1) 환급금 산출방법

환급신청자는 대통령령으로 정하는 바에 따라 수출물품에 대한 원재료의 소요량을 계산한 서류(소요량계산서)를 작성하고 그 소요량계산서에 따라 환급금을 산출(算出)한다(법 제10조 제1항).

(2) 소요량의 정의

"소요량"이란 수출물품을 생산(수출물품을 가공·조립·수리·재생 또는 개조하는 것을 포함한다)하는 데에 드는 원재료의 양으로서 생산과정에서 정상적으로 발생되는 손모량(損耗量)을 포함한 것을 말한다(법 제2조 제4호).

(3) 소요량의 계산

소요량계산서를 작성하고자 하는 자(소요량계산서 작성업체)는 다음 사항을 관할지세관장에게 신고하고 그 신고된 바에 따라 소요량을 계산하여야 한다.

- 수출물품명
- 소요량 산정방법
- 소요량 산정의 기준이 되는 기간 및 적용기간

- 수출물품의 제조공정 및 공정설명서
- 기타 소요량계산과 관련된 사항으로서 관세청장이 정하는 사항

소요량계산서 작성업체는 신고 내용을 변경하고자 하는 경우에는 그 내용을 즉시 관할지세관장에게 신고하여야 한다. 환급신청자와 수출물품의 생산자가 다른 경우 환급신청자는 당해 수출물품을 생산한 자가 산정한 소요량에 의하여 소요량계산서를 작성하여야 한다. 다만, 표준소요량을 적용하는 경우에는 그러하지 아니하다. 소요량의 산정 및 관리에 대한 기준과 그 절차에 관하여 필요한 사항은 관세청장이 정한다.

(4) 표준소요량

관세청장은 소요량 계산업무의 간소화 등을 위하여 필요하다고 인정하는 경우에는 수출물품별 평균 소요량 등을 기준으로 한 표준 소요량을 정하여 고시하고, 환급신청자로 하여금 이를 선택적으로 적용하게 할 수 있다(법 제10조 제2항).

(5) 가격기준 환급

수출용 원재료를 사용하여 생산되는 물품이 둘 이상인 경우에는 생산되는 물품의 가격을 기준으로 관세청장이 정하는 바에 따라 관세등을 환급한다(법 제10조 제3항).

3. 환급방법의 조정

관세청장은 수출용 원재료의 관세율 변동 등으로 수출용 원재료를 수입할 때에 납부하는 세액보다 관세 등을 환급할 때 현저히 과다 또는 과소 환급이 발생할 우려가 있는 경우에는 기획재정부령으로 정하는 바에 따라 환급받을 수 있는 수입신고필증의 유효기간을 2년 보다 짧게 정하거나, 업체별 수출용 원재료의 재고 물량과 수출 비율을 기준으로 하여 환급에 사용할 수 있는 수출용 원재료의 물량을 정하여 환급하게 할 수 있다(법 제10조 제4항).

관세청장이 환급을 받을 수 있는 수입신고필증의 유효기간 및 환급에 사

용할 수 있는 수출용 원재료의 물량을 따로 정함에 있어서는 관세율의 변동정도, 수출물품의 생산공정, 해당업종의 재고자산 회전기간 및 수출입절차에 소요되는 기간 등을 종합적으로 참작하여 적정한 환급이 이루어지도록 하되, 그 내용이 ㉠수출용 원재료에 대하여 환급받을 수 있는 수입신고필증의 유효기간을 6월보다 짧게 정하고자 하는 경우나 ㉡업체별 수출용 원재료의 재고물량과 수출비율을 기준으로 하여 환급에 사용할 수 있는 수출용 원재료의 물량을 정하고자 하는 경우에는 미리 기획재정부장관과 협의를 하여야 한다.

수출이행기간 조정과 관련하여 수입원재료에 대한 수출이행기간 단축 등에 관한 고시가 있고, 관세율의 차이가 큰 농림축산물에 대한 과다환급을 방지하기 위하여 '농림축산물에 대한 관세 등 환급사무처리고시'가 있다. 수출용 원재료의 관세율 변동 등으로 수출용 원재료를 수입하는 때에 납부하는 세액보다 과다환급이 발생할 우려가 있는 원유 등에 대한 환급 등을 제한함으로서 과다환급을 방지하기 위해 '원유 등 환급제한에 관한 고시'가 있다.

(1) 수입원재료에 대한 수출이행기간 단축

1) 적용대상

수출이행기간 조정과 관련하여 수입원재료에 대한 수출이행기간 단축 등에 관한 고시는 수출물품에 대한 관세 등의 환급과 내국신용장 등에 의하여 국내거래된 물품에 대한 기초원재료납세증명서 및 분할증명서 발급에 대하여 적용한다.

2) 수출이행기간 단축대상물품

수출이행기간 대상물품은 다음 물품으로서 2011.8.10. 이전에 수입한 원재료(수출이행기간 단축대상원재료)에 대하여 환급(「수출용 원재료에 대한 관세 등 환급사무처리에 관한 고시」 제4-2-2조에 따른 기초원재료납세증명서 발급을 포함하며, 이하 "환급 등"이라 한다)을 받을 수 있는 수출이행기간(기초원재료납세증명서를 발급하는 경우에는 "국내거래기간"을 말하며, 이하 같다)을 2011.11.10.까지로 한다.

(단위 : %)

품목번호	품 명	규 격 등	기본 관세	할당관세		
				'11년 (~8.10)	'11년 (8.11~)	증감(%p)
1003001000	맥주맥		30.0	15.0	0.0	△15.0
1107100000	볶지 아니한 맥아	맥주제조용	30.0	12.0	0.0	△12.0

2) 수출이행기간 단축 배제

세관장은 수출이행기간이 단축되는 물품이라 하더라도 다음 어느 하나에 해당되는 경우에는 「수출용 원재료에 대한 관세 등 환급에 관한 특례법」 제9조에서 정한 수출이행기간 내에서 환급 등을 할 수 있다.

- 수출이행기간 단축대상원재료를 「수출용 원재료에 대한 관세 등 환급 사무처리에 관한 고시」(「환급 고시」) 제4-3-3조에서 정한 서류에 의하여 환급신청인이 수입된 상태 그대로 구매한 사실이 확인된 경우
- 수출이행기간 단축대상원재료와 동종동질 또는 대체사용이 가능한 원재료를 2011.8.11.부터 당해 수출물품의 수출신고수리일(기초원재료납세증명서 발급의 경우에는 양도일)까지 수입 또는 국내(로칼)매입한 실적이 없거나 실적이 있더라도 2011.8.10. 이전 관세율로 수입한 경우
- 정상적으로 생산하는 경우 2011. 11.10.까지 수출신고수리(기초원재료납세증명서 발급의 경우에는 양도를 말하며, 이하 같다)가 가능한 물품이 노사분규 등으로 제조장의 가동이 장기간 중단되었거나 원재료의 수급 및 생산공정 투입 지연 등으로 인하여 2011.11.11. 이후에 수출신고수리된 경우
- 생산한 물품 또는 원재료를 전량 수출(「환급 고시」 제4-2-3조 및 제4-3-3조에서 정한 서류에 의하여 수출용 원재료로 수출업체에 공급하는 경우를 포함한다)하는 업체로 인정되는 경우
- 기타 수출이행기간 단축대상원재료로 당해 수출물품을 생산한 것이 객관적인 자료에 의하여 확인되는 경우

3) 수출이행기간 단축배제물품의 환급 등 신청시 제출서류

환급신청인은 환급 등을 신청하고자 하는 물품이 수출이행기간 단축배제 사유에 해당되는 때에는 「환급 고시」 제2-1-7조 또는 제4-2-2조에서 정한 서류 외에 단축배제 사유를 증명할 수 있는 자료와 다음 사유서를 세관장에게 제출하여야 한다.

<table>
<tr><td colspan="8">수입원재료에 대한 수출이행기간 단축배제 사유서</td></tr>
<tr><td colspan="8">20 . . . 신청번호 로 귀 세관에 환급 등 신청시 제출한 아래의 수출이행기간 단축배제 사유 및 증빙서류는 사실과 같으며, 만일 신청내용이 사실과 다르거나 허위로 판명되면, 수출이행기간 단축배제와 관련된 환급세액의 추징처분은 물론, 「수출용 원재료에 대한 관세 등 환급에 관한 특례법」 등 관련법령에 의한 처분에 따르겠습니다.</td></tr>
<tr><td colspan="8">수출이행기간 단축배제 사유</td></tr>
<tr><td>관련규정</td><td colspan="7">「수입원재료에대한수출이행기간단축등에관한고시」 제 조제 호</td></tr>
<tr><td>배제사유
및
증빙자료</td><td colspan="7"></td></tr>
<tr><td colspan="8">수출이행기간 단축배제와 관련한 수출물품 및 원재료 내역</td></tr>
<tr><td colspan="4">수출(로칼공급) 내역</td><td colspan="4">관련 수입신고필증 등의 내역</td></tr>
<tr><td>신고번호</td><td>신고
수리일</td><td>품 명</td><td>수출량</td><td>신고번호</td><td>신고
수리일</td><td>품 명</td><td>사용량</td></tr>
<tr><td></td><td></td><td></td><td></td><td></td><td></td><td></td><td></td></tr>
<tr><td colspan="8">「수입원재료에대한수출이행기간단축등에관한고시」 (관세청고시 제 - 호)에 따라 위와 같이 제출합니다.
20 년 월 일
업체명 :
대표자 :

○ ○ 세 관 장 귀하</td></tr>
</table>

4) 수출이행기간 단축대상물품에 대한 분할증명서 발급시 제출서류

수출이행기간 단축대상원재료가 수입한 상태 그대로 2011.11.11. 이후에 국내거래 되어 분할증명서를 발급 받고자 하는 자는 「환급 고시」 제4-3-2조제1항에서 정한 서류 외에 제3조제2호, 제4호 또는 제5호의 사유를 증명할 수 있는 자료를 세관장에게 제출하여야 한다.

(2) 농림축산물에 대한 관세등 환급사무처리

1) 적용대상물품

국내외 가격차에 상당한 율로 양허하거나 국내시장개방과 함께 기본세율보다 높은 양허세율로 양허한 농림축산물에 대한 양허관세품목 및 특별긴급관세대상품목으로서 별표에서 정한 물품에 대하여 적용한다.

2) 농림축산물에 대한 내수용원재료의 환급제한

수출목적 이외의 목적으로 수입한 물품(내수용원재료)에 대하여는 관세 등의 환급(기초원재료납세증명서 발급을 포함)을 신청할 수 없다. 다만, 내수용원재료라고 하더라도 수출물품의 제조·가공에 실제로 소요된 경우로서 다음에 해당하는 경우에 한하여 관할지세관장의 확인을 받아 관세 등의 환급을 신청할 수 있다.

- 수출물품을 제조·가공하기 전에 내수용원재료로 수출물품을 제조·가공하겠다는 사실을 제조장을 관할하는 세관장에게 신고하여 확인을 받은 경우
- 환급신청건의 내수용 수입신고필증의 수리일부터 수출신고 수리일까지 수출용으로 수입한 실적이 없고 내수용원재료만 수입하였거나 기타 부득이한 사유로 제1호와 같이 신고하지 못한 경우로서, 수출물품의 제조·가공에 내수용원재료가 사용된 것이 명백히 인정되는 경우
- 내수용으로 수입하였다 하더라도 시장접근물량이내의 관세율이 부과된 경우

내수용으로 수입한 원재료를 수입한 상태 그대로 수출하고 관세 등의 환급을 받고자 할 경우에는 관할지세관장의 확인을 받아 관세 등의

환급을 신청할 수 있다.

3) 내수용원재료의 사용신고 및 확인

내수용원재료로 수출물품을 제조·가공하고자 할 때에는 당해 수출물품을 제조·가공하기 전에 다음 서류를 관할지세관장에게 제출하여 확인을 받아야 한다.

- 내수용원재료에 의한 수출물품 제조가공확인신청서(별지 제1호 서식) 2부
- 각서(별지 제2호 서식) 1부
- 기타 내수용원재료로 수출물품의 제조·가공 사실을 입증할 수 있는 자료

내수용원재료로 수출물품을 제조·가공하고자 하는 자가 "내수용원재료에 의한 수출물품 제조가공확인신청서"를 제출한 경우 세관장은 당해 업체의 원재료 수입사항, 제품의 수출 및 판매사항 등을 확인하여 수출물품의 제조·가공에 내수용원재료가 사용될 것으로 인정되는 경우에 한하여 확인서를 발급한다.

4) 관세 등의 환급신청 및 제출 서류의 심사

농림축산물을 원재료로 제조·가공한 수출물품에 대하여 내수용원재료 수입신고필증(분할증명서 포함)으로 관세 등의 환급을 신청하고자 할 때에는 수출용 원재료에대한관세등환급사무처리에관한고시에서 정한 서류이외에 다음 서류를 추가로 제출하여야 한다.

- 내수용원재료의 수출물품 제조확인신청서를 발급받은 경우에는 동 확인서
- 내수용원재료 수입신고필증으로 관세 등의 환급을 신청할 경우에는 내수용원재료에 의한 수출물품 제조가공확인신청서 등

세관장은 환급신청인이 수출물품을 수출한 후에 내수용원재료로 관세 등의 환급을 신청한 경우에 서류 등에 의거 환급신청한 내수용원재료로 당해 수출물품을 제조·가공한 것이 인정되는 경우에 한하여 환급금을 지급 결정하여야 한다.

(3) 원유 등 환급제한

1) 정유업체의 원유등의 환급등 사용순위

정유업체가 수출 등에 제공된 나프타 및 나프타 등으로 제조·가공한 물품(나프타분해제품과 이를 원재료로 한 제품을 포함한다)에 대하여 환급 등을 신청할 경우 수출용 원재료의 재고물량과 수출비율을 기준으로 하여 환급에 사용할 수 있는 수출용 원재료의 물량은 다음에서 정하는 순위에 따라 환급 등에 사용하여야 한다.

- 나프타 또는 나프타로 제조·가공한 물품을 로칼공급하고 기초원재료납세증명서 발급신청시 사용 순위
  - 기본관세 적용된 나프타
  - 할당관세(나프타제조용)가 적용된 원유
- 나프타로 제조·가공한 물품을 수출한 경우 환급사용 순위
  - 기본관세가 적용된 나프타
  - 할당관세(나프타제조용)가 적용된 원유
  - 할당관세(나프타제조용 제외)가 적용된 원유
- 나프타를 수출한 경우 환급 사용 순위
  - 기본관세가 적용된 나프타
  - 할당관세(나프타제조용 제외)가 적용된 원유

물품별 사용 순위는 할당관세(나프타제조용)가 적용된 원유의 세율이 할당관세(나프타제조용 제외)가 적용된 원유의 세율보다 낮고 기본관세가 적용된 나프타의 세율보다 높은 경우에 적용하며, 사용 순위 내의 세율이 같은 경우에는 세율이 같은 물품에 한하여 사 용순위에 관계없이 환급에 사용할 수 있다. 환급 등의 사용 순위를 달리하여 환급에 사용하고자 하는 경우는 다음에 해당하는 때에 한한다.

- 환급 등을 신청하는 물품의 수출신고수리일 또는 양도일을 기준으로 하여 선순위에 해당하는 물품의 수입신고필증이 전부 환급 등에 사용된 사실을 확인할 수 있는 자료를 세관장에게 제출하고 확인을 받은 때
- 관세율의 변동 등으로 환급 등의 사용 순위를 적용하기가 불가능한 경우로서 관세율이 낮은 물품부터 환급 등에 사용토록 세관장이 환급방

법을 제한한 때

나프타제조용으로 할당관세가 적용된 물품을 환급 등에 사용하고자 하는 경우에는 "소요량산정 및 관리와 심사에 관한 고시" 에 의한 생산비율 및 가치비율을 적용하지 아니하고 원유물량을 나프타로 간주하여 환급금을 산출한다. 관세가 0% 또는 무세인 원재료의 환급사용은 동 원재료를 사용한 수출(공급)물품에 대하여 환급신청하지 않고, 관련 소요량계산근거서류 및 계산내역에 대한 서류를 자체 관리·보관하는 것으로 한다.

2) 석유화학업체의 나프타분해제품 수출이행기간 단축

석유화학업체가 매년 12. 31이전에 수입(수입신고필증을 분증으로 매입한 경우 포함. 이하 같다)한 나프타분해 제품에 대하여는 환급 등을 받을 수 있는 수출이행기간을 다음해 3. 31까지로 한다. 다만, 나프타분해제품의 수입시 적용된 관세율이 나프타의 수입시 적용된 관세율보다 같거나 낮은 경우에는 그러하지 아니한다. 세관장은 수출이행기간단축이 제한되는 물품이라 하더라도 다음에 해당되는 경우에는 환급특례법에서 정한 수출이행 기간 범위 내에서 관세 등을 환급할 수 있다.

- 나프타분해제품을 국내에서 생산 또는 매입한 사실이 없거나 국내에서 생산 또는 매입한 나프타분해제품을 환급에 전량 사용한 경우
- 수출이행기간의 단축을 배제하고자 하는 물품으로 당해 수출물품을 제조·가공한 것이 객관적인 자료에 의하여 확인되는 경우

환급신청인은 관세 등의 환급 등을 신청하고자 하는 물품이 수출이행기간의 단축배제사유에 해당되는 때에는 『수출용 원재료에 대한 관세 등 환급사무 처리에 관한 고시』에서 정하는 환급신청 등의 구비서류 외에 수출이행기간 단축배제 사유서(별지 제1호 서식)와 단축배제 사유를 증명할 수 있는 자료를 제출하여야 한다.

4. 자율소요량의 산정 및 관리

소요량 제도는 정부기관에서 기준소요량을 고시하고 기업에서 기준소요량에 따라 증명하는 제도에서 업체 자율적으로 소요량을 계산하는 방식으로 개선되었다. 기준소요량 제도는 실제 수출품의 생산에 사용된 원재료의 소요량과 차이가 많아 과다 환급 또는 과소 환급의 문제가 발생했고, 사실확인을 위한 관리비용이 발생했다. 자율소요량 제도는 소요량 산정을 기업이 자율적으로 책정하도록 하여 정확한 책정과 시간과 비용을 절약하기 위해서 도입되었다.

(1) 소요량 산정 및 계산의 기준

수출물품과 소요원재료는 품명·규격(특성, 함량, 중량, 두께 등)별로 분류하여 소요량 산정 및 계산을 하여야 한다. 1회계년도 단위소요량(일정기간별단위소요량 포함)산정시에는 상거래상 동종의 물품으로 인정되고 손모율의 차이가 없다고 인정되는 경우 수출물품 또는 소요원재료를 통합하여 손모율을 산정할 수 있다. 동일업체 제조장간에 손모율의 차이가 있는 경우 제조장별로 소요량을 각각 산정하여야 한다.

(2) 단위실량 산정방법

"단위실량"이란 수출물품 1단위를 형성하고 있는 원재료의 종류별 양을 말한다. 단위실량은 다음에 의하여 산정한다.

- 수출물품 1단위를 분해하여 실측한 원재료의 종류별 양
- 수출물품 1단위를 생산하는데 사용되는 설계도면상의 원재료의 면적이나 양
- 수출물품 1단위를 구성하고 있는 원재료의 부품내역서 등과 같은 자료상의 원재료의 양

다만, 원재료가 화학적으로 통합되어 단위실량과 손모량을 구분할 수 없는 경우에는 단위실량 산정방법을 적용할 수 없다.

(3) 단위설계소요량 산정방법

단위설계소요량은 제조사양서상의 원재료 중 환급을 받고자 하는 원재료의 종류별 양으로 산정한다.

(4) 수출건별 등 총소요량 산정방법

수출건별 등 총소요량은 수출신고필증, 기초원재료납세증명서 또는 수출계약서(수출건별 등)상의 수출물품을 생산하는 과정에서 사용한 원재료의 종류별 총량으로 산정한다.

(5) 일정기간별단위소요량 산정방법

제품을 생산하는 과정에서 원재료가 물리적으로 결합되는 경우 일정기간별단위소요량은 6월 이내의 범위에서 산정기간초 월의 초일부터 산정기간말 월의 말일까지의 기간(이하 "일정기간"이라 한다)동안 제품 생산에 사용된 원재료의 종류별 총량을 일정기간 동안에 생산된 제품의 원재료별 환산량으로 나눈 값에 단위실량을 곱한 양으로 산정한다.

$$\text{일정기간별 단위소요량} = \frac{\text{일정기간 동안 사용된 원재료별 총량}}{\text{일정기간 동안 생산된 제품의 원재료별 환산량}} \times \text{단위실량}$$

제품을 생산하는 과정에서 원재료가 화학적으로 통합되는 경우 일정기간별단위소요량은 일정기간 동안 제품 생산에 사용된 원재료의 종류별 총량을 일정기간동안에 생산된 제품의 총량으로 나눈 양으로 산정한다.

$$\text{일정기간별단위소요량} = \frac{\text{일정기간 동안 사용된 원재료별 총량}}{\text{일정기간 동안 생산된 제품의 총량}}$$

(6) 1회계년도 단위소요량 산정방법

제품을 생산하는 과정에서 원재료가 물리적으로 결합되는 경우 1회계년도단위소요량은 1회계년도 동안 제품생산에 사용된 원재료의 종류별 총량을 1회계년도 동안에 생산된 제품 원재료별 환산량으로 나눈 값에 단위실량을 곱한 양으로 산정한다.

$$1\text{회계년도 단위소요량} = \frac{1\text{회계년도 동안 사용된 원재료별 총량}}{1\text{회계년도 동안 생산된 제품의 원재료별 환산량}} \times \text{단위실량}$$

제품을 생산하는 과정에서 원재료가 화학적으로 통합되는 경우 1회계년도단위소요량은 1회계년도 동안 제품 생산에 사용된 원재료의 종류별 총량을 1회계년도 동안에 생산된 제품의 총량으로 나눈 양으로 산정한다.

$$1\text{회계년도 단위소요량} = \frac{1\text{회계년도 동안 사용된 원재료별 총량}}{1\text{회계년도 동안 생산된 제품의 총량}}$$

(7) 위탁건별 총소요량 산정방법

위탁건별 총소요량은 위탁가공계약서등에 의하여 수출물품을 위탁생산하는 경우 수출물품의 생산을 위탁한 업체에서 수출물품의 생산을 수탁한 업체에 공급한 원재료중 수탁업체가 당해 위탁생산물품을 생산하는 과정에서 사용한 원재료의 종류별 총량으로 산정한다.

(8) 소요량 산정방법의 선택제한

소요량계산서작성업체는 동종의 수출물품별로 소요량 산정방법중 한 가지 방법을 임의로 선택하여 소요량을 산정하여야 한다. 다만, 다음 경우에는 그러하지 아니하다.

- 소요원재료의 등급이 다른 이유 등으로 소요량이 불안정한 농·수·축·임산물을 원재료로 생산되는 수출물품은 수출건별 등 총소요량 산정방법 또는 위탁건별 총소요량 산정방법으로 소요량을 산정하여야 한다.

- 시제품 생산단계로 손모율이 불안정한 수출물품은 일정기간별 단위소요량 산정방법 또는 1회계년도 단위소요량 산정방법으로 소요량을 산정할 수 없다.
- 연산품은 일정기간별단위소요량 산정방법 또는 1회계년도 단위소요량 산정방법으로 소요량을 산정하여야 한다.
- 1회계년도 단위소요량 산정방법을 적용하는 업체는 매월 1회 이상 또는 년간 6개월 이상 생산활동을 하는 업체에 한한다. 다만, 천재지변, 노사분규, 설비의 수리 등 불가항력적 사유에 의하여 생산활동을 할 수 없는 경우에는 예외로 한다.

(9) 소요량 산정방법 등의 신고

소요량계산서 작성 업체는 이 고시 시행이후 환급신청전에 환급신청세관장에게 소요량산정방법등신고서에 따라 신고하여야 하며, 신고한 내용이 변경된 경우 변경 신고하여야 한다. 환급신청기관의 변경을 승인한 기관의 장(환급신청을 접수·관리하는 세관장)은 신고관련 일체의 자료를 변경지 세관장에게 인계하여야 한다.

(10) 소요량의 적용기간

단위실량 및 단위설계소요량은 단위실량 및 단위설계소요량이 변경되기 전까지 생산된 수출물품의 소요량계산에 적용한다. 수출건별 등 총소요량 및 위탁건별 총소요량은 산정대상기간(수출건별이나 위탁건별 수출물품을 생산한 기간)동안 생산된 수출물품의 소요량계산에 적용한다. 일정기간별단위소요량은 산정대상기간 말일 이후 다음 월의 초일부터 산정대상기간에 해당하는 기간 동안 수출신고 수리되거나 내국신용장 등에 의하여 공급된 수출물품의 소요량 계산에 적용한다. 다만, 일정기간별단위소요량이 산정되지 않은 소요원재료에 대하여는 단위실량 또는 단위설계소요량으로 소요량계산을 할 수 있다.

1회계년도단위소요량은 1회계년도 말일 이후 3월이 지난 월의 초일부터 1년간 수출신고 수리되거나 내국신용장 등에 의하여 공급된 수출물품의 소요량 계산에 적용한다. 다만, 1회계년도 단위소요량이 산정되지 않은 소요 원재료에 대하여는 단위실량 또는 단위설계소요량으로 소요량계산을 할 수 있다.

(11) 소요량계산의 근거자료 보관 · 관리

보관·관리하여야 할 자료는 ㉠에서 ㉤의 자료이다.

㉠ 제조사양서 및 제조공정도
㉡ 원재료수불대장
㉢ 제품수불대장
㉣ 부산물수불대장(부산물이 발생하는 경우에 한함)
㉤ 소요량계산서(별지 제2호 서식)철
㉥ 결산보고서(제품 및 자재수불관련 부속서류 포함)
㉦ 원단위 및 생산수율보고서(신고대상품목에 한함)
㉧ 위탁가공계약서

1회계년도 단위소요량 산정방법으로 소요량을 산정한 경우에 결산보고서와 원단위 및 생산수율보고서를, 위탁건별 총 소요량 산정방법으로 소요량을 산정한 경우에 위탁 가공 계약을 추가로 보관·관리하여야 한다. 서류를 마이크로필름, 광디스크, 기타 자료보존매체에 의해 보관·관리하고자 하는 자는 확인, 조회 또는 출력장치와 일체로 보관·관리하여야 한다.

(12) 소요량계산

단위실량, 단위설계소요량, 일정기간별 단위소요량, 1회계년도 단위소요량을 적용한 소요량의 계산은 다음과 같이한다.

$$\text{소요량} = \frac{\text{수출물품의 수량} \times \text{단위실량 또는 단위설계 소요량, 일정기간별 단위소요량}}{\text{1회계년도 단위소요량}}$$

수출건별 등 총 소요량과 위탁건별 총 소요량은 당해 건별 총 소요량이고 소요량의 계산은 다음과 같이 한다.

소요량 = 당해 건별 총 소요량

단위실량, 단위설계소요량, 일정기간별단위소요량, 1회계년도 단위소요량, 수출건별 등 총 소요량과 위탁건별 총 소요량으로 계산된 소요량은 산정대상기간 동안 수출물품을 생산하는데 실제 사용한 원재료의 양을 초과할 수 없다.

소요량계산시 순도나 함량 등에 따라 비례환산하여야 할 경우에는 비례환산하여야 하며, 소요량은 소수점이하 3자리까지 계산하되 4자리이하는 반올림한다. 다만, 소요원재료가 개수 등으로 표기되어 소수점이하로 구분할 수 없을 때에는 소수점이하는 절사한다.

(13) 연산품의 소요량계산

"연산품"이란 특수공정물품 중에서 동일 원재료에 의하여 생산된 개별적인 기능과 경제적인 가치를 가진 제품들이 주산물과 부산물로 구별할 수 없는 경우에 이 제품들을 총칭하여 말한다.

연산품의 생산비율은 다음과 같이 산출한다.

$$\text{생산비율} = \frac{\text{1회계년도(일정기간) 동안의 각 연산품 생산량}}{\text{1회계년도(일정기간) 동안의 각 연산품 생산량의 총합}} \times 100$$

연산품의 가치비율은 다음과 같이 산출한다.

$$\text{가치비율} = \frac{\text{해당 연산품의 생산비율} \times \text{해당 연산품 1단위 가격}}{\sum(\text{각 연산품의 생산비율} \times \text{각 연산품 1단위 가격}} \times 100$$

연산품 1단위가격은 결산보고서(일정기간 회계자료)상의 연산품별(수입원재료로 생산한 제품과 구입상품이 혼합 관리되는 경우는 이를 구분하지 않음. 이하 같다) 총 수출액과 연산품별 '총 국내 판매액의 합인 연산품별 총 판매액을 당해 연산품별 총 수출량과 연산품별 총 국내 판매량의 합인 연산품별 총판매량으로 나누어 산출한 값으로 다음 공식과 같다. 다만, 1회계년도(일정기간) 동안 수출되거나 국내 판매되지 않은 연산품 1단위의 가격은 결산보고서(일정기간 회계자료)상의 제조원가(원재료 가격, 제조경비, 노무비 등을 합한 가격)를 당해 연산품의 수량으로 나누어 산출한다.

$$\text{연산품 1단위 가격} = \frac{\text{연산품별 총 수출액+연산품별 국내 판매액}}{\text{연산품별 총 수출량+연산품별 총 국내판매량}}$$

연산품의 소요량계산은 다음 공식에 의한다.

$$\text{소요량} = \text{수출량} \times \frac{\text{가치비율}}{\text{생산비율}} \times \text{1회계년도(일정기간별) 단위 소요량}$$

5. 부산물 관리

(1) 부산물제도의 의의

"부산물"이란 수출물품 생산공정 중에 수출물품이외에 부수적으로 발생하는 경제적인 가치를 가진 물품으로서 판매되거나, 자가 사용되는 물품을 말한다.

부산물 공제의 예는 원목을 수입하여 가구를 생산하여 수출하는 경우 원목을 가공할 때 발생하는 톱밥이 부산물이다. 톱밥은 가구공장에서 톱밥을 활용한 압축합판 원료로 활용되기도 하고 가축농장, 원예 회사의 화단 정비용 원료 등으로 판매하고 있다.

수출품 제조과정에서 톱밥과 같은 경제적 가치가 있는 부산물이 발생하는 경우 손모율로 인정된 부분에서 부산물이 발생함에도 소요된 수입원재료의 납부세액 전부를 환급함은 형평의 원칙에 맞지 않다. 그리고 사실상 수출되지 않은 부산물 제조용 원재료에 대하여도 관세 등을 환급하는 것은 부당하므로 원재료 수입시 납부한 관세 등의 금액에서 부산물의 가치에 해당하는 금액을 공제한 후 잔액을 환급한다. 이를 부산물 공제제도라고 한다.

(2) 부산물 발생

부산물을 발생시킨 원재료를 구분하여 파악하기 어려운 경우에는 제품의 생산과정에 소요되는 원재료 전부로부터 부산물이 발생하는 것으로 본다.

"부산물 공제비율"은 다음공식에 의하여 산출하며 소수점이하 4자리까지 계산하되 5자리이하는 반올림한다.

$$\text{부산물 공제비율} = \frac{D}{A \times \frac{C}{B} + D}$$

A : 부산물이 발생하는 당해 공정에서 생산된 제품의 가격
B : 부산물이 발생하는 당해 공정에 소요된 총 소요원재료의 가격
C : 부산물을 발생시킨 당해 원재료의 가격
D : 부산물의 가격
(다만, A, B의 가격을 산정하기 곤란한 경우에는 D/C로, A, B, C, D의 가격을 산정하기 곤란한 경우에는 부산물 발생비율로 부산물 공제비율을 대신할 수 있다)

부산물 공제비율을 산출하고자 할 경우의 가격은 다음 가격으로 한다.

1) 환급신청 건별로 부산물 공제비율을 산정하고자 할 경우 다음 가격으로 한다.

- 부산물이 발생하는 당해공정에서 생산된 제품의 가격(A)은 다음 순으로 적용한다.
  ① 당해 제품이 수출된 경우에는 그 수출가격
  ② 당해 제품이 국내 판매된 경우에는 그 판매가격 다만, 국내 판매 가격에 관세 등의 세액이 구분하여 표시된 경우에는 이를 공제한다.
  ③ 당해 제품에 대한 환급신청일이 속하는 월 이전 6월 이내의 범위에서 가장 가까운 기간에 수출신고된 동일제품의 수출가격

④ 당해 제품에 대한 환급신청일이 속하는 월 이전 6월 이내의 범위에서 가장 가까운 기간에 국내 판매된 동일제품의 판매가격. 다만, 국내 판매 가격에 관세 등의 세액이 구분하여 표시된 경우에는 이를 공제한다.

⑤ 수출 또는 국내 판매되지 않은 경우에는 당해 제품에 대한 제조원가(원재료 가격, 제조경비, 노무비등을 합한 가격)

- 부산물의 가격(D)은 다음 순으로 적용한다.

① 당해 부산물이 수출된 경우에는 그 수출가격

② 당해 부산물이 국내 판매된 경우에는 그 판매가격, 다만 국내 판매 가격에 관세 등의 세액이 구분하여 표시된 경우에는 이를 공제한다.

③ 당해 제품에 대한 환급신청일이 속하는 월 이전 6월 이내의 범위에서 가장 가까운 기간에 수출신고된 동일 부산물의 수출가격.

④ 당해 제품에 대한 환급신청일이 속하는 월 이전 6월 이내의 범위에서 가장 가까운 기간에 국내 판매된 동일 부산물의 판매가격. 다만, 국내 판매 가격에 관세 등의 세액이 구분하여 표시된 경우에는 이를 공제한다.

⑤ 수출 또는 국내 판매 되지 않은 경우에는 당해 부산물에 대한 제조원가(원재료 가격, 제조경비, 노무비등을 합한 가격)

- 원재료의 가격(B, C)은 다음 순으로 적용한다.

① 당해 원재료가 수입된 경우에는 그 수입가격

② 당해 원재료가 국내 구입된 경우에는 그 구입가격. 다만, 국내 구입가격에 관세 등의 세액이 구분하여 표시된 경우에는 이를 공제한다.

③ 당해 제품에 대한 환급신청일이 속하는 월 이전 6월 이내의 범위에서 가장 가까운 기간에 수입신고된 동일 원재료의 수입가격

④ 당해 제품에 대한 환급신청일이 속하는 월 이전 6월 이내의 범위에서 가장 가까운 기간에 국내구입한 동일 원재료의 구입가격. 다만, 국내구입가격에 관세 등의 세액이 구분하여 표시된 경우에는 이를 공제한다.

⑤ 수입 또는 국내 구입되지 않은 경우에는 당해 원재료에 대한 제조원가(원재료 가격, 제조경비, 노무비 등을 합한 가격)

2) 1회계년도(일정기간별)단위소요량 산정방법으로 소요량을 산정하는 업체에서 부산물 공제비율을 산정하고자 할 경우에는 다음 각목에서 정한 가격으로 할 수 있다.

- 부산물이 발생하는 당해 공정에서 생산된 제품의 가격(A)은 다음 순으로

적용한다.

① 1회계년도 결산보고서(일정기간회계자료)상의 제품의 총 수출액과 총 국내판매액을 합한 금액을 해당 기간 동안의 총 수출량과 총 국내 판매량을 합한 물량으로 나누어 산출한 제품 1단위가격

② 1회계년도(일정기간) 동안 수출되거나 국내 판매된 제품이 없는 경우에는 회계자료상에 기록된 제품 1단위에 대한 제조원가 (원재료가격, 제조경비, 노무비 등을 합한 가격)

– 부산물의 가격(D)은 다음 순으로 적용한다.

① 1회계년도 결산보고서(일정기간 회계자료)상의 부산물의 총 수출액과 총 국내 판매액을 합한 금액을 해당 기간 동안의 부산물 총 수출량 과 총 국내 판매량을 합한 물량으로 나누어 산출한 1회계년도(일정기간) 부산물 1단위 가격에 제품 1단위를 생산하면서 발생하는 부산물의 물량을 곱하여 산출한 금액

② 1회계년도(일정기간) 동안 수출되거나 국내 판매된 부산물이 없는 경우에는 부산물 1단위에 대한 제조원가(원재료가격, 제조경비, 노무비 등을 합한 가격)에 제품 1단위를 생산하면서 발생하는 부산물의 물량을 곱하여 산출한 금액

– 원재료의 가격(B, C)은 다음 순으로 적용한다.

① 1회계년도 결산보고서상(일정기간 회계자료)의 원재료의 종류별 총 수입액과 총 국내 구입액을 합한 금액을 해당 기간 동안의 원재료별 총 수입량 과 총 국내 구입량을 합한 물량으로 나누어 산출한 1회계년도(일정기간) 원재료별 1단위 가격에 제품 1단위 생산에 소요되는 원재료의 소요량을 곱하여 산출한 금액

② 1회계년도(일정기간) 동안 수입하거나 국내구입한 원재료가 없는 경우에는 원재료 1단위에 대한 제조원가(원재료가격, 제조경비, 노무비 등을 합한 가격)에 제품 1단위 생산에 소요되는 원재료의 소요량을 곱하여 산출한 금액

부산물이 발생한 원재료에 대한 환급금은 부산물 공제비율을 적용하여 다음과 같이 산출한다.

환급금 = 부산물 공제전 환급금 × (1 – 부산물 공제비율)

6. 소요량 사전확인

"소요량 사전확인"이란 소요량계산서 작성업체가 작성한 소요량이 신고사항에 따라 적정하게 산정되었는지 여부를 환급신청전에 환급신청세관장이 확인하는 것을 말한다.

(1) 소요량 사전확인 대상 업체

소요량사전확인 대상 업체는 「중소기업기본법」의 규정에 의한 중소기업자로서 소요량 사전확인 신청일이 속하는 연도의 직전년도 환급실적(기초원재료납세증명서 발급실적을 포함한다)이 1천만원 미만이고 간이정액환급을 받고 있으나 개별환급을 받고자 하는 업체로 한다.

(2) 소요량 사전확인 신청

소요량 사전확인을 받고자 하는 자(신청인)는 환급신청전(기초원재료납세증명서를 발급하고자 하는 경우에는 발급 전)에 소요량 산정방법 등의 신고시에 세관장에게 소요량 사전확인을 신청하여야 한다.

(3) 소요량 사전확인 제출서류

신청인은 소요량 산정방법 등 신고서(별지 제1호 서식)외에 소요량사전확인신청서(별지 제8호 서식)를 제출하여야 한다. 세관장은 제출된 소요량 관련 서류가 미비하다고 판단되는 경우에는 당해 업체에게 필요한 서류를 제출하도록 문서로 요구할 수 있다.

(4) 소요량 사전확인 방법

소요량 사전확인은 서면심사를 원칙으로 하고 필요시 현장실사에 의하여 다음 각호의 사항을 확인한다.

- 수출용 원재료의 실제 사용량, 제품 생산량, 부산물 발생량의 적정 여부
- 부산물 발생확인 및 공제비율(연산품 생산비율 및 가치비율)의 적정 여부

- 소요량 산정 및 계산의 정확성 여부

(5) 소요량 사전확인 처리 기간

소요량 사전확인은 신청일로부터 20일 이내에 처리하여야 하며 이 기간 내에 소요량 확인이 어렵다고 인정되는 때에는 세관장은 20일의 범위 내에서 기간을 연장할 수 있다.

(6) 소요량 사전확인 결과통지

담당자는 사전 확인한 소요량에 대하여 환급주무 및 담당과장의 심사를 받고 세관장(본부세관의 경우에는 담당국장)의 결재를 거쳐 그 결과를 신청인에게 통지(별지 제9호 서식)하여야 한다.

(7) 소요량심사의 생략

사전확인 소요량에 대하여는 다음 해당하는 경우를 제외하고 소요량심사를 생략할 수 있다.

- 수출물품의 생산공정 변경 또는 기술개발 등으로 소요량이 달라진 경우
- 소요량 산정방법별 소요량 적용기간이 경과된 경우
- 사전확인 신청시 허위자료 제출 등 소요량 사전 확인에 중대한 하자가 있는 경우

(8) 소요량 사전 확인의 관리

세관장은 매년 소요량 사전 확인 신청 업체의 소요량 책정에 대한 적정 여부를 관리하여야 한다.

7. 소요량심사

(1) 소요량심사의 관할

소요량심사는 본부세관 환급심사과(인천세관의 경우에는 "심사총괄과", 부산·대구·광주세관의 경우에는 "납세심사과"를 말한다. 이하 '소요량심사부서'라 한다)에서 담당한다. 다만, 「기업심사운영에 관한 시행세칙」에 따른 종합심사대상업체 또는 동 세칙에 따른 자율심사대상업체의 경우에는 대상 업체를 관리하는 본부세관의 관세심사부서(심사총괄과를 말하며, 심사관실을 포함한다. 대구·광주세관의 경우에는 "납세심사과"를 말한다)에서 담당한다.

관세심사부서가 소요량심사를 하는 경우로서 소요량 산정과 관련하여 환급신청인과 이견이 있는 경우에는 관세심사부서에서 소요량심사부서로 심사의견을 조회할 수 있다. 관세심사부서가 소요량심사부서에 의견을 조회하고자 하는 경우에는 의견조회서와 쟁점 사항에 대한 검토 서류를 첨부하여 협의하여야 한다.

(2) 소요량심사의 구분

소요량 산정의 적정 여부에 대한 심사(소요량심사)는 소요량심사부서의 자체 계획에 의한 심사(기본계획심사)와 환급 심사부서에서 소요량심사를 의뢰한 건에 대한 심사(수시심사의뢰건심사)로 구분한다.

(3) 기본계획 심사

본부세관장은 다음 업체를 대상으로 소요량심사에 대한 기본계획을 수립·시행하여야 한다.

- 동종업체의 유사물품(HSK10단위)보다 평균환급액이 과다하게 높은 업체
- 환급액이 급증한 업체(전년도 환급실적과 비교)
- 소요원재료의 세율변경 등으로 과다환급의 개연성이 높은 업체

- 수출액보다 환급액이 급증한 업체
- 최초 환급신청업체
- FTA체결국과 비체결국에서 동일 품목을 각각 수입하는 업체
- 기타 소요량산정방법별 위험도를 고려하여 세관장이 기본계획에 의한 우선 심사가 필요하다고 인정되는 업체

본부세관장은 기본계획을 매년도 말까지 익년도의 계획을 수립하여 관세청장에게 보고하여야 한다. 본부세관장은 기본계획을 수립할 때에는 심사요원, 심사대상 업체, 심사사항 및 기타 특이사항 등을 고려하여야 한다.

(4) 수시심사의뢰건 심사

관할지세관장이 환급전심사 또는 환급후심사 과정에서 소요량심사가 필요하다고 인정되는 경우에는 본부세관의 소요량심사부서에 소요량심사를 의뢰할 수 있다. 관할지세관장이 소요량심사를 의뢰하고자 할 경우에는 사후심사시스템을 통하여 소요량심사 의뢰의견이 기재된 소요량심사의뢰서를 작성하여 전자문서로 송부 하여야 한다. 다만 소요량심사에 필요한 다음 서류를 확보한 경우, 소요량심사 의뢰서에 첨부서류의 목록을 기재하여 우선 전자문서로 송부하고, 추후 문서수발 등의 방법으로 제출하여야 한다.

- 품목별·소요원재료별 단위소요량 및 변동내역(단위소요량 산정내역표)
- 수출물품의 단위실량 확인자료(손모율로 관리한 경우)
- 제조사양서 및 제조공정도(변경내역 포함)
- 원재료수불대장(부)
- 제품수불대장(부)
- 생산월보(수출건별 등 총소요량 산정방법인 경우에는 작업월보)
- 부산물수불대장(부산물이 발생한 경우에 한함)
- 제품별 원가계산서(직접재료비 내역 명세서 포함)
- 소요량계산서철 및 관련 수출입신고필증
- 제품별·소요원재료별 단위소요량 산출근거 및 부산물 공제비율 산출근거

- 생산수율 및 원단위표(국세청신고대상 업체 및 품목에 한함)
- 결산보고서(제품 및 자재수불관련 부속서류 포함 : 1회계년도 단위소요량 산정업체)
- 위탁가공계약서(위탁건별 총 소요량 산정업체)

본부세관장은 제출된 소요량관련 서류가 미비하다고 판단되는 경우에는 당해 업체로부터 필요한 추가서류를 제출하도록 문서로 요구할 수 있다.

(5) 소요량심사사항

본부세관장은 소요량심사시 다음 사항을 심사하여야 한다.

- 환급특례법 제20조 및 영 제28조에서 규정한 서류의 보관·관리 상태 및 정확성여부
- 수출용 원재료의 실제사용량, 제품생산량, 부산물발생량의 적정여부
- 부산물 발생확인 및 공제비율(연산품 생산비율 및 가치비율)의 적정여부
- 소요량산정 및 계산의 정확성 여부
- 기타 환급금산출 관련사항

(6) 소요량심사방법과 기간

소요량심사는 서면심사를 원칙으로 한다. 다만, 서면심사만으로 심사의 목적을 달성할 수 없는 경우에는 당해 업체를 방문하여 실지조사를 할 수 있다.

소요량심사는 기본계획심사는 심사착수일로부터 30일, 수시심사 의뢰건 심사는 심사의뢰를 받은 날로부터 30일로 심사기간을 정한다. 세관장은 소요량심사를 함에 있어, 수출물품제조공정상의 특징과 소요량산정방법의 특수성으로 인해 지정된 기간 이내에 심사를 종료하기가 어렵다고 인정되는 때에는 20일의 범위 내에서 심사기간을 연장할 수 있다.

(7) 실지조사승인 요청 및 승인

본부세관장은 실지조사의 필요성이 있다고 인정하는 경우에는 실지조

사계획보고서(별지 제4호 서식)에 사유서를 첨부하여 관세청장에게 전자문서로 승인요청을 하여야 한다. 관세청장은 세관장이 승인 요청한 실지조사계획을 검토하여 조사방법, 범위, 기간 및 중점조사내용과 조사대상등을 조정하거나 중복조사여부를 확인하여 조사를 제한할 수 있다.

(8) 실지조사종료와 결과통지

실지조사부서의 심사반장이 실지조사를 종료하고자 하는 때에는 세관장에게 실지조사 종결보고를 한 후 실지조사결과보고서양식에 따라 관세환급시스템에 등록하여야 한다. 실지조사를 종료한 때에는 그 조사결과를 환급신청인에게 통지하여야 한다. 다만, 환급신청인이 폐업한 경우나 환급신청인의 주소 및 거소가 불명하거나 기타의 사유로 통지가 곤란하다고 인정되는 경우에는 그러하지 아니하다. 실지조사결과를 통지하고자 할 때에는 실지조사결과통지서(별지 제6호 서식)를 환급신청인에게 송부하여야 한다.

8. 소요량심사결과의 조치

(1) 소요량심사결과의 조치

소요량심사부서에서 소요량을 심사하는 자(소요량심사자)는 그 결과를 과장에게 보고하여야 한다. 소요량심사결과를 보고받은 과장은 사안별로 소요량산정방법이 잘못 적용된 경우에는 그 산정방법의 변경, 소요량과다산정 등으로 인해 과다환급 받은 사실이 있는 경우에는 소요량계산내역 정정 및 과다환급금 징수, 사위 기타 부정한 방법으로 환급 받은 사실이 있는 경우에는 자체조사후 통고처분(「세관공무원의 범칙조사에 관한 시행세칙」에 해당하는 경우 즉시 조사전담부서로 고발의뢰)등의 조치를 하여야 한다. 소요량심사자는 조치를 완료한 때에 그 조치사항을 사후심사시스템에 등록하여야 한다.

(2) 소요량산정방법의 변경

소요량심사자는 소요량산정방법이 잘못 적용된 경우에 그 산정방법의 변경을 하는 경우 당해 수출물품에 적합한 소요량산정방법을 정하여 변경토록 환급신청인에게 소요량산정방법변경요구서를 통지하여야 한다. 통지를 받은 환급신청인은 당해 수출물품에 적합한 소요량산정방법을 정하여 이를 변경 신고하여야 하며, 이 경우 소요량심사자는 이를 환급시스템에 변경 등록하여야 한다. 환급신청인은 변경등록일로부터 관세 등의 환급신청을 함에 있어 변경 등록된 소요량산정방법대로 환급 등을 신청하여야 한다.

(3) 과다환급금의 징수

소요량심사자는 소요량과다산정 등으로 인해 과다환급 받은 사실이 있는 경우에는 소요량계산내역 정정 및 과다환급금 징수하는 경우에는 과다하게 환급받은 금액 등을 징수한다. 소요량심사자는 과다환급금을 징수한 경우에는 그 내역을 사후심사시스템에 등록하여야 한다. 징수를 하고자 할 때에는 관세법 제118조의 규정을 준용하여 과세전 통지를 한다.

제3장

수출용 원재료의 국내거래

제1절 납부세액증명

1. 부가가치 향상을 통한 수출 증대를 위한 지원제도

(1) 수출이행기간 연장

수출용 원재료로 수입신고를 하고 관세 등을 감면받은 물품은 일정기간 내에 다시 수출을 해야 한다. 그러나 국내에서 제조·가공을 거치는 단계마다 1년의 범위 내에서 실제 소요된 기간만큼 수출이행기간의 연장이 가능하다. 이행 기간 연장제도는 여러 공정을 거치며 제품의 부가가치를 높일 수 있도록 하기 위한 것이다.

(2) 부가세 환급

부가가치세법에서는 수출물품에 대하여는 영의 세율을 적용하고 있다. 따라서 수출용 원재료를 사용하여 제품을 만들어 수출하는 경우 부가가치세를 환급해주고 있다. 그리고 국산 원재료의 사용을 촉진하기 위하여 국산 재료를 국내에서 제조·가공을 거쳐 수출용 원재료로 공급하는 국내거래의 경우에도 부가가치세 영세율을 적용하여 부가가치세율을 환급하고 있다.

다음 절에서 설명하는 기초원재료 납입증명서, 분할증명서의 경우 국내거래임에도 불구하고 수출거래로 인정하여 부가세 영세율의 적용을 받는다.

(3) 국내 제조 · 가공 수출용 원재료에 대한 수출금융과 수출실적 인정

국내에서 제조 · 가공한 수출용 원재료의 구입을 지원하기 위하여 내국신용장제도를 운용하고 있다. 국산 원재료 구매자는 내국신용장 제도를 통하여 금융기관으로부터 자금을 지원받을 수 있다. 수출용 원재료를 제조·가공하여 국내에 공급한 경우에도 수출실적으로 인정하여 무역금융이나 정부 지원을 받을 수 있도록 하고 있다.

2. 납부세액증명

수출용 원재료를 수입한 자가 직접 수출물품을 제조하여 수출하지 않고 수입 원재료 상태 그대로 또는 이를 제조·가공한 상태로 국내의 타회사에게 수출용 원재료로 양도한 경우 이를 수출용 원재료의 국내거래라 한다. 수출용 원재료 국내 거래에 대한 관세환급을 위해서는 국내 거래 단계마다 국내 거래물품에 포함된 관세 등의 세액을 확인하여야 한다.

세관에서는 국내거래가 단순히 거래만 있었던 경우와 제조·가공을 거쳤는지 여부에 따라 기초 원재료 납세증명서(기납증)와 수입신고필증 분할증명서(분증)를 발급한다. 분증은 원재료를 가공하지 않고 거래할 때 물품 공급자가 발급받아 물품을 공급받는 자에게 제공한다. 기납증은 가공 거래시에 발급한다.

실질적인 수출액은 국내에서의 부가가치의 크기에 의하여 결정되며, 국내에서 제조·가공한 거래단계가 많을수록 부가가치가 커지는 것이므로 외화가득율 제고를 위하여 제조·가공을 거치는 국내거래에 대하여 기납증, 평세증, 분증 발급 지원조치를 하고 있다.

제2절 기초원재료 납세증명

1. 기납증의 정의 및 기능

"기초원재료납세증명서"라 함은 내국신용장 등에 의하여 공급된 수출용 원재료의 납부세액을 증명한 서류(기납증)를 말한다.

기납증은 외국으로부터 수입한 원재료를 제조·가공한 후 이를 수출물품 제조업체에 수출용 원재료로 공급하는 때(중간원재료를 제조·가공하여 공급하는 경우 포함)에 국내거래공급자의 신청에 의하여 공급물품에 포함되어 있는 기초원재료의 수입시 납부세액과 물품의 공급사실을 증명하는 제도로서 양수자가 개별환급방법에 의하여 관세환급 또는 기초원재료납세증명서를 발급신청시 납부세액증빙서류로 사용하는 서류이다.

2. 발급권자

(1) 세관장 발급

세관장은 수출용 원재료가 내국신용장등에 의하여 거래된 경우(환급특례법 제5조제3항을 적용받는 경우는 제외한다) 관세 등의 환급업무를 효율적으로 수행하기 위하여 대통령령으로 정하는 바에 따라 제조·가공 후 거래된 수출용 원재료에 대한 납부세액을 증명하는 서류(기초원재료납세증명서)를 발급하거나 수입된 상태 그대로 거래된 수출용 원재료에 대한 납부세액을 증명하는 서류(수입세액분할증명서)를 발급할 수 있다(법 제12조 제1항).

(2) 관세사 등에 위탁발급

세관장은 내국신용장 등에 의하여 물품을 공급한 자나 관세사(내국신용장등에 의하여 물품을 공급한 자로부터 위임받은 자로 한정한다) 중 관세청장이 정하는 기준에 해당되는 자로 하여금 대통령령으로 정하는 바에 따라 기초원재료납세증명서 또는 수입세액분할증명서를 발급하게 할 수 있다(법 제12조 제2항).

3. 발급

기납증은 국내에서 제조·가공한 물품을 내국신용장 등에 의거 수출자 또는 수출물품을 생산하는 자에게 양도할 경우 양도한 물품에 포함된 관세 등의 세액을 증명 받기 위하여 신청할 때 사용되는 서식으로 그 구성은 다음과 같다.

- 기초원재료납세증명서(갑) : 내국신용장(구매확인서)에 의거 양도하는 물품의 내역 및 총 양도세액을 기재하는 서식
- 기초원재료납세증명서(을) : 양도물품의 소요원재료별로 산출한 세액 및 수입신고필증 등의 원재료에 대한 잔량을 기재하는 서식
- 기초원재료납세증명서(병) : 부산물내역

(1) 기납증의 발급대상

기납증을 발급할 수 있는 경우는 다음과 같다.

- 수입원재료를 사용하여 생산한 물품을 당해 수입원재료의 수입신고수리일부터 1년 이내에 수출물품을 생산하는 자에게 양도하거나 수출물품의 중간원재료를 생산하는 자에게 양도하는 경우
- 수입원재료와 중간원재료를 사용하여 생산한 물품을 수입신고수리일(중간원재료의 경우에는 구매일)부터 1년 이내에 수출물품을 생산하는 자에게 양도하거나 수출물품의 중간원재료를 생산하는 자에게 양도하는 경우
- 수출물품의 중간원재료를 사용하여 생산한 물품을 그 중간원재료의 구매일부터 1년 이내에 수출물품을 생산하는 자에게 양도하거나 수출물품의 중간원재료를 생산하는 자에게 양도하는 경우
- 수입원재료 또는 중간원재료(수입원재료와 중간원재료 포함)를 사용하여 생산한 물품을 수입신고수리일(중간원재료의 경우에는 구매일)로부터 1년 이내에 수출하는 자에게 양도하는 것으로서 수출자가 환급받고자 하는 경우(완제품공급 수출)

수출물품의 생산에 사용할 원재료의 국내거래과정이 여러 단계일 경우 세관장은 거래단계별로 기납증을 발급할 수 있다.

(2) 신청

기초원재료납세증명서 또는 수입세액분할증명서(기초원재료납세증명서등)를 발급받고자 하는 자는 ㉠ 양도자 및 양수자, ㉡ 양도일자, ㉢ 품명 및 규격, ㉣ 양도한 물량 및 세액, ㉤ 그 밖에 기초원재료납세증명서등의 발급에 필요한 사항으로서 관세청장이 정하는 사항을 기재한 증명서 발급신청서를 관할지세관장에게 제출하여야 한다.

(3) 국내거래물품의 양도일자

기납증 발급에 따른 국내 거래 인정 서류와 분증 발급에 따른 국내 거래 인정 서류에 의하여 거래된 물품에 대한 양도 일자는 다음 방법에 의하여 확인한다.

- 신용장에 의하여 거래된 경우에는 내국신용장물품수령증상의 인수일
- 신용장 이외의 방법에 의하여 거래된 경우에는 당해물품에 대한 세금계산서상의 물품공급일, 법인 분할의 경우 법인 등기일
- 서류에 기재된 인수일 또는 물품공급일과 실제공급일이 다를 때에는 실제공급일을 양도일로 하며, 이 경우 물품수령증과 세금계산서 여백에 실제공급일과 확인자를 기재한 것이어야 한다.

(4) 환급제한 물품

세관장은 관세 등의 환급이 제한되는 물품에 대하여는 환급이 제한된 세액을 공제하고 기초원재료납세증명서등을 발급하여야 한다.

(5) 제출서류

기납증 발급신청시 제출하여야 하는 서류는 다음과 같다.

- 기초원재료납세증명서
- 국내거래인정서류
- 양도일자확인서류

- 소요량계산서류
- 소요원재료에 대한 납부세액확인서류

다만, 정액환급율표를 적용하여 신청하는 경우에는 소요량 계산 서류와 소요원재료에 대한 납부세액확인서류는 제출하지 아니한다.

기초원재료납세증명서 (갑)

①양도자 주 소 상 호 성 명	통관고유부호	⑤※접수번호			처리기간 : 1일
			기관부호	년도	일련번호
	사업자등록번호				
② 신청관세사		⑥ ※접수일자			
③ 제출번호		⑦ 증명구분			
		(1:연산품정액, 2:간이정액, 3:개별)			

④양수자 주 소 상 호 성 명	통관고유부호	⑧ ※증명일자	
		⑨ 근거서류번호	
	사업자등록번호		

ⓐ HS 10단위	ⓑ 부 호	ⓒ 양도(매입)일자	ⓓ 물량합계	ⓔ 단 위

ⓕ일련번호	ⓖ 품명 및 규격(기재여부 : XXXX)	ⓗ물량	ⓘ 물량단위	ⓙ금액(XXX)	ⓚ세액
	ⓛ관세	ⓜ내국세( )	ⓝ교육세	ⓞ농특세	

ⓟ양도세액	관 세		내국세( )	
	교 육 세		농 특 세	
			합 계	
ⓠ공급가격(FOB)				

결재	담 당	주 무	과 장	장	ⓡ 증 명 인

1. ※ 표시는 세관기재란임.
2. 제출부수는 1부(신청인용, 세관보관용)임

기납증 발급신청을 하고자 하는 자는 기납증 작성요령에 따라 작성한 전자문서를 전송하고 접수통지를 받아 접수번호가 기재된 기납증에 서류를 첨부하여 접수통지받은 날부터 3일 이내에 관할지세관장에게 제출하여야 한다. 세관장은 전송된 전자문서내용과 제출된 서류를 대조·확인하고 증명세액의 정확성 여부를 심사한 후 기납증을 발급한다. 발급한 기납증은 양수자가 관세환급시스템에서 확인할 수 있도록 그 내역을 공개한다. 신청인이 요청하는 경우에는 양수자에게 기납증을 전자문서로 통보할 수 있다. 이 경우 양도자는 제증명전자문서전송업체통보서(별지 4-6호 서식)를 발급신청 전까지 관할지세관장에게 통보하여야 하며 이를 통보받은 세관장은 관세환급시스템에 등록하여야 한다.

(6) 분할공급 물품

하나의 내국신용장등에 의하여 거래되는 물품이 2회 이상 분할 공급되는 경우의 기초원재료납세증명서등은 최초의 물품이 거래된 날에 당해 수출용 원재료가 전부 거래된 것으로 보아 기초원재료납세증명서 등을 발급하여야 한다. 다만, 내국신용장등에 의하여 수출용 원재료를 공급하는 자가 원하지 아니하는 경우에는 그러하지 아니하다.

(7) 발급 세관장 지정

관세청장은 기초원재료납세증명서등의 발급업무를 효율적으로 수행하기 위하여 필요하다고 인정하는 경우에는 이를 발급하는 세관장을 따로 지정할 수 있다.

(8) 대리 발급

세관장은 내국신용장 등에 의하여 물품을 공급한 자와 공급한 자로부터 위임받은 관세사 가운데 관세청장이 정하는 기준에 해당되는 자에 대하여 따라 기초원재료납세증명서등을 발급하게 할 수 있다.

(9) 세액 증명

기초원재료납세증명서등을 발급할 때에 증명하는 세액은 환급금 산출방법에 의하며, 증명세액의 정확여부의 심사에 대하여는 환급금 사후심사 규정을 준용한다.

(10) 환급전심사물품에 대한 기납증의 발급

환급전심사 업체 또는 물품에 대하여 기납증을 발급하고자 할 때에는 제4-2-2조에서 정한 서류 이외에 소요량계산 서류에 의한 소요원재료 및 소요량계산의 적정여부와 소요량계산 서류와 소요원재료 납부세액확인서류에 의한 증명할 세액계산의 정확여부를 확인 또는 심사하고 기납증을 발급한다. 기납증을 발급한 후 신청서 및 소요량계산 서류를 제외한 제출받은 서류는 신청인에게 되돌려 준다.

(11) 동일업체의 제조장간 공급물품에 대한 기납증 발급

세관장은 제조장별로 환급신청하는 업체로서 동일업체 제조장간 공급물품에 대하여 기납증의 발급이 필요하다고 인정하는 기납증을 발급할 수 있다.

(12) 해외임가공후 수입물품의 국내거래시 기납증 발급

해외임가공물품 등의 수입시 감세처리 한 물품이 내국신용장 등에 의하여 국내거래된 경우에는 당초 위탁가공을 위하여 수출한 물품의 생산에 소요된 수출용 원재료에 대한 관세 등과 당해 물품의 재수입시 납부한 관세 등(가공임에 대한 과세액)에 대하여 기납증을 발급할 수 있다.

4. 준용

기초원재료납세증명서 또는 수입세액분할증명서를 발급할 때 증명하는 세액은 환급금 산출방법에 따르며, 증명세액의 정확 여부의 심사에 대하여는 환급심사에 관한 규정(법 제14조제2항 및 제3항)을 준용한다(법 제12조제3항).

제3절 분할증명서

1. 정의

"분할증명서"라 함은 수입 또는 구매한 상태 그대로 공급된 물품에 대한 납부세액을 증명하기 위하여 수입신고필증·평세증·기납증을 분할하여 증명한 서류(수입세액분할증명서를 말하며 이하 "분증"이라 한다)를 말한다.

분증은 수입(구매)한 원재료를 제조·가공없이 수출물품 등을 제조·가공하고자 하는 자에게 양도하거나 관세환급 또는 기납증발급을 신청하기 위하여 수입신고필증(기초원재료납세증명서 및 평균세액증명서 포함)을 분할한 것으로 외국으로부터 수입한 원재료를 제조·가공하지 않고 수입한 원상태로 수출용 원재료로 국내 공급하는 경우에 공급자의 신청에 의거 세관장이 발급한다. 원상태국내거래는 수출물품의 외화가득율 제고에 도움이 되지 아니하므로 수출이행기간의 연장 등 각종 지원조치의 대상이 되지 않고, 원상태로 공급하는 때에 발급하는 것이므로 소요량증명서류가 필요하지 아니하며 정액환급율표도 적용되지 않는다.

2. 분증의 발급대상

세관장은 수입된 상태 그대로 거래된 수출용 원재료에 대한 납부세액을 증명하는 서류(수입세액분할증명서)를 발급할 수 있다.

분증을 발급할 수 있는 경우는 다음과 같다.

- 수입분증 또는 수입분증의 분증은 당해 수입(매입)원재료의 수입신고수리일로부터 2년 이내에 수입(매입)한 상태 그대로 수출자 및 수출물품의 생산자 또는 수출물품을 생산하는데 사용할 중간원재료를 생산하는 자에게 양도한 경우
- 평세분증은 평세증이 발급이 발급된 물품의 전부 또는 일부를 제조·가공하지 아니하고 양도한 경우로서, 다음에 해당하는 경우
  - 수입원재료만으로 평세증이 발급된 경우에는 수입한 날이 속하는 달의 초일부터 2년 이내에 거래된 경우

- 국내생산원재료 또는 수입원재료와 국내생산원재료를 일괄하여 평세증이 발급된 경우에는 매입(수입)한 날이 속하는 달의 초일부터 1년 이내에 거래된 경우

– 기납분증 또는 기납분증의 분증은 국내생산원재료를 매입한 날로부터 1년 이내에 매입한 상태 그대로 양도한 경우

3. 분증의 발급신청 및 제출서류

분증의 발급신청시 제출하여야 하는 서류는 분할증명서, 국내거래인정서류, 양도일자확인서류, 수입신고필증등 분할하고자 하는 물품 및 납부세액을 확인할 수 있는 서류이다. 분증발급신청을 하고자 하는 자는 분할증명서 작성요령에 따라 작성한 전자문서를 전송하고 접수통지를 받아 접수번호를 기재한 분할증명서를 접수통지 받은 날부터 3일 이내에 세관장에게 제출하여야 한다.

세관장은 전송된 전자문서내용과 제출된 서류를 대조·확인하고 분할증명세액의 정확성 여부를 확인한 후 분증을 발급하여야 한다. 발급한 분증은 양수자가 관세환급시스템에서 확인할 수 있도록 그 내역을 공개한다. 신청인이 요청하는 경우에는 양수자에게 분증을 전자문서로 통보할 수 있다. 이 경우 양도자는 제증명전자문서전송업체통보서를 발급신청 전까지 세관장에게 통보하여야 하며 이를 통보받은 세관장은 관세환급시스템에 등록하여야 한다.

분 할 증 명 서

①양도자 주 소 상 호 성 명	통관고유부호	⑤※접수번호		처리기간 : 즉시
		기관부호	년 도	일련번호
	사업자등록번호			
② 신청관세사		⑥ ※접수일자		
③ 제출번호		⑦ 증 명 구 분		
		(1:기납증, 2:평세증, 3:수입필증, 4:분할증명서)		
④양수자 주 소 상 호 성 명	통관고유부호	⑧ ※증명일자		
		⑨ 근거서류번호		
	사업자등록번호			

ⓐ HS 10단위	ⓑ 신고(증명) 번호 - 란번호	ⓒ 수입(증명)일자
ⓓ 양 도 일 자	ⓔ 물량합계	ⓕ 단 위

ⓖ일련번호	ⓗ 품명 및 규 격(기재여부 : XXXX)	ⓘ물량	ⓙ 물량단위	ⓚ금액(XXX)	ⓛ세액
	ⓜ관세	ⓝ내국세( )	ⓞ교육세	ⓟ농특세	

ⓠ양도세액	관 세		내국세( )	
	교 육 세		농 특 세	
			합 계	
ⓡ공급가격(₩)				

결재	담 당	주 무	과 장	장	ⓢ 증 명 인

1. ※ 표시는 세관기재란임
2. 제출부수는 1부(신청인용, 세관보관용)임

4. 분증 발급에 따른 국내거래인정서류

분증발급대상 물품에 대한 국내거래인정서류는 다음과 같다.

- 내국신용장
- 양도승인서(「대외무역법」 규정에 의하여 지식경제부장관의 승인을 받은 것)
- 구매확인서(내국신용장에 준하여 외국환은행장이 발급한 것)
- 수출신용장 또는 수출계약서(물품대금은 외화를 받고 물품은 외국인이 지정한 국내업체에 인도하는 경우로서 신용장 또는 수출계약서와 물품을 인도받은 자가 기재된 것. 다만, 수출계약서의 경우에는 거래명세표 등에 의하여 물품인도사실이 확인되고 인도물품이 수출 등에 제공할 것으로 인정되는 경우에 한함)
- 매매계약서(세관장이 수출물품의 생산 또는 수출 등에 제공하기 위하여 거래된 것임을 인정한 것)
- 물품배정서(조합이 일괄 구매하여 실수요자에게 배정한 것으로서 조합장이 확인한 것)
- 비축물자배정통지서(조달청장 및 조달청의 지청장이 발급한 것)

5. 동일업체의 제조장간 공급물품에 대한 분증 발급

세관장은 제조장별로 환급신청하는 업체로서 동일업체 제조장간 공급물품에 대하여 분증의 발급이 필요하다고 인정하는 경우 분증을 발급할 수 있다.

제4절 평균세액증명

1. 정의 및 기능

"평균세액증명서"라 함은 매월 수입(구매)한 수출용 원재료의 품목번호(HSK 10단위)별 관세 등의 합계액을 물량으로 나누어 수출용 원재료 1단위당 평균세액을 증명한 서류(평세증)를 말한다.

평균세액증명제도는 기초원재료납세증명서나 분할증명서와 같이 국내 거래된 수출용원자재에 대한 관세 등의 납세를 증명하는 서류가 아니라 당해 수출업체에서 그 달에 외국으로부터 수입하거나 국내에서 매입한 수출용 원재료를 HS10단위별로 통합함으로써 규격 확인을 생략하고, 전체물량의 단위당 평균세액을 산출하여 환급함으로써 개별환급 절차를 간소화하는 제도이다. 이는 개별환급 방법에 의한 환급액산출에 있어서 규격 확인 때문에 구비서류와 환급절차가 복잡해짐을 개선하기 위하여 마련된 제도이다.

[<예>: 단추 HS 960629-9000]

월/일	규격	수량	세액
'11.1.10	1cm	10	100원
1.15	2cm	20	150원
1.21	3cm	30	800원
1.23	4cm	30	550원
계		100	1600원

규격	수량	세액
x	100개	1,600원

평균세액
1개당 16원 환급

평균세액증명서 발급대상 물품은 내수용 원재료가 아닌 수출용 원재료로 수입한 물품 또는 국내에서 매입한 물품이면 원칙적으로 제한이 없다. 그러나 평균세액증명제도는 환급대상이 될 수 있는 각각의 세액증명서류 (수입신고필증 · 기초원재료납세증명서 · 수입면장분할증명서 및 기초원재료 납세증명분할증명서)를 환급절차를 간소화하기 위하여 HS 10 단위별로 통합한 것이므로 통합 후에 환급이 가능하여야 하며, 통합으로 인하여 과다 또는 과소환급이 발생할 것으로 예상되는 경우는 제외된다. 따라서 수출용 원

재료로 수입하였다 하더라도 수입신고필증상 기재된 품명의 HS 10 단위가 기타로 분류되는 물품, 소요량이 규격에 따라 상이한 물품, HS 10 단위별로 평균세액증명서를 발급하기 곤란한 물품은 평세증 발급대상에서 제외된다.

2. 증명서 발행

(1) 세관장 발행

세관장은 수출용 원재료에 대한 관세 등의 환급업무를 간소화하기 위하여 필요하다고 인정하는 경우에는 대통령령으로 정하는 바에 따라 수출용 원재료를 수입(내국신용장등에 의한 매입을 포함한다)하는 자의 신청에 의하여 그가 매월 수입한 수출용 원재료의 품목별 물량과 단위당 평균세액을 증명하는 서류(평균세액증명서)를 발행할 수 있다. 이 경우 해당 수출용 원재료에 대하여는 수입한 날이 속하는 달의 1일에 수입된 것으로 보아 환급특례법을 적용한다(법 제11조 제1항).

(2) 평세증 발급 위탁

세관장은 수출용 원재료를 수입한 자와 관세사(수출용 원재료를 수입한 자로부터 위임받은 자로 한정한다) 중 관세청장이 정하는 기준에 해당되는 자로 하여금 대통령령으로 정하는 바에 따라 평균세액증명서를 발급하게 할 수 있다(법 제11조 제2항).

3. 물품지정

평균세액증명서를 발급받고자 하는 자는 관할지세관장으로부터 평균세액증명 대상 물품의 지정을 받아야 한다. 이 경우 수출용 원재료의 관세 · 통계통합품목분류표의 품목번호(품목번호) 또는 소요량이 달라지는 등 평균세액의 결정이 곤란하다고 인정하여 관세청장이 정하는 물품에 대하여는 평균세액증명서의 발급대상으로 지정을 받을 수 없다.

(1) 평세증 발급대상물품의 지정

평세증의 발급대상물품은 업체별(사업장이 2이상인 업체로서 사업장별로 수출·수입하는 경우에는 사업장별)로 지정한다. 이 경우 다음에 해당하는 물품에 대하여는 평세증 발급대상으로 지정할 수 없다.

- 수출용 원재료의 품목번호(HSK10단위)가 관세율표상 "기타의 기타"로 분류되는 물품
- 수출용 원재료의 규격에 따라 소요량이 달라지는 것으로서 그 규격을 통합할 경우 평균세액결정이 곤란한 물품
- 환급제한 대상이 되는 물품
- 수출물품의 생산과정에서 부산물이 발생되는 원재료와 발생되지 아니하는 원재료가 동일품목번호(HSK 10단위)에 분류되는 물품

(2) 지정신청

평세증 발급대상물품의 지정신청을 하고자 하는 자는 평균세액증명서발급대상물품지정신청서에 다음 각호의 서류를 첨부하여 관할지세관장에게 신청하여야 한다.

- 사업장별 주요 수출물품내역
- 수출물품별 소요원재료의 내역
- 지정받고자 하는 품목번호(HSK 10단위)의 최근 3월간 규격별 수입실적 및 내국신용장 등에 의한 구매실적

신청을 받은 세관장은 요건에 적합한 경우 이를 지정하고 신청인에게 평균세액증명서발급대상물품지정서를 교부하여야 한다.

4. 평세증의 신청 및 제출서류

(1) 신청

지정을 받은 물품에 대하여는 계속하여 평균세액증명서의 발급을 신청하여야 한다. 지정받은 물품에 대하여 평균세액증명서를 발급받고자 하는 자는 다음 사항을 기재한 신청서에 관세청장이 정하는 증빙서류를 첨부하여 수출용 원재료를 수입한 날 또는 내국신용장등에 의하여 매입한 날이 속하는 달의 다음달 1일 이후에 관할지세관장에게 제출하여야 한다.

- 지정받은 물품별 수입량 및 관세 등의 세액
- 지정받은 물품별 내국신용장등에 의한 매입량 및 관세 등의 세액
- 기타 평균세액 증명과 관련된 사항으로서 관세청장이 정하는 사항

평세증의 발급신청은 월별 순서에 따라 당해 월에 수입하거나 내국신용장 등에 의하여 구매한 수출용 원재료 전량에 대하여 품목번호(HSK 10단위)별로 일괄하여 신청하는 것을 원칙으로 한다.

(2) 제출서류

평세증의 발급신청시 제출하여야 하는 서류는 다음과 같다.

- 평균세액증명서
- 소요원재료에 대한 납부세액 확인서류
- 내국신용장등에 의하여 수출용 원재료를 공급받은 경우에는 기납증 발급에 따른 국내거래 인정서류

(3) 신청 및 발급

평세증 발급신청을 하고자 하는 자는 평세증 작성요령에 따라 작성한 전자문서를 전송하고 접수통지를 받아 접수번호가 기재된 평세증을 접수통지 받은 날부터 3일 이내에 관할지세관장에게 제출하여야 한다. 세관장은 전송된 전자문서내용과 제출된 서류를 대조·확인하고 평세증을 발급한다.

(4) 평균세액 조정

평세증을 발급신청할 때 평균세액을 조정하여야 하는 경우와 그 방법은 다음과 같다.

- 수출용 원재료의 소요량산출이 단위당 중량·두께·폭·농도 등에 따라 비례계산하여야 하는 물품인 경우에는 발급물량을 조정·계산하고 평세증 해당란에 "비례계산"이라 기재한다.
- 내국신용장등에 의하여 수출용 원재료를 공급받은 경우 기납증이 발급되지 아니한 물품에 대하여는 그 물량을 포함하여 계산하되, 세액은 다음 각목의 방법에 의하여 산출한다.
  - 당해 월에 공급받은 동일물품(HSK 10단위가 같은 것)의 기납증 중에서 단위당세액이 가장 적은 것을 적용한다.
  - 당해 월에 공급받은 동일물품(HSK 10단위가 같은 것)의 기납증이 없는 경우 당해 월부터 소급하여 가장 가까운 달의 기납증 중에서 단위당세액이 가장 적은 것을 적용한다.

(5) 서류의 재사용

평균세액증명서의 발급을 받아야 할 수출용 원재료에 대한 수입신고필증 또는 기초원재료납세증명서 등은 관세 등의 환급신청 또는 다음 국내 거래 단계에 따른 기초원재료납세증명서등의 발급신청자료로 사용하지 못한다.

5. 평균세액증명서의 변경발급 등

(1) 변경발급

세관장은 평균세액증명서를 발급한 후에 신청서 기재사항 전부 또는 일부가 변경된 때에는 다음 방법에 의하여 이를 처리한다.

- 평균세액증명서를 환급 등에 사용하지 아니하였거나 일부만 사용한 경우에는 평균세액증명서를 회수하고 다시 발급한다.
- 평균세액증명서가 관세 등의 환급에 전부 사용된 경우에는 다음 달의 평

균세액증명서를 발급할 때에 그 사실을 참작하여 발급한다. 다만, 다음 달의 평균세액증명서(다음 달의 평균세액증명서가 관세 등의 환급에 전부 사용되었거나 없는 경우에는 그 다음 달의 평균세액증명서를 말한다)가 발급된 경우에는 이를 회수하고 다시 발급한다.

- 그 외에 평균세액증명서의 변경발급에 관하여는 관세청장이 정하는 바에 의한다.

(2) 발급위임

세관장은 수출용 원재료를 수입한 자와 관세사(수입하는 자로부터 위임받은 자에 한한다) 중 관세청장이 정하는 기준에 해당되는 자에 대하여 평균세액증명서를 발급하게 할 수 있다.

(3) 수출목적외의 물품 환급

세관장 또는 관세사로부터 평균세액증명서를 발급받은 자나 제2항제1호에 따라 평균세액증명서를 발급한 자가 평균세액증명서에 기재된 수출용 원재료와 「관세법」의 관세율표상 10단위 품목분류가 동일한 물품으로서 수출 등에 제공할 목적 외의 목적으로 수입한 물품에 대하여는 평균세액증명서에 기재된 수출용 원재료에 대한 관세 등의 환급이 끝난 경우에만 관세 등을 환급할 수 있다. 이 경우 물품별 환급액은 그 물품이 수입된 달의 평균세액증명서에 기재된 수출용 원재료의 평균세액(수입된 달의 평균세액증명서에 기재된 수출용 원재료가 없는 경우에는 해당 물품이 수입된 달부터 소급하여 최초로 그 물품과 품명이 같은 수출용 원재료가 수입된 달의 평균세액증명서에 기재된 수출용 원재료의 평균세액을 말한다)을 초과할 수 없다(법 제11조 제3항).

(4) 일괄발급 신청

평균세액증명서는 품목번호를 기준으로 매월 수입하거나 내국신용장등에 의하여 매입한 수출용 원재료 전량에 대하여 일괄 신청하여야 한다.

(5) 평균세액증명서 추가발급

1) 신청대상에서 누락된 수출용 원재료

평균세액증명서의 발급을 신청할 때에 신청대상에서 누락된 수출용 원재료에 대하여 신청하는 것으로서 평세증의 추가발급을 신청할 수 있는 경우는 다음과 같다.

- 수출용 원재료의 수입시 세번분류의 오류로 인하여 최초 발급신청에서 누락된 경우
- 수입신고필증 등의 분실 등으로 인하여 최초발급에서 누락된 경우
- 평세증의 발급 후에 수출용 원재료에 대한 관세 등이 추징되어 추징된 세액에 대하여 추가발급 신청하는 경우
- 기타 세관장이 추가 발급함이 타당하다고 인정하는 경우

2) 사업장 또는 사업분야별 신청

평균세액증명서의 발급을 받고자 하는 자의 신청에 의하여 사업장 또는 사업분야별로 구분하여 발급신청할 수 있도록 관세청장으로부터 인정받아 그 사업장 또는 사업분야별로 일괄 신청하는 경우에는 전량에 대하여 일괄신청을 하지 않아도 된다.

3) 제출서류

신청대상에서 누락된 수출용 원재료에 대하여 신청하는 것으로서 관세청장이 정하는 경우에 평균세액증명서의 발급을 추가로 신청하는 경우에는 평세증 작성요령에 따라 작성한 평균세액증명서(별지 제4-3호 서식)에 다음 서류를 첨부하여 당초 발급받은 세관장에게 신청하여야 한다.

- 민원인 제출서류 : 추가발급신청사유서
- 담당공무원의 확인사항(민원인 제출생략) : 기 발급된 당해 월의 평세증과 추가발급과 관련된 수입신고필증등 원재료의 납부세액

4) 절차

신청받은 평균세액증명서의 추가발급은 다음에 따라 처리한다.

- 제출된 평균세액증명서가 관세 등의 환급이나 기초원재료납세증명서 또는 수입세액분할증명서 발급에 사용되지 아니하였거나 일부만 사용된 경우에는 사용되지 아니한 수출용 원재료의 물량 및 세액과 추가발급 신청된 수출용 원재료의 물량 및 세액을 합산하여 평균세액을 산정하되, 평균세액증명서는 1부만 발급한다.
- 제출된 평균세액증명서가 관세 등의 환급이나 기초원재료납세증명서 또는 수입세액분할증명서 발급에 전부 사용된 경우에는 다음 달의 평균세액증명서(다음 달의 평균세액증명서가 관세 등의 환급이나 기초원재료납세증명서 또는 수입세액분할증명서 발급에 전부 사용되었거나 평균세액증명서의 발급대상이 되는 수출용 원재료가 없는 경우에는 그 후 최초의 평균세액증명서를 말한다)의 물량 및 세액과 추가발급 신청된 수출용 원재료의 물량 및 세액을 합산하여 평균세액을 산정하되, 평균세액증명서는 평균세액증명 대상물품을 수입한 날이 속하는 월별로 발급한다.
- 기타 평균세액증명서의 추가발급에 관하여는 관세청장이 정하는 바에 의한다.

신청을 받은 세관장은 이를 심사하여 평세증을 추가발급하고 그 내역을 전산에 등록하여야 한다.

6. 평세증의 환급 등 사용방법

동일품목번호(HSK 10단위)에 대한 평세증은 월별 순서에 따라 환급 등에 사용한다. 다만, 선순서 월의 평세증을 전부 사용하지 않고 후순서 월의 평세증을 사용한 경우에는 선순서 월의 평세증을 사용할 수 없다. 평세증을 추가 발급받은 경우 추가발급물량에 대하여는 선순서 월의 평세증을 사용할 수 있다.

7. 내수용 수입신고필증에 의한 환급 등의 사용

내수용 수입신고필증을 환급에 사용하고자 할 때에는 당해 수입신고필증에 의한 환급신청 전에 이미 발급된 평세증을 세관장에게 제출하여 환급에 전부 사용되었음을 확인받아야 한다. 이 경우 제출하여야 할 평세증은 확인신청일부터 소급하여 1년 이내에 발급받은 해당품목번호의 평세증 전부를 말한다. 내수용 수입신고필증을 환급에 사용할 때에는 다음 순서에 의한 세액으로 환급금을 계산하여야 한다.

- 당해 수입신고필증에 의한 단위당 세액이 해당 월의 평세증상 평균세액보다 적은 경우에는 그대로 적용하고 많은 경우에는 해당 월의 평균세액을 적용한다.
- 해당 월에 대한 평세증이 추가 발급되어 평세증이 2건 이상인 경우에는 평균세액이 적은 것을 기준으로 하여 제1항의 규정을 적용한다.
- 해당 월에 발급된 평세증이 없는 경우에는 해당 월부터 소급하여 가장 가까운 달의 평세증 중에서 평균세액이 적은 것을 기준으로 하여 제1호의 규정을 적용한다.
- 소급하여 적용할 평세증이 없는 경우에는 당해 수입신고필증에 의한 세액을 그대로 적용한다.

8. 평세증 발급대상물품의 재심사 및 지정취소

세관장은 평균세액증명서에 의하여 환급 또는 기초원재료납세증명서등을 발급하는 것이 수출용 원재료에 대한 관세 등의 세액과 현저한 차이가 있다고 인정하는 경우에는 평균세액증명서 발급대상물품의 지정을 취소하여야 한다. 세관장은 평세증 발급대상으로 지정한 물품이 지정 취소 요건에 해당되는지 여부를 매 2년마다 심사하여야 한다. 평세증 발급대상물품의 전부 또는 일부에 대하여 그 지정을 취소할 수 있는 경우는 심사결과 평세증 발급대상물품으로 적합하지 아니한 경우와 지정받은 자의 요청이 있는 경우이다. 세관장이 평세증 발급대상물품의 지정을 취소한 때에는 당해업체에 통지한다.

제 4 장

관세 등 환급절차

제1절 환급신청

1. 환급신청

관세 등을 환급받으려는 자는 대통령령으로 정하는 바에 따라 물품이 수출 등에 제공된 날부터 2년 이내에 관세청장이 지정한 세관에 환급신청을 하여야 한다. 다만, 수출 등에 제공된 수출용 원재료에 대한 관세 등의 세액에 대하여 「관세법」에 따른 보정(補正)이나 수정 또는 경정이 있은 때에는 그 날부터 2년 이내에 환급신청을 할 수 있다(법 제14조 제1항).

(1) 신청인

관세 등의 환급신청은 다음에 해당하는 자가 하여야 한다.

- 「관세법」에 따라 수출신고가 수리된 수출인 경우에는 수출자(수출위탁에 의하여 수출된 경우로서 수출자와 수출화주가 다른 경우에는 수출위탁자를 말한다) 또는 제조자 중 수출신고필증에 환급신청인으로 기재된 자
- 우리나라 안에서 외화를 획득하는 판매 또는 공사의 경우에는 당해 물품을 판매 또는 공사를 한 자
- 「관세법」에 따른 보세구역과 「자유무역지역의 지정 및 운영에 관한 법률」에 따른 자유무역지역의 입주기업체에 대한 공급의 경우에는 공급자 또는 제조자 중 수출 등에 제공한 사실을 확인하기 위하여 환급대상

수출물품반입(적재)확인서상에 환급신청인으로 기재된 자

간이정액환급신청의 경우에는 제조자(우리나라안에서 임가공을 위탁하는 경우에는 임가공 위탁자를 말한다)가 신청하여야 한다.

(2) 제출서류

관세 등의 환급을 받고자 하는 자는 관세청장이 정하는 관세 등의 환급신청서에 다음 서류를 첨부하여 관할지세관장에게 제출하여야 한다. 다만, 정액환급률표가 적용되는 수출물품에 대하여는 소요량계산서와 소요원재료의 납부세액을 확인할 수 있는 서류를 첨부하지 아니한다.

㉠ 수출 등에 제공한 사실을 확인할 수 있는 서류

㉡ 소요량계산서

㉢ 소요원재료의 납부세액을 확인할 수 있는 서류

㉣ 기타 환급금의 확인과 관련하여 관세청장이 정하는 서류

(3) 환급신청인 등의 의무

환급신청인은 환급 등의 신청을 함에 있어 자발적으로 관련법규를 준수할 의무가 있으며, 환급금의 계산 등 환급 등의 신청과 관련된 제반사항을 성실히 이행하여야 한다. 관세사 등이 환급신청인을 대리하여 환급 등의 신청을 하는 경우에는 환급신청인과 같은 의무가 있으며, 관세사 등은 환급신청인과 같은 주의의무를 진다.

2. 환급 등의 신청기관

환급 등의 신청은 관할지세관장에게 하여야 한다. 다만, 김해세관·김포세관·인천공항국제우편세관·부산국제우편세관·고성세관에 대하여는 환급 등을 신청할 수 없다. 환급 등의 신청인이 관할지세관이 아닌 세관 등으로 환급 등의 신청기관을 변경할 때에는 환급신청기관변경신청서를 변경 전 세관장에게 제출하여 승인을 받아야 한다. 다만, 김해세관·김포세관·인천공항국제우편세관·부산국제우편세관·고성세관으로는 변경할 수 없다.

환급 등의 신청기관의 변경을 승인한 세관장은 소요량산정 및 관리와 심사에 관한 고시에 의한 소요량신고 관련 일체의 자료를 변경 후 세관장에게 송부하여야 한다. 수입세액분할증명서는 세관장의 승인없이 관할지세관장이 아닌 세관장에게 신청할 수 있다. 다만, 김해세관·김포세관·인천공항국제우편세관·부산국제우편세관·고성세관은 제외한다.

3. 업무분장

환급심사와 서면조사는 관할지세관의 환급심사과(환급심사과가 없는 세관은 납세심사업무를 담당하는 과)에서 이를 담당한다. 실지조사는 본부세관의 환급심사과에서 이를 담당한다. 다만 「종합심사 운영에 관한 시행세칙」에 따른 종합심사대상 업체의 경우에는 본부세관의 관세심사부서(심사총괄과를 말하여, 심사관실을 포함한다. 대구·광주세관의 경우에는 납세심사과를 말한다)에서 담당한다. 관세청장은사안의 중요성, 관할업체수, 세관장의 요청 등을 고려하여 환급심사부서를 조정할 필요가 있다고 인정하는 경우에는 이를 조정할 수 있다.

4. 환급신청절차

환급을 신청하려면 환급신청전에 환급기관(환급업무를 관할할 세관)을 결정하여야 한다. 환급신청은 환급신청인의 제조장 또는 본사(법령에 의하여 사업장으로 등록된 사무소 포함)를 관할하는 세관장에게 신청하여야 한다. 다만, 세관의 성격상 김해세관, 김포세관, 서울국제우편세관, 부산국제우편세관, 고성세관에서는 환급신청을 할 수 없다. 동일업체의 본사 또는 제조장간 관할지세관을 변경하여 환급 등의 신청을 하고자 할 경우에는 환급기관변경신청서를 변경전의 관할지세관장에게 제출하여 승인을 받아야 한다

환급신청인은 환급신청전에 관할세관에 전용계좌번호를 서류로 통보하여야 하며, 이미 개설된 환급금 전용계좌를 변경하고자 하는 경우 세관장에게 계좌변경통보를 하여 관세청 전산시스템에 계좌번호가 등록되어야 환급금의 지급이 가능하다.

(1) 신청서 작성

환급업체(관세사)는 환급대상 수출신고필증 중 동일한 HS 품목으로 같은 달에 수출된 수출건을 취합하여 신청서를 작성해야 하며, 간이정액환급은 간이정액율표고시단위(매년단위로 고시함)별로 수출월 구분없이 동일한 HS품목이면 동시에 환급신청이 가능하다. 해당 수출건에 사용된 수입(매입)물품의 소요량을 계산근거로 하여 환급신청서 및 제증명서를 환급처리용 S/W에 입력하며, S/W가 준비되지 않은 중소업체의 경우 관세사에 환급대행을 의뢰하거나 전국 주요세관 및 상공회의소의 입력시설을 이용하여 입력할 수 있다.

(2) 전자문서 전송/수신

입력이 완료되면 EDI 전자문서로 변환 후 KTNET을 거쳐 관세청에 전송하게 되며 업체의 문서작성 · 전송은 24시간 중 어느 때라도 가능하다

(3) 신청서 오류검증

환급시스템은 수신된 전자문서의 내용이 전자문서 작성규칙에 맞게 작성되었는지 여부와 각 신청서의 기본적인 입력사항(통관고유번호, 환급구분, 계좌번호, 수출·입 사실 등)을 검증한다. 이때 전자문서 규칙에 어긋나거나 기본적인 입력사항에 오류가 있는 경우 오류내용 및 오류항목이 포함된 전자문서를 생성하여 오류통보 하며 이를 접수오류(Gateway 오류)라 하며 이때는 접수번호가 통보되지 아니한다. 오류통보를 수신한 업체는 오류내역을 정정하여 원래의 제출번호로 재전송한다. 오류통보를 접수하면 해당 오류사항을 수정한 후 원래의 제출번호 및 접수번호로 재전송하며, 이때 전체 또는 오류발생부분에 대한 전자문서를 재전송한다.

(4) 접수번호 부여 및 전산심사

환급시스템은 수신문서의 기본사항을 검증한 후 이상이 없으면 접수번호를 부여하고 세관 심사자 배부기준에 의거 자동으로 심사당당자를 지

정한다. 접수된 신청건은 관세청 환급시스템에 의해 자동으로 전산심사가 수행되며 전산심사는 (갑), (을), (병), (정) 등 신청서 내역별 논리적 연관관계 및 각 신청서의 세부사항에 대한 심사를 수행한다.

(5) 접수통보 또는 전산심사오류 통보

전산심사 결과 오류가 없는 건은 접수번호 및 담당자를 해당업체에 통보(접수통보) 하며 오류가 발생되면 오류항목 및 오류위치 그리고 접수번호, 담당자 등의 내용을 해당업체에 통보(오류통보)한다. 업체는 오류통보 수신 후 오류내용을 수정하여 재전송하고, 오류로 통보 받았으나 이에 대한 문의사항이 있으면 오류통보시 기재된 세관의 담당자에게 문의한다. 오류건에 대한 재전송시 오류내용을 수정한 후 문서전체를 다시 전송해도 되고 오류부분에 대해서만 부분재전송도 가능하다

(6) 접수통보 후 3일 이내 서류제출

환급신청건중 서류제출대상 건의 경우에는 접수통보를 받은 환급업체(관세사)는 접수번호 및 접수일자가 기재된 신청서를 출력하여 접수통보일부터 3일 이내에 관할지세관장에게 제출하여야 한다. 3일 이내에 서류를 제출하지 않는 경우에는 전산오류 조치하고 환급신청이 접수되지 않은 것으로 처리하게 된다.

(7) 제출서류에 의한 전산자료 확인

세관 담당자는 제출된 서류와 기 접수된 업무처리화면의 신청내용을 대조하고 확인건에 대한 사항을 제출된 서류로 확인한 후 결재처리 한다.

(8) 환급결정 및 지급결재

신청건에 대한 담당 또는 주무 결재 후 세관 관리자(과장)에 의해 지급결재되어 환급결정 절차가 완료된다. 그러나 환급신청자가 납부하여야 할 관세체납건이 있을 때에는 먼저 체납충당절차에 의해 체납금액을 공

제한 후 지급결재 된다.

(9) 환급금지급 결정통지 또는 완료통보

관리자 결재 후 해당 업체에는 환급금지급 결정통지가 전송되고 사후일괄납부업체인 경우 환급금은 지급보류(지급보류액 만큼 담보잔액에 가산됨)되며 환급금 지급보류 내용이 통지된다.

(10) 환급금 이체의뢰/환급금 지급의뢰

관리자가 결재를 하면 한국은행에 해당 세관장의 세입금계정에서 환급금을 이체하여 환급신청인의 계좌로 즉시 입금시킬 것을 전자문서로 요구합니다.

(11) 환급금 이체 및 지급

한국은행은 세관장이 이체 및 지급 요구한 바에 따라 해당 세관장의 세입금계정에서 환급금을 이체하여 환급신청인의 계좌로 입금시킨 후 입금결과를 세관장에게 전자문서로 통지합니다.

5. 전자문서에 의한 환급 등의 신청원칙

(1) 전자문서

관세 등의 환급 또는 평세증 · 기납증 · 분증의 발급 및 환급대상 수출물품 반입(적재)확인 신청서가 관세환급시스템에 접수될 수 있도록 작성된 전자자료를 말한다.

(2) 전자문서에 의한 신청

환급 등의 신청과 심사는 서류제출없이 전자문서에 의하여 신청하고 이를 심사함을 원칙으로 한다. 다만, 다음에 해당하는 경우에는 관련서류를 제출받아 심사(서류제출심사대상)할 수 있다.

- 환급 등의 신청에 대한 접수통지시에 서류제출대상으로 지정된 것
- 추가환급을 신청하는 경우
- 관세 등의 체납이 있는 업체가 환급 등의 신청을 하는 경우
- 기타 세관장이 환급 등의 신청에 대한 접수·심사과정에서 서류에 의하여 심사할 필요가 있어 서류제출심사대상으로 변경한 경우

6. 환급 신청 방법

(1) 일괄신청의 원칙

관세 등의 환급신청은 수출물품의 생산에 소요된 원재료에 대하여 일괄 신청하여야 한다. 동일 수출물품(수출사실확인서류별 품목번호(HSK10단위)가 같은 수출물품을 말한다)에 대한 관세 등의 환급신청은 당해 수출물품의 생산에 소요된 모든 원재료에 대하여 일괄하여 신청하여야 한다. 다만, 일괄 신청하는 것이 불합리하다고 인정하여 관세청장이 따로 정하는 추가환급 사유에 해당하는 경우에는 추가 환급신청 할 수 있다.

판례는 서로 다른 시기에 수회에 걸쳐 이루어진 간이정액환급절차에 의한 관세부정환급행위는 그 행위의 태양, 수법, 품목 등이 동일하다 하더라도 원칙적으로 별도로 각각 1개의 관세부정환급죄를 구성한다는 입장이다.

판례 간이정액환급절차에 의한 관세부정환급죄에 있어서는 관세의 환급신청을 하여 관세의 환급결정을 받을 때마다 적법한 통관절차에 의한 관세의 확보라는 법익의 침해가 있다고 할 것이어서 그 위반사실의 구성요건 충족 횟수마다 1죄가 성립하는 것이 원칙이라 할 것이다. 또한, 관세부정환급죄가 수출신고, 환급신청, 환급결정, 환급금의 지급 등의 절차를 거쳐 이루어지는 점을 고려하면 일정기간 동안 수차례의 관세부정환급행위가 있은 경우에도 범죄행위자는 새로운 시기와 수단, 방법을 택하여 다시 관세부정환급행위를 하는 것이어서 그 때마다 범의가 갱신된다고 보아야 할 것이므로, 달리 특별한 사정이 없는 한 서로 다른 기회에 행하여진 관세부정환급행위를 계속되고 단일한 범의에 의하여 저질러진 것이라고 평가할 수는 없다고 할 것이다. 따라서 서로 다른 시기에 수회에 걸쳐 이루어진 수출용원재료에대한관세등환급에관한특례법시행령 제16조 에서 정한 간이정액환급절차에 의한 관세부정환급행위는 그 행위의 태양, 수법, 품목 등이 동일하

다 하더라도 원칙적으로 별도로 각각 1개의 관세부정환급죄를 구성한다고 할 것이다. 【대법원 2002. 7. 23. 선고 2000도1094 선고 판결】

판례는 같은 맥락에서 여러 차례 수출을 하고 관세환급을 일괄신청을 한 경우 수출신고별로 부정환급죄가 성립하는 것이 아니고 1회의 관세환급 결정에 대한 일죄가 성립한다는 입장이다.

판례 개별환급절차에 의한 관세부정환급죄의 경우에 환급신청을 할 수 있는 자가 관세의 환급신청을 하여 관세의 환급결정을 받을 때마다 적법한 통관절차에 의한 관세의 확보라는 법익침해가 발생하는 것이므로 같은 달에 날짜를 달리하여 여러 차례 수출신고한 물품에 대하여 일괄하여 한꺼번에 관세의 환급신청을 하여 환급결정을 받은 경우에는 수출신고별로 별도의 죄가 성립하는 것이 아니고 **1회의 관세환급결정에 따라 단순 일죄가 성립**한다고 할 것이다. 같은 취지에서 원심은, 피고인이 수출신고 날짜를 달리 하여 여러 차례에 걸쳐서 이루어진 수출에 대하여 일괄하여 관세의 환급을 신청하여 2,000만 원 이상 1억 원 미만에 해당하는 환급금액의 1회 환급결정을 받은 범행에 대하여 특정범죄가중처벌등에관한법률 제6조 제4항 제2호 를 적용하여 처단하였는바, 앞서 본 법리와 기록에 비추어 살펴보면, 원심의 위와 같은 판단은 옳고, 거기에 상고이유로 주장하는 바와 같은 특정범죄가중처벌등에관한법률 제6조 제4항 제2호 의 해석적용과 관세부정환급죄의 죄수에 관한 법령위반 등의 위법이 없다. 【대법원 2005. 1. 14. 선고 2004도7028 선고 판결】

결국 환급특례법 위반행위는 수출을 기준으로 판단할 것이 아니라 관세환급 신청과 이에 따른 결정 행위별로 판단해야 한다. 문제는 위의 판례에서 관세부정환급의 침해 법익을 적법한 '통관절차에 의한 관세의 확보'라는 관세법의 목적에 근거를 두고 있다는 것이다. 환급특례법은 '관세등의 환급을 적정하게 함으로써 능률적인 수출지원과 균형있는 산업발전에 이바지'하는 것이다. 따라서 부정관세환급은 이러한 환급특례법의 법익에 대한 침해를 근거로 처벌해야 할 것으로 보인다.

(2) 환급신청 및 배부

관세 등의 환급을 신청하고자 하는 자는 환급신청서 작성요령에 따라 작성된 전자문서를 관세환급시스템에 전송하여야 한다. 세관장은 관세환급시스템에 배부기준을 등록하여 환급신청서를 배부하여야 한다. 다만, 심사의 난이도 및 미결현황을 감안하여 환급전심사대상에 해당하는 경우나 담당직원의 휴직·전보·휴가·출장 등으로 당해 환급신청서를 처리할 수 없는 경우에는 다시 배부할 수 있다.

1) 신청서식의구성

환급신청서는 갑, 을, 병, 정으로 구성되어 있다.

환급신청서(갑)는 환급신청인과 수출물품의 총환급액의 기재 및 환급을 신청하는 수출 신고건(수출 신고필증 또는 수출에 갈음하는 서류)이 10건 이하일 경우에 그 내역까지 기재할 수 있는 서식이다.

환 급 신 청 서 (갑)

①환급신청인	신청인부호	⑤※접수번호	처리기간 : 3일		
주 소		기관부호	년 도	일련번호	
상 호	사업자등록번호				
성 명					
② 신청관세사		⑥ ※접수일자			
③ 제출번호		⑦ 환 급 구 분			
		(1 : 연산품정액, 2 : 간이(₩) 3 : 개별 4 : 자동간이)			
④제조자	통관고유부호	⑧ ※결정일자			
주 소		⑨ 추가환급			
상 호	사업자등록번호				
성 명					

			세 종	금 액
⑩ 수 출 물 품 규 격				
			⑰ 관 세	
			⑱ 특 소 세	
			⑲ 교 통 세	
⑪ H S	⑫ 부 호	⑬ 형 태	⑳ 주 세	
			㉑ 교 육 세	
⑭ 수출금액(FOB)	⑮ 수 출 물 량	⑯ 단 위	㉒ 농 특 세	

㉔	은 행 명	본(지)점	㉓ 계	
지급	코 드 번 호			
은행	온라인구좌번호		총 ( )행	

ⓐ 행번호	수출신고번호 ⓑ 세 관	ⓒ 과	ⓓ 신고번호	ⓔ 란	ⓕ수리일자	ⓖ 수출물량	ⓗ수출금액 (FOB)

결재	담 당	주 무	과 장	장	

① 란 : 환급신청인의 주소·상호·성명·신청인부호·사업자등록번호를 기재한다

o 수출형태에 따라 환급신청인은 다음과 같다(구체적인 수출형태별 환급신청은 환급사무처리에관한 고시 별표 1참조)

- 관세법규정에 의한 수출신고가 수리된 수출 (법 제4조제1호) : 수출신고필증상의 환급신청인으로 기재된 자
- 우리나라안에서 대가를 외화로 받는 판매 또는 공사 (법 제4조제2호) : 판매자 또는 공사자
- 보세구역(종합보세구역), 관세자유지역 또는 자유무역지역에의 물품공급 (법 제4조제3호) : 공급자 또는 제조자
- 기타 총리령의 수출로 인정되는 경우 (법 제4조제4호) : 수출자(공급자) 또는 제조자

② 란 : 환급신청을 대행하는 관세사의 상호를 한글 10자 이내로 기재하고 무역통계부호표에서 부여한 관세사 코드를 기재한다(관세사가 신청을 대행하는 경우에만 기재)

③ 란 : 제출번호는 환급신청서의 접수, 접수된 환급신청서의 전산심사결과 오류통지 및 환급결정통지등을 위하여 필요한 번호로서 신청자가 연도별로 제출순서에 따라 일련번호를 부여하여 6자리로 기재하되, 여러 건을 동시에 환급신청하는 경우에 각각 다른 번호를 기재하여야 하고 종전 제출번호와 중복되어서는 안 된다.

☞ 예시

0	0	0	0	0	1

환급신청서(을)은 환급을 신청하는 수출신고건이 10건을 초과할 경우 환급신청서 (갑)지에 이어서 추가로 기재하는 서식이다.

환 급 신 청 서 (을)

기관부호	년 도	일련번호

* 접수번호

ⓐ행번호	수 출 신 고 번 호				ⓕ수리일자	ⓖ 수출물량	ⓗ수출금액 (FOB)
	ⓑ 세 관	ⓒ 과	ⓓ 신고번호	ⓔ 란			

ⓐ 란 : 행번호는 행의 순서별로 일련번호를 기재한다. (0001)

ⓑ~ⓔ 란 : 수출신고번호는 수출신고필증상의 수출신고번호 및 란번호를 기재한다. 다만, 환급대상수출물품반입(적재)확인서의 경우에는 접수번호와 란번호를 기재한다.

☞ 예시

수 출 신 고 번 호(또는 접수번호)			
ⓑ 세관	ⓒ 과	ⓓ 신고번호	ⓔ 란
010	21	9728067001	1

ⓕ 란 : 수리일자는 수출신고필증의 경우에는 수리일자, 물품반입확인서의 경우에는 확인일자, 물품적재확인서의 경우에는 적재일자(환급신청유효기간 계산을 위한 기준일)를 기재한다. (2011/04/15)

ⓖ 란 : 수출물량은 수출신고건별로 소요량책정의 기준이 되는 실거래단위의 수출물량을 숫자 10자 이내로 기재한다. 수출물량의 소수점이하는 절사할 수 있으며 소수점 이하의 물량을 기재할 경우에는 소수점 넷째자리에서 반올림하여 셋째자리까지 기재한다. (9999999999.999)

ⓗ 란 : 수출금액은 수출신고필증상의 수출금액을 원화로 기재한다. 수출신고필증이외의 경우 거래통화가 외국통화인 경우에는 신청(공급,판매,적재)일의 수출환율에 의하여 원화로 환산하여 기재한다.

환급신청서(병)는 환급을 신청하는 수출신고건의 갑·을지의 수출물품에 대한 소요원자재 별로 환급금의 계산근거와 잔량을 기재하는 서식으로 소요량계산서상 소요원자재별로 란을 구분하여 작성한다.

환 급 신 청 서 (병)

	기관부호	년 도	일련번호
총 ( ) * 접수번호			

ⓐ행번호- ⓑ원재료구분	ⓓ수입(매입) 일 자	ⓔ사용량	ⓕ 단위	ⓗ H S	ⓘ 관 세	ⓙ내국세( )	ⓜ 합 계		ⓞ 잔량물량
ⓒ신고(증명)번호 및 란번호		ⓖ원자재단가 (₩)			ⓚ교육세	ⓛ농 특 세	ⓝ 조 사 란		ⓟ 잔량세액
							구 분	비 율	
-									
-									
-									
-									
-									

ⓐ 란 : 행번호는 병지의 행순서대로 일련번호를 기재한다.(001)

ⓑ 란 : 원재료구분란은 ⓒ란의 신고(증명)번호가 다음 어느 것에 해당하는지를 확인하여 해당코드를 기재한다.

〈 원재료 구분 코드 〉

- 수출용 원재료 수입신고필증인 경우 : "00"
- 내수용원재료 수입신고필증인 경우 : "01"
- 기초원재료 납세증명서인 경우 : "02"
- 평균세액증명서인 경우 : "03"
- 분할증명서인 경우 : "04"
- 부산물내역인 경우 : "05"

☞ 예시 : 내수용 수입신고필증인 경우   [0 1]

ⓒ 란 : 신고(증명)번호 및 란번호는 수출물품의 소요원재료별로 사용한 수입신고번호(제증명 발급번호) 및 해당 란번호를 기재하되, 란 번호는 숫자 3자리로 기재한다.

☞ 예시 : 기초원재료납세증명서 010-11-858336의 1란에서 환급금을 계산한 경우 01011858336 001

(기납증 번호) (란번호)

환급신청서(정)는 수출물품 제조과정에서 부산물이 발생되는 경우 발생된 부산물의 내역과 환급 신청서(병)지의 계산근거 내역에서 부산물에 대하여 공제된 금액을 기재토록 하여 추후 부산물이 수출 등에 제공되었을 경우 환급금을 산출할 수 있도록 하여주는 서식이다.

환 급 신 청 서(정)

총( )

	기관부호	년 도	일련번호
* 접수번호			

<table>
<tr><td rowspan="3">ⓐ 행번호</td><td rowspan="3">ⓑ 품 명 · 규격</td><td colspan="3">ⓒ 신고번호 및 란번호</td><td>ⓓ H S</td></tr>
<tr><td>ⓔ 물 량</td><td>ⓕ단위</td><td>ⓖ 관 세</td><td>ⓗ내국세( )</td></tr>
<tr><td colspan="2">ⓚ 합 계</td><td>ⓘ 교육세</td><td>ⓙ 농 특 세</td></tr>
<tr><td rowspan="3"></td><td rowspan="3"></td><td colspan="3"></td><td></td></tr>
<tr><td></td><td></td><td></td><td></td></tr>
<tr><td colspan="2"></td><td></td><td></td></tr>
<tr><td rowspan="3"></td><td rowspan="3"></td><td colspan="3"></td><td></td></tr>
<tr><td></td><td></td><td></td><td></td></tr>
<tr><td colspan="2"></td><td></td><td></td></tr>
<tr><td rowspan="3"></td><td rowspan="3"></td><td colspan="3"></td><td></td></tr>
<tr><td></td><td></td><td></td><td></td></tr>
<tr><td colspan="2"></td><td></td><td></td></tr>
<tr><td rowspan="3"></td><td rowspan="3"></td><td colspan="3"></td><td></td></tr>
<tr><td></td><td></td><td></td><td></td></tr>
<tr><td colspan="2"></td><td></td><td></td></tr>
<tr><td rowspan="3"></td><td rowspan="3"></td><td colspan="3"></td><td></td></tr>
<tr><td></td><td></td><td></td><td></td></tr>
<tr><td colspan="2"></td><td></td><td></td></tr>
<tr><td rowspan="3"></td><td rowspan="3"></td><td colspan="3"></td><td></td></tr>
<tr><td></td><td></td><td></td><td></td></tr>
<tr><td colspan="2"></td><td></td><td></td></tr>
</table>

ⓐ 란 : 행번호는 행의 순서에 따라 일련번호를 숫자 3자리로 기재한다 (001)

※ 부산물발생의 경우 수입신고건수 및 부산물품목수(H.S)는 아래와 같이 작성한다

수입신고건수	부산물품목수(H.S)	부산물발생내역(정)지 작성요령
1 건	N 건	발생품목별로 정지내역을 나열해서 작성
N 건	1 건	N건의 수입신고중 대표 수입신고로만 작성
N 건	N 건	N건 수입신고번호중 대표 수입신고번호 의거 발생품목별로 정지내역을 나열해서 작성

ⓑ 란 : 부산물 품명 및 규격은 부산물의 품명 및 해당규격을 기재한다.(Steel Scraps...)

ⓒ 란 : 신고(증명)번호 및 란번호는 부산물이 발생되는 원재료의 수입신고번호 또는 증명번호(환급신청서 병지에 기재되는 번호)와 란번호를 기재한다(01244 - 960023253 -A, 02)

ⓓ 란 : HS는 부산물 H.S를 기재한다. (720441-0000)

2) 작성방법

환급신청서는 수출물품의 H.S 10단위별로 수출물품이 수출 등에 제공된 월별로 구분 작성한다. 2011.3 .1 - 2011.3.31 까지 동일한 H.S 단위의 물품을 50건 수출하였을 경우 50건의 수출에 대하여 1건의 환급신청서를 작성할 수도 있으며 10건씩 5건으로 환급신청서를 따로 작성할 수 있다. 환급신청서는 수출물품의 제조자별로 환급방법(연산품정액, 간이정액, 개별환급) 별로 각각 구분하여 작성한다.

수출물품의 H.S 10단위가 동일하더라도 수출형태가 다를 경우 수출형태별로 구분하여 환급신청서를 작성한다(H.S 10단위가 같은 품목이 수출도 하고 보세공장에 물품공급도 하였을 경우 각 수출형태별로 별도의 신청서를 작성). 정액환급(연산품정액, 간이정액) 신청시에는 환급신청서 병지(계산근거) 및 정지(부산물내역)는 작성하지 않는다. 부산물이 발생되어 병지(계산근거)에서 부산물비율을 공제하였다 하더라도 부산물이 전부 내수판매 되고 수출되지 않아 공제하였던 부산물에 대한 세액의 환급이 필요없는 경우에는 정지(부산물내역)는 작성할 필요가 없다.

(4) 접수통지 및 오류사항의 보완

세관장은 환급신청자료가 관세환급시스템에 접수된 때에는 ㉠ 접수번호, 접수일자, 처리담당자, ㉡ 전산심사결과 오류발생 여부, ㉢ 서류제출심사대상 여부가 기재된 접수통지서를 환급신청인에게 전자문서로 통지한다. 접수통지를 받은 환급신청인은 ㉠ 오류통보를 받은 때에는 환급신청 자료의 오류사항을 정정하여 당초의 제출번호 및 접수번호로 다시 전송하여야 하며, ㉡ 서류제출심사대상으로 통지받은 때에는 다음 서류를 접수통지받은 날로부터 3일 이내에 관할지세관장에게 제출하여야 한다.

(5) 서류제출심사

1) 제출서류

환급신청인은 서류제출심사대상으로 지정된 건의 경우 접수통지를 받은 날로부터 3일 이내에 ㉠ 환급신청서, ㉡ 수출신고필증 등 수출사실확인서류, ㉢ 소요량계산서류, ㉣ 소요원재료에 대한 납부세액확인서류, ㉤ 환급금 계산내역표(조견표)(다만, 세관장이 제출할 필요가 없다고 인정하는 경우에는 제출을 생략할 수 있다), ㉥ 간이정액환급신청건의 경우 제조자가 환급신청하였는지 여부를 확인할 수 있는 위탁가공계약서·위탁가공료지급 세금계산서 등의 자료(국내 위탁가공 수출물품에 한한며, 세관장이 제출할 필요가 없다고 인정하는 경우에는 제출을 생략할 수 있다)다음 서류를 관할지세관장에게 제출하여야 한다.

정액환급율표를 적용하여 환급신청하는 경우에는 ㉢, ㉣, ㉤ 서류는 제출하지 아니한다. 세관장은 서류제출심사대상으로 지정된 환급신청건에 대하여 환급신청인이 위의 서류를 3일 이내에 제출하지 않는 경우에는 당해 환급신청을 기각할 수 있다.

환급신청인 및 수출사실 확인서류

수 출 유 형	환 급 신 청 인	수출사실 확인서류
① 법 제4조제1호 본문의 규정에 의한 수출	ㅇ수출자 또는 수출물품의 제조자중 수출신고필증에 "환급신청인"으로 기재된 자 - 수출자 · 수출대행계약에 의해 수출자에게 수출위탁한 경우에는 수출위탁자 - 제조자 · 수출물품 제조자(임가공방식에 의한 위탁생산 포함) · 완제품 내국신용장등에 의하여 수출 완제품을 공급하여 수출된 경우에는 완제품 공급자	수출신고필증
② 박람회, 전시회 등에 출품한 무상수출	위와 동일	ㅇ수출신고필증 ㅇKORTA 장이 확인한 출품확인서 또는 세관장이 출품사실을 인정할 수 있는 서류 ㅇ외화입금증명서
③ 해외투자, 건설, 용역 등에 제공되는 무상수출	위와 동일	ㅇ수출신고필증 ㅇ대외무역관리규정 별표3-1의 2호 아목의 확인서
④ 대체수출	위와 동일	ㅇ수출신고필증 ㅇ대체수출과 관련 당초 수출물품의 수출신고필증
⑤ 견본수출	위와 동일	수출신고필증
⑥ 규칙 제2조제1항제5호에 의한 무상수출인 경우	외국으로부터 가공임을 받고 국내에서 가공할 목적으로 반입된 수입원재료로 가공한 물품의 수출 또는 당해원재료중 가공에 사용되지 아니한 물품의 반환을 위한 수출의 수출자 또는 제조자	ㅇ수출신고필증 ㅇ수탁가공계약서 등 수탁가공무역 수출임을 증명하는 서류 및 가공임에 대한 입금증명서
⑦ 규칙 제2조제1항제5의2호에 의한 무상수출인 경우	외국에서 위탁가공할 목적으로 반출하는 물품의 수출자 또는 제조자	ㅇ수출신고필증 ㅇ위탁가공계약서 등 위탁가공무역 수출임을 증명하는 서류
⑧ 규칙 제2조제1항제6호에 의한 무상수출인 경우	위탁판매를 위하여 무상으로 반출하는 물품의 수출자 또는 제조자	ㅇ수출신고필증 ㅇ외화입금증명서
⑨ 규칙 제2조제2항제1호에 의한 주한미군에 대한 판매물품	ㅇ납품완료증명서상 판매(공급)한 자 ㅇ완제품내국신용장 등에 의하여 완제품을 공급하여 판매한 경우에는 완제품공급자	ㅇ주무부장관 또는 당해수출조합장이 확인한 납품완료증명서 ㅇ은행이 확인한 납품대금의 영수를 증명할 수 있는 서류
⑩ 규칙 제2조제2항제2호에 의한 주한외국기관에 대한 공사	공사완료증명서상 공사를 한 자	ㅇ주무부장관 또는 당해 수출조합장이 확인한 공사완료증명서 ㅇ은행이 확인한 공사대금의 영수를 증명할 수 있는 서류
⑪ 규칙 제2조제2항제3호에서 규정한 국산승용차의 판매	면세추천서상 판매자	ㅇ주무부처의 장 또는 주한미군사령부 통관장교가 확인한면세추천서 및 외화입금증명서(별지 제 2-2호서식) ㅇ자동차검사증 또는 등록사실 증명서류
⑫ 규칙 제2조제2항제4호에 의한 외화판매의 경우	납품(공사)완료증명서상 판매(공사)자	ㅇ납품(공사)완료증명서(주무부장관 또는 수출조합장이 확인한 서류) ㅇ조세특례제한법시행규칙 제51조의5에 규정한 서류
⑬ 규칙 제2조제2항제5호에 의한 낙찰물품에 대한 판매	물품인도증명서상 판매(공급)한 자	ㅇ주무부처의장이 확인한 물품인도증명서 ㅇ관세감면 요건서류등 입증서류
⑭ 법 제4조제3호에 의한 보세구역(종합보세구역포함)·관세자유지역 반입 및 자유무역지역입주기업체에 대한 공급	물품반입확인서상 공급자 또는 제조자	ㅇ세관장이 확인한 물품반입확인서(별지 제2-3호서식)
⑮ 규칙 제2조제4항에 의한 선(기)용품 및 원양어업용 물품	수출신고필증상 또는 물품적재확인서상의 수출자(공급자) 또는 제조자	ㅇ수출신고필증 또는 ㅇ세관장이 확인한 물품적재확인서

2) 확인사항

세관장은 서류제출심사대상인 환급신청건에 대하여는 다음 사항을 확인한 후 환급금 지급을 결정한다.

㉠ 전송된 전자문서와 환급신청서의 기재내용 일치여부

㉡ 구비서류 완비 여부

㉢ 제출된 서류에 의하여 환급금이 정확한지 확인

㉣ 수출유형별 수출사실 확인 방법에 의하여 환급대상수출에 해당하는지 여부

환급대상 수출의 확인방법

㉮ 「관세법」에 따라 수출신고가 수리된 수출
 - 당해 물품에 대한 환급을 할 때 전산에 의하여 선(기)적 사실을 확인하고 환급함.

㉯ 외국에서 개최되는 박람회 · 전시회 · 견본시장 · 영화제 등에 출품하기 위하여 무상으로 반출하는 물품의 수출
 - 당해물품에 대한 환급을 할 때 전산에 의하여 선(기)적 사실을 확인
 - 수출사실 확인서류에 의하여 환급대상 수출여부를 확인한 후 환급함.

㉰ 해외에서 투자 · 건설 · 용역 · 산업설비수출 기타 이에 준하는 사업에 종사하고 있는 우리나라의 국민(법인을 포함한다)에게 무상으로 송부하기 위하여 반출하는 기계 · 시설자재 및 근로자용 생활필수품 기타 그 사업과 관련하여 사용하는 물품으로서 주무부장관이 지정한 기관의 장이 확인한 물품의 수출
 - 당해물품에 대한 환급을 할 때 "1"에서 정한 수출사실확인서류에 의하여 환급대상 수출여부를 확인한 후 환급함.

㉱ 수출된 물품이 계약조건과 서로 달라서 반품된 물품에 대체하기 위한 물품의 수출
 - 환급을 받고자 하는 물품을 보세공장 등에 반입하고 그 반입장소를 관할하는 세관장에게 물품반입확인서(별지 제2-3호 서식)를 제출하여 반입사실과 환급대상 수출에 해당되는지 여부에 대하여 확인을 받아야 함.
 - 관할지세관장은 환급할 때 물품반입확인서에 의하여 수출사실을 확인후 환급함.

㉲ 해외구매자와의 수출계약을 위하여 무상으로 송부하는 견본용 물품의 수출
 - 당해물품에 대한 물품적재확인서(별지 제2-3호서식)를 세관장에게 제출하여 허가를 받고 당해물품을 선박(원양어업용 물품의 경우에는 운반선을 포함한다) 또는 항공기에 적재한 후 세관장의 선(기)적 확인을 받아야 함. 다만, 원양어업용 물품의 경우에는 선(기)적 허가를 신청할 때에 원양어업용 선용품 무환반출확인서를 제출하여야 함.
 - 관할지세관장은 당해물품에 대하여 환급할 때 물품적재확인서에 의하여 선(기)적 사항을 확인한 후 환급함.

세관장은 서류제출대상 심사건에 대한 환급심사가 완료된 경우 수출신고필증 등 수출사실확인서류·소요원재료에 대한 납부세액확인서류·제조자가 환급 신청하였는지 여부를 확인할 수 있는 위탁가공계약서·위탁가공료지급 세금계산서 등의 자료는 환급신청인·환급신청대리인에게 되돌려준다.

3) 서류의 보완요구

세관장은 심사결과 환급신청인이 제출한 서류 및 자료의 미비로 인하여 법령에서 정하는 심사사항의 확인이 곤란한 경우에는 신청인에게 신청자료의 보완을 요구할 수 있다. 보완요구는 별지 제2-5호 서식에 의거 보완하여야 할 사항과 보완요구기간 및 그 이유 등을 구체적으로 기재하고 담당과장 명의로 요구하여야 한다. 보완하여야 할 사항이 경미하여 사후에 보완하더라도 환급금의 결정에 지장이 없다고 판단되는 때에는 환급금을 결정한 후에 이를 보완할 수 있으며, 이 경우 신청인은 세관장이 지정한 기간 내에 보완하여야 한다.

4) P/L환급신청건의 처리

서류제출대상이 아닌 환급신청건(P/L환급신청건)은 다음 사항을 확인한 후 처리한다.

- 환급신청서 작성요령에 따라 정확히 작성되었는지 여부
- 규칙 제2조에서 규정한 수출의 경우에는 환급대상수출인지에 대하여 전산화면에 의한 수출내역조회
- 전산심사결과 오류가 발생한 경우 오류사항이 보완되었는지 여부
- 전산화면에 의한 환급심사가 곤란하여 서류를 제출 받아 심사할 필요가 있는지 여부

세관장은 전산화면에 의한 환급심사가 곤란하여 서류를 제출 받아 심사할 필요가 있는지 여부를 확인하기 위하여 필요한 경우 서류제출대상으로 변경할 수 있다. 세관장은 환급업체에 대한 성실도와 위험도를 평가한 결과 관세청장이 별도 정하는 기준에 따라 1년의 범위 내에서 일정기간 P/L환급신청을 정지하게 할 수 있다.

(7) 환급금의 결정통지 및 지급보류통지

세관장이 환급금을 결정하거나 결정된 환급금의 지급을 보류하고자 하는 경우에는 환급신청인에게 전자문서로 통지(별지 제3-7호 서식)하여야 한다.

(8) 계좌통보

환급신청인은 환급신청전에 관세청장이 정하여 고시하는 바에 따라 계좌를 개설하고 관할지세관장에게 그 계좌번호를 통보하여야 한다.

(9) 수출신고서에 의한 신청

세관장은 간이정액환급률표가 적용되는 수출물품에 대하여는 관세청장이 정하는 바에 따라 수출신고시 수출신고서에 환급신청 사항을 간략히 기재함으로써 환급신청에 갈음할 수 있도록 할 수 있다.

(10) 환급신청세관의 지정

관세청장은 관세 등의 환급업무를 효율적으로 수행하기 위하여 필요하다고 인정하는 경우에는 환급신청인의 신청 또는 직권에 의하여 관세 등의 환급을 신청할 세관을 지정하거나 그 지정을 변경할 수 있다.

7. 추가환급신청

(1) 추가환급신청대상

추가환급을 신청할 수 있는 경우는 다음과 같다.

- 일괄하여 환급신청하였으나 세관장의 착오로 일부 환급금이 부족하게 지급된 경우
- 원재료를 수입할 때 세율적용착오 등(관세율이 무세인 경우로서 환급신청하지 아니한 원재료와 과세가격 변경으로 인한 관세 등의 세액이 경정된 경우를 포함한다)의 사유로 추징된 관세 등이 환급신청시에 누락되었거나 환급결정된 후에 추징된 경우
- 환급신청시에 수출가격을 착오로 과소하게 기재하거나 수출신고시에 수출가격을 착오로 과소신고하여 간이정액환급을 과소하게 받은 경우
- 환급신청인의 착오로 소요원재료와 규격이 상이한 원재료로 환급받는 등의 사유로 당해 원재료에 대한 관세 등이 추징되고 정당한 원재료로 추가

환급신청하는 경우

- 관세 등의 환급을 받은 당해물품에 대한 기납증 및 분증의 세액이 정정된 경우
- 환급신청한 소요원재료의 소요량 산정시 단위실량의 과소 산정 또는 소요원재료의 수량단위를 착오로 기재하여 과소환급된 경우
- 기타 과소환급된 경우로서 세관장이 추가환급함이 타당하다고 인정하는 경우(환급신청인이 수출물품의 생산에 소요된 원재료에 대하여 일괄신청하지 않아 과소환급된 경우는 제외한다)

(2) 등록

세관장은 추가환급한 경우에는 관세환급시스템에 추가환급한 사유를 등록하여야 한다.

(3) 추가환급신청 및 제출서류

추가환급을 신청하고자 하는 자는 환급신청서와 ㉠ 당초 환급신청서 사본, ㉡ 추가환급신청사유서, ㉢ 추가환급과 관련된 원재료의 수입신고필증 등 관련서류를 구비하여 관할지세관장에게 신청하여야 한다.

제2절 환급심사

1. 환급금의 사후심사

세관장은 환급신청을 받았을 때에는 환급신청서의 기재 사항과 환급특례법에 따른 확인 사항 등을 심사하여 환급금을 결정하되, 환급금의 정확 여부에 대하여는 대통령령으로 정하는 바에 따라 환급 후에 심사할 수 있다(법 제14조 제2항).

세관장은 환급금의 정확여부를 심사할 필요가 있는 경우에는 환급신청서 및 그 첨부서류 또는 제출받은 서류나 실지조사에 의하여 정확여부를 심사한다. 심사는 환급신청일부터 2년 이내에 완료하여야 한다. 다만, 관세청장이 조사기간을 따로 정하는 경우에는 그러하지 아니하다.

(1) 심사의 원칙

환급심사는 환급 후에 환급대상물품의 특성·업체의 성실도 등을 감안하여 선별심사 함을 원칙으로 한다. 다만, 환급전심사대상의 경우에는 그러하지 아니하다. 심사대상선별방법·심사비율 등은 세관별 심사인력과 업무량 등을 감안하여 관세청장이 정하는 바에 의한다. 환급후심사는 관세청장이 정하는 바에 따라 세관장이 심사대상과 심사생략대상으로 구분하여 실시한다.

(2) 환급후심사대상의 선별 및 서류의 제출

환급후심사대상은 ㉠사후심사시스템에 의해 지정된 환급신청 건, ㉡환급심사과장이 신청인·신청대리인 또는 물품별 특성 등을 감안하여 심사대상으로 자체 선별한 건(수작업선별)으로 선별하여 심사한다. 심사대상을 수작업으로 선별하는 경우에 환급심사과장은 심사시의 유의사항을 사후심사시스템에 등록하여야 한다.

(3) 심사 생략

다음 경우에는 환급후심사를 생략할 수 있다.

- 「종합 및 기획심사 운영에 관한 시행 세칙」에 따른 종합심사대상업체가 환급신청한 건 또는 「아름다운 관세 행정 파트너 선정 및 우대에 관한 시행 세칙」에 따라 선정된 납세분야 아름다운 관세행정 파트너가 환급신청한 건
- 업체별·환급신청대리인별 법규준수도 측정결과 성실업체 및 성실신청대리인이 환급신청한 건
- 당해 업체에 대한 소요량심사 및 사후 심사를 한 결과 과다환급 우려가 없다고 인정되는 경우
- 기타 세관장이 환급업체, 수출물품 또는 환급대상원재료별 특성 등을 감안하여 환급후심사의 실익이 없다고 판단하는 경우

세관장은 환급후심사대상으로 선별된 경우 환급신청인에게 심사에 필요한 서류를 제출하도록 문서로 요청하여야 한다. 다만, 환급금을 지급한 후 심사의뢰한 경우에는 환급신청시 제출한 서류에 의하여 심사할 수 있다. 세관장은 제출한 서류에 의하여 심사가 완료된 경우 환급신청인이 제출한 서류는 되돌려준다.

(4) 환급후심사기간 및 연장

환급후심사대상건은 환급신청인이 서류를 제출한 날로부터 15일 이내에 환급심사를 완료하여야 한다. 심사를 실시한 결과 심사기간의 연장이 필요한 때에는 20일의 범위 내에서 심사기간을 연장할 수 있다.

(5) 심사대상서류의 배부

환급심사과장은 다음에서 정하는 배부기준을 사후심사시스템에 등록한 후 이를 주기적으로 변경하여 환급신청서류를 배부하여야 한다.

㉠ 심사자별 순차배부

㉡ 업체별 배부

㉢ 환급방법별 배부

환급심사과장은 ㉠심사자의 퇴직 · 휴직 · 전보 · 출장 · 휴가 등으로 신청서를 처리할 수 없는 경우와 ㉡ 물품의 특성 및 심사의 난이도를 감안하여 수작업 배부하는 것이 효율적이라고 판단되는 경우에는 심사의 난이도 및 미결현황 등을 감안하여 심사대상서류를 다시 배부(수작업 배부)할 수 있다.

(6) 환급심사사항

환급후심사사항은 다음과 같다.

- 환급대상수출에 해당하는지 여부
- 소요원재료가 환급대상원재료에 해당하는지 여부
- 수출물품을 생산할 때 소요된 원재료와 동일 규격의 원재료에 대하여 환급신청하였는지 여부
- 소요량 산정 및 계산이 정확한지 여부
  - 단위실량의 적정 여부
  - 손모량의 적정 여부
- 수출물품 생산과정에서 부산물 발생여부 및 동 부산물에 대한 환급액 공제비율 산출의 적정 여부
- 연산품의 생산비율 및 가치비율 산정의 적정 여부(원유제품 등에 한함)
- 환급금 지급제한(덤핑·보복·상계관세 부과 원재료)대상에 해당되는지 여부
- 수입신고필증 등 원재료 납부세액확인서류의 분할사용기록이 정확하게 기재되었는지 여부
- 수출이행기간단축 등 환급제한 원재료에 해당되는지 여부
- 간이정액환급
  - 간이정액환급대상업체에 해당하는지 여부
  - 수출물품의 품목분류가 적정한지 여부
  - 수출금액에 수출물품대가 이외의 권리사용료 등이 포함되어 있는지 여부
  - 수출물품 생산자가 환급신청하였는지 여부(국내위탁가공후 수출한 경우에는 위탁가공계약서·위탁가공료지급 세금계산서·원재료 공급 등에

대한 자료를 제출받아 심사가능)

- 제출된 서류에 의해 환급관련 서류의 정리 및 보관관리상태
- 기타 환급금 산출과 관련된 사항의 적정 여부

세관장은 수출물품을 생산할 때 소요된 원재료와 동일 규격의 원재료에 대하여 환급신청하였는지 여부, 소요량 산정 및 계산이 정확한지 여부, 수출물품 생산과정에서 부산물 발생여부 및 동 부산물에 대한 환급액 공제비율 산출의 적정 여부 등 소요량 사항을 심사한 결과 업체별 소요량 심사가 필요하다고 인정되는 경우 전년도 환급액이 5억원 이하인 업체에 대하여는 소요량심사를 의뢰하지 아니하고 서면조사방법에 의하여 자율소요량의 적정 여부를 심사할 수 있다.

소요량의 구체적인 심사방법은 '소요량의 산정 및 관리와 심사에 관한 고시'에서 별도로 정하는 바에 의한다.

(7) 서면조사

"서면조사"는 일정기간 동안 업체의 환급신청 등에 대하여 환급금 등이 정확한지 여부를 당해 업체가 제출한 서류에 의하여 조사하는 것을 말한다.

세관장은 심사함에 있어 환급신청인이 제출한 자료만으로 환급금이 정확한지를 확인하기 곤란한 때에는 환급신청인·환급신청대리인에게 관련 자료를 제출하도록 서면 또는 전자우편으로 요구할 수 있다. 세관장은 자료의 제출을 요구하는 경우 이를 사후심사시스템에 등록하고, 심사할 사항과 추가로 제출받을 자료의 종류 및 기한 등을 기재한 자료제출요구서(별지 제8-1호 서식)를 환급신청인 등에게 통보하여야 한다. 서면조사 통지를 받은 자는 지정된 기한 내에 관련 자료를 제출하여야 하며, 지정된 기한 내에 제출할 수 없는 정당한 사유가 있는 경우에는 문서로 서류제출기간의 연장을 요청할 수 있다. 세관장은 정당한 사유없이 환급신청인 등이 요구 기한 내에 관련 자료를 제출하지 아니하거나 이를 거부하는 경우에는 당해 업체에 대하여 실지조사 또는 기타 필요한 처분을 할 수 있다.

2. 환급전 심사

세관장은 과다 환급의 우려가 있는 경우로서 환급한 후에 심사하는 것이 부적당하다고 인정한 다음의 경우에는 환급하기 전에 이를 심사하여야 한다(법 제14조 제3항).

㉠ 환급특례법(제23조)을 위반하여 처벌을 받은 자가 관세 등의 환급을 신청하거나 기초원재료납세증명서 또는 수입세액분할증명서의 발급을 신청하는 경우

㉡ 수출용 원재료 소요량산출의 특수성 등으로 인하여 과다 또는 부정환급의 우려가 있다고 인정하여 관세청장이 따로 정한 품목의 관세 등의 환급을 신청하거나 기초원재료납세증명서 또는 수입세액분할증명서의 발급을 신청하는 경우

㉢ 신고를 하지 아니하고 관세 등의 환급을 신청하거나 기초원재료납세증명서 또는 수입세액분할증명서의 발급을 신청한 것이 확인되는 경우

㉣ 기타 세관장이 환급을 신청하거나 기초원재료납세증명서 또는 수입세액분할증명서의 발급 후에 심사하는 것이 적합하지 아니하다고 인정하는 경우

㉠ 및 ㉢의 적용기간은 2년의 범위 내에서 관세청장이 정한다.

(1) 방법

환급전심사대상에 대하여는 심사 사항을 정밀심사한 후 환급금을 결정·지급하여야 한다. 다만, 동일 업체의 동일 수출물품에 대하여 환급신청일로부터 소급하여 6월 이상 동안의 환급신청건을 환급전심사한 결과 과다·부정환급 우려가 없다고 인정되는 경우에는 서류제출심사건에 준하여 서류제출심사대상건의 심사 사항을 심사할 수 있다.

(2) 환급전심사대상 및 서류제출

다음에 해당하는 경우에는 환급금을 지급하기 전에 심사하여야 한다.

- 관세환급시스템에서 환급전심사대상으로 지정한 것
- 신고를 하지 아니하고 관세 등의 환급 등을 신청한 것으로 확인된 경우

- 세관장이 환급 또는 기납증의 발급 후에 심사하는 것이 적합하지 아니하다고 인정하여 환급전심사대상으로 지정한 것

환급전심사대상으로 지정된 경우 환급신청인은 관련 서류와 소요량산정에 관련된 서류를 관할지세관장에게 제출하여야 한다. 세관장은 환급전심사가 완료된 경우 환급신청인이 제출한 서류는 되돌려준다. 다만, 소요량심사 또는 실지심사 의뢰를 하는 경우에는 환급신청관련서류를 본부세관의 해당 심사부서에 인계하여야 한다.

(3) 환급전심사기간 및 연장

환급전심사는 관련서류를 제출받은 날로부터 7일 이내에 심사를 완료하여야 한다. 기간 내에 심사를 완료할 수 없는 경우에는 20일 범위에서 연장할 수 있다.

(4) 심사방법

환급전심사를 할 때 환급신청서류 배부 · 심사사항 및 서면조사에 대하여는 환급후 심사 관련규정을 준용한다. 환급전심사를 함에 있어 심사기간을 연장하여 심사하여도 심사가 완료되지 못한 경우에는 환급금을 지급한 후에 심사를 계속할 수 있다.

3. 심사결과의 조치

(1) 심사결과

환급전심사자 및 환급후심사자(환급심사자)가 환급심사를 한 결과 과다환급 등 이상이 있는 때에는 그 결과를 환급심사과장에게 보고하여야 한다. 심사결과를 보고 받은 환급심사과장은 당해 환급신청건에 대한 환급액을 정정하여 환급결정하거나 다음에 해당하는 조치를 하여야 한다.

㉠ 과다환급금 등의 징수

㉡ 소요량심사 의뢰

㉢ 실지조사 의뢰

㉣ 범칙조사 의뢰

㉤ 심사결과 동일·유사물품 또는 동일·유사업종에 대한 심사가 필요하다고 판단되는 경우 심사의 확장(이하 "확장심사"라 한다)

환급심사자는 심사결과(심사의견 및 조치사항)를 사후심사시스템에 등록하여야 한다.

(2) 과다환급금 등의 징수

세관장은 심사결과 과다환급받은 사실을 확인한 때에는 과다환급금 등을 징수하여야 하며, 심사결과 적출사항이 당해 세관의 환급결정분이 아닌 경우에는 그 사유와 산출내역을 기재하여 관할지세관에 징수의뢰하여야 한다. 다만, 본부세관장이 산하세관의 환급 등에 대한 실지조사 및 소요량심사결과 과다환급 등을 적출한 경우에는 직접 과다환급금을 징수할 수 있다. 환급심사자는 과다환급금 등으로 징수한 내역에 대하여 해당 사후심사시스템에 등록하여야 한다.

(3) 확장심사

확장심사를 하는 경우에는 수출물품 또는 업종별 정보 분석을 실시하여 확장심사를 실시하되, 정보 분석 결과 당해 세관이 아닌 세관에서 환급받은 것이 확인되는 경우 해당 세관에 이를 통지하고 관세청장에게 보고하여야 한다. 통지를 받은 세관장은 해당 수출물품 또는 해당 업종에 유사사례가 있는지를 검토한 후 환급심사를 실시하여야 한다.

(4) 소요량심사 의뢰

소요량심사가 필요한 경우에는 소요량의 산정 및 관리와 심사에 관한 고시에 의거 본부세관장에게 심사를 의뢰할 수 있다. 소요량심사를 의뢰받은 본부세관장은 '소요량의 산정 및 관리와 심사에 관한 고시'에서 정하는 바에 따라 소요량심사를 실시하고 그 결과를 심사의뢰한 세관장에게 통보하여야 한다.

(5) 실지조사 의뢰

"실지조사"는 일정기간 동안 업체의 환급신청 등에 대하여 환급금 등이 정확한지 여부를 당해 업체의 제조장 등을 방문하여 조사하는 것을 말한다.

세관장은 서면조사결과 제출된 서류에 의하여 환급금이 정확한지 여부를 심사할 수 없어 실지조사가 필요하다고 인정되는 경우에는 본부세관장(환급심사과)에게 실지조사를 의뢰할 수 있다. 이 경우 실지조사에 참고할 ㉠ 서면심사 의한 심사결과 및 특이사항, ㉡ 실지조사가 필요한 사유, ㉢ 기타 실지조사에 참고할 사항 등을 송부하여야 한다.

(6) 자체조사 및 고발의뢰

세관장은 심사한 결과 ㉠ 부정환급에 대한 정보가 입수된 업체, ㉡ 환급심사과정에서 부정환급의 혐의가 포착된 업체, ㉢ 서류제출을 기피하거나 기타 특별한 사유없이 관할지세관을 빈번하게 변경하는 등 부정환급혐의가 있는 업체는 「수출용 원재료에 대한 관세 등 환급에 관한 특례법」 위반 혐의에 대하여 조사하여야 한다. 조사는 위반사항을 인지한 부서에서 수행하며, 조사결과 범죄의 확증을 얻은 때에는 통고처분을 하여야 한다. 위반사항이 「세관공무원의 범칙조사에 관한 시행세칙」에 해당하는 경우 즉시 조사전담부서로 고발의뢰하거나 본부세관 조사전담부서로 고발의뢰를 하여야 한다. 이 경우 고발에 참고할 사항을 송부하여야 한다.

(7) 실지조사 및 고발의뢰 결과통보

실지조사 또는 고발 의뢰를 받은 본부세관장은 그 결과를 실질조사 또는 고발 의뢰한 세관장에게 통보하고 실지조사결과를 관세청장에게 보고하여야 한다.

(8) 업체보관서류의 확인

세관장은 서면조사·실지조사 또는 업체별 소요량심사를 실시하는 경우 환급관련서류를 정리하고 보관관리하고 있는지 여부를 확인하여야 한다.

제3절 환급금의 지급

1. 환급금의 지급

환급특례법에 따른 관세등의 환급금은 「국가재정법」에도 불구하고 「한국은행법」에 따른 한국은행(한국은행)이 환급금의 지급을 결정한 세관장의 소관 세입금계정에서 지급한다(법 제16조 제1항).

(1) 지급방법 및 절차

환급금은 환급신청인이 통보한 계좌에 입금하는 방법으로 지급한다. 환급금을 지급하고자 하는 세관장은 당해 환급금을 환급신청인의 계좌에 입금할 것을 한국은행에 요구하여야 한다. 환급금의 지급요구를 받은 한국은행은 지급을 요구한 세관장의 당해 연도 소관 세입금계정에서 즉시 당해 환급금을 이체하여 환급신청인의 계좌에 입금시키고 이체 및 입금 내역을 당해 세관장에게 통지하여야 한다. 환급금은 신청인의 계좌에 입금된 때에 지급된 것으로 본다.

1) 환급금계좌를 개설할 수 있는 금융기관

환급금을 지급 받을 계좌를 개설할 수 있는 금융기관 등은 다음과 같다.

- 「은행법」에서 정한 금융기관(외국금융기관의 국내지점을 제외한다)
- 한국산업은행
- 중소기업은행
- 체신관서

2) 환급금을 지급받을 계좌의 개설 및 통보

환급신청인은 금융기관 또는 체신관서에 법인 또는 대표자 명의의 환급금을 지급받을 계좌를 개설하고 최초 환급신청전까지 그 계좌를 관할지세관장에게 통보(별지 제3-2호 서식)하여야 한다. 환급신청인이 통지한 계좌를 변경하고자 하는 경우에도 같다. 계좌를 통보받은 세관장은 즉시 관세환급시스템에 등록하여야 한다. 다만, 관할지세관 이외의 세관장이 계좌를 통보받은 경우에는 이를 전산등록하고 관련서류를 보관하여야 한다.

3) 환급금의 이체 및 지급절차

세관장이 환급금을 지급하고자 하는 경우에는 한국은행에 환급금 이체 및 지급요구서(별지 제3-3호 서식)를 전자문서로 송부한다. 이체 및 지급요구를 받은 한국은행은 당해 세관장의 세입금계정에서 환급금 지급계정으로 이체하여 당해 환급금을 환급신청인의 계좌에 입금하고 즉시 이체·지급요구한 세관장에게 환급금 이체 및 지급필통지서(별지 제3-5호 서식)를 전자문서로 송부한다. 세관장은 환급금 결정사항과 한국은행이 송부한 환급금 이체 및 지급필통지서가 일치하는지 여부를 관세환급시스템에 의해 매일 확인하고 이상이 있는 경우 그 사유를 규명하여 필요한 조치를 취해야 한다.

(2) 세관장 소관세입금계정간의 조정

관세청장은 세관장의 소관 세입금계정에 부족이 있는 경우에는 세관장 소관 세입금계정 간의 조정을 한국은행에 요청할 수 있다(법 제16조 제2항). 요청을 받은 관세청장은 소관세입금계정에 세입금의 여유가 있는 세관장(이체하는 세관장)으로 하여금 필요한 금액을 세입금의 이체를 요청한 세관장(이체 받는 세관장)에게 이체할 것을 한국은행에 요구하도록 이체하는 세관장에게 지시하고 그 사실을 이체 받는 세관장에게 통보하여야 한다. 지시를 받은 세관장은 소관세입금계정으로부터 당해 금액을 이체 받는 세관장의 소관세입금계정으로 이체할 것을 한국은행에 요구하여야 한다. 한국은행은 요구를 받은 때에는 지체없이 세입금을 이체하고 이체 받는 세관장과 이체하는 세관장에게 각각 통지하여야 한다.

(3) 미지급자금의 정리

한국은행은 지급을 요구받은 환급금 중 신청인의 계좌에 입금시키지 못한 환급금이 있을 경우에는 그 사실을 즉시 당해 세관장에게 통지하여야 한다. 통지를 받은 세관장은 즉시 환급신청인의 계좌 등을 조사하여 환급금이 지급될 수 있도록 조치하여야 하며 환급금결정일부터 1년이 경과될 때까지 지급되지 아니한 환급금은 그 기간이 종료된 날이 속하는 회계연도의 세입에 편입되도록 조치하여야 한다. 세관장의 세입금계정에 편입된 환급금을 환급신청인이 수령하고자 할 때에는 ㉠ 환급받고자 하는 관세 등의 금액, ㉡ 환급금 결정일부터 1년 이내에 환급금을 지급받지 못한 사유를 기재한 신청서를 관할지세관장에게 제출하여야 한다. 이 경우 세관장은 이를 조사 · 확인하여 그 지급에 필요한 조치를 하여야 한다.

(4) 일관납부업체의 환급

세관장은 관세 등의 일괄납부업체가 환급신청하여 결정된 환급금은 그 환급금 결정일이 속하는 일괄납부기간별로 정산하는 날까지 지급을 보류한다(법 제16조 제3항).

(5) 가산금등의 우선 충당

세관장은 환급신청자가 세관에 납부하여야 할 체납된 관세등과 가산금, 가산세 및 체납처분비가 있는 경우에는 결정한 환급금을 체납된 관세등과 가산금, 가산세 및 체납처분비에 우선 충당할 수 있으며, 충당하고 남은 금액은 그 신청자에게 지급하여야 한다(법 제16조 제4항).

(6) 환급금의 지급보류 및 체납충당사실통지

세관장은 환급금지급을 보류하거나 환급금을 체납한 관세등과 가산금 · 가산세 및 체납처분비에 충당한 때에는 그 사실을 당해 환급신청인에게 통지하여야 한다. 다만, 환급신청인의 요청에 의하여 충당한 경우에는 그 통지를 하지 아니할 수 있다.

(7) 환급결정일부터 1년이 경과된 환급금의 지급절차

세입금계정에 편입된 환급금을 지급받고자 하는 자는 관할지세관장에게 환급금지급신청(별지 제3-8호 서식)을 하여야 한다. 환급금지급신청을 받은 세관장은 당해 환급신청서를 확인하여 환급결정하고 「관세법」의 과오납 환급처리 규정을 준용하여 처리한다.

2. 환급에 갈음하는 관세 등의 세율인하

수출 등에 제공되는 물품의 생산에 주로 사용하기 위하여 수입되는 물품에 대하여는 그 수출 등에 제공되는 비율을 고려하여 관세 등의 세율을 인하할 수 있다(법 제19조 제1항). 관세 등의 세율이 인하된 물품에 대하여는 이 법에 따른 관세 등의 일괄납부 및 환급을 하지 아니한다(법 제19조 제3항).

(1) 관세 등의 세율인하 요청

관계행정기관의 장 또는 이해관계인은 당해 물품에 대한 다음 자료를 기획재정부장관에게 제출하여 관세 등의 세율인하를 요청할 수 있다.

- 당해 물품의 품명 · 규격 및 용도
- 국내 주요 생산업체의 최근 1년간의 수출용 · 내수용별 생산량 및 생산능력
- 최근 1년간의 수출용 · 내수용별 월별 수입량 및 수입금액
- 최근 1년간의 국내주요수요업체의 사용실적
- 향후 1년간의 국내생산전망 및 수요전망

(2) 자료제출 요청

기획재정부장관은 환급에 갈음하는 관세 등의 세율인하에 관하여 필요한 사항을 조사하기 위하여 필요하다고 인정하는 경우에는 관계기관 · 수출자 · 수입자 기타 이해관계인 등에 대하여 관계 자료의 제출 기타 필요한 협조를 요청할 수 있다.

(3) 비율의 결정

관계행정기관의 장은 관세 등의 세율이 인하된 물에 대하여 관계법령이 정하는 바에 의하여 관세 등의 세율인하의 기초가 된 수출 및 내수비율에 따라 수출용·내수용별 수입허가비율 또는 승인비율을 정할 수 있다. 관계행정기관의 장은 관세 등의 세율인하물품에 대하여 수출용·내수용별 수입허가비율 또는 승인비율 기타 관세 등의 세율 인하의 기초가 된 중요사항을 변경하고자 할 때에는 미리 기획재정부장관과 협의하여야 한다.

(4) 실적통보

관세청장과 관세 등의 세율인하물품에 대한 수입을 허가 또는 승인한 기관의 장은 관세 등의 세율인하물품에 관한 수출용·내수용별 수입실적과 수입허가실적 또는 승인실적을 분기별로 기획재정부장관과 관계행정기관의 장에게 각각 통보하여야 한다.

(5) 수출용 원재료의 재고신고

1) 신고 및 확인

관세 등의 세율이 인하되기 전에 수입한 수출용 원재료를 관세 등의 세율이 인하된 후 수출 등에 제공하고 관세 등의 환급을 받고자 하는 자는 수출용으로 수입된 당해 물품의 물량과 관세 등의 세액을 관세 등의 세율이 인하된 날부터 30일 이내에 관할지세관장에게 신고하여 확인을 받아야 한다.

수출용 원재료의 물량과 관세 등의 세액을 신고하고자 하는 자는 다음 사항을 기재한 신청서에 당해 물품의 수입신고필증을 첨부하여 수출용으로 수입된 당해 물품 또는 이를 생산한 물품의 소재지를 관할하는 세관장에게 제출하여야 한다.

- 당해물품의 품명·물량 및 관세 등의 세액
- 당해물품의 수입신고번호 및 수입신고수리일자
- 기타 신고인의 인적사항 등 관세청장이 정하는 사항

다만, 기초원재료납세증명서 또는 수입세액분할증명서의 발급을 받은 경우에는 신고를 하지 아니할 수 있다.

신고는 관세 등의 세율이 인하된 날에 신고인이 보유하고 있는 신고대상물품전량을 일괄하여 신고하여야 한다. 다만, 관세청장이 부득이한 사유가 있다고 인정하는 경우에는 그러하지 아니하다. 신고를 받은 세관장은 관세청장이 정하는 바에 따라 이를 확인하여야 하며, 신고된 물품은 관세청장이 정하는 경우를 제외하고는 세관장이 확인할 때까지 다른 장소로 옮기거나 이를 사용할 수 없다.

2) 관세율 인하 전에 수입한 원재료의 재고신고

재고신고를 하고자 하는 자는 관세율인하 전 수입원재료 재고신고서(별지 제5-2호서식)에 당해원재료에 대한 수입신고필증 또는 분증(이하 "수입신고필증 등"이라 한다)을 첨부하여 세관장에게 신고하여야 한다. 재고신고를 할 때에는 원재료·재공품·중간제품 및 완제품으로 각각 구분하여 원재료 상태의 것은 보관중인 재고량과 재공품·중간제품·완제품의 경우에는 소요량계산서에 의하여 원재료로 환산한 수량을 신고한다. 다만, 재고신고기간 중에 수출 또는 내국신용장등에 의하여 공급할 예정인 물품의 경우에는 그 내역을 첨부한다.

재고신고를 받은 세관장은 즉시 다음에서 정하는 바에 따라 신고물품을 확인하여야 한다.

- 신고물품이 수입원재료 상태인 경우에는 확인된 재고량을 수입신고필증 등에 기재된 품명·규격·수량 및 관세액 등을 확인한다.
- 신고물품이 중간원재료 상태인 경우에는 기납증에 기재된 양도물품과 이를 제조하기 위하여 수입된 원재료의 품명 · 규격 · 수량 및 관세액 등을 확인한다.
- 신고물품이 수출 또는 국내공급을 위하여 제조된 완제품인 경우에는 신고인이 작성한 소요량계산서를 징구하고 이를 제조하기 위하여 수입된 원재료의 품명·규격·수량 및 관세액 등을 제출된 수입신고필증 등과 대조·확인한다.
- 신고물품이 재공품인 경우에는 장부 및 입출고전표 등 관계서류에 의하여 재고신고서에 기재된 재고량을 확인하고 수입신고필증 등에 기재

된 품명·규격·수량 및 관세액 등을 확인한다.

다만, 업체의 재고관리사항 등을 고려하여 신고물품을 확인할 필요가 없다고 세관장이 인정하는 경우에는 그러하지 아니하다.

세관장이 신고사항을 확인한 경우에는 당해원재료의 수입신고필증등의 여백 또는 이면에 다음과 같이 확인된 수량과 금액을 기재하여 신고인에게 교부한다.

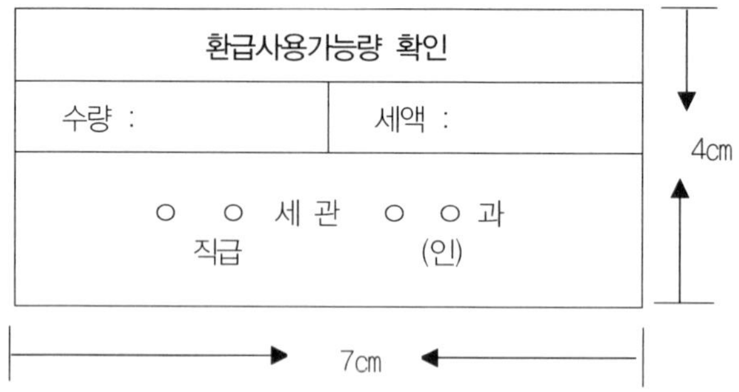

3) 재고신고한 원재료의 환급신청시 수입신고필증 등의 제출

재고신고서를 제출하여 세관장의 확인을 받은 물품에 대하여 관세 등의 환급신청 또는 기납증 및 분증 발급을 신청하는 경우에는 수입신고필증 등을 제출하여야 한다.

(6) 대상 물품 및 세율

관세 등의 세율을 인하하는 물품과 세율은 대통령령으로 정한다. 관세 등의 세율이 인하된 물품에 대하여는 환급특례법에 의한 관세 등의 일괄납부 및 환급을 하지 아니한다.

(7) 환급에 갈음하는 관세율 인하물품의 수입신고수리

관세율이 인하된 물품(환특세율적용물품)을 수입신고할 때에는 수입신고서의 세율란(49란)에 "환특"이라 기재하여 신고하여야 한다. 세관장은 환특세율을 적용한 물품을 수입신고수리할 때에 당해 수입신고필증 여백에 다음의 고무인을 날인하여 교부하여야 한다.

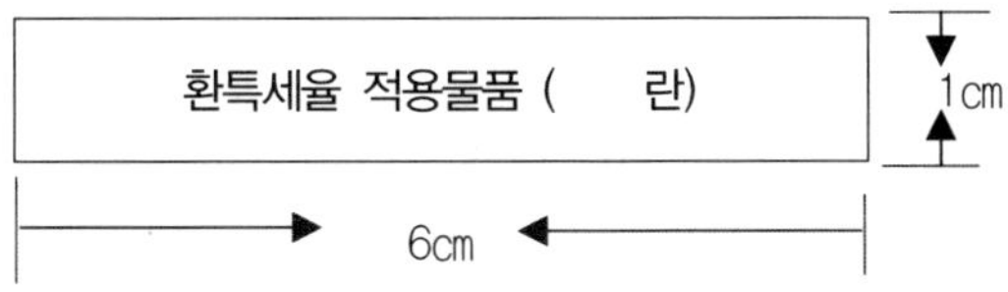

제4절 과다 · 과소환급금

1. 용도외 사용시 관세 등의 징수

(1) 관세 등의 즉시 징수

세관장은 우리나라 안에서 외화를 획득하는 판매 또는 공사 용도에 제공되어 관세 등을 환급받은 물품이 그 용도에 제공된 날부터 3년의 범위에서 관세청장이 정하는 기간에 관세 등을 환급받은 용도 외에 사용된 경우에는 그 용도 외에 사용한 자로부터 환급받은 관세 등을 즉시 징수한다. 다만, 재해 등 부득이한 사유로 멸실(滅失)되었거나 미리 세관장의 승인을 받아 없애버린 경우에는 그러하지 아니하다(제18조 제1항).

세관장은 우리나라 안에서 외화를 획득하는 판매 또는 공사 용도에 제공되어 관세 등의 환급을 받은 물품이 당해 용도에 제공된 날부터 2년 내에 관세 등의 환급을 받은 용도외에 사용된 경우에는 그 용도외에 사용한 자로부터 환급받은 관세 등을 즉시 징수한다. 다만, 재해 등 부득이한 사유로 멸실되었거나 미리 세관장의 승인을 얻어 멸각한 때에는 그러하지 아니하다.

「관세법」에 따른 보세구역 또는 「자유무역지역의 지정 및 운영에 관한 법률」에 따른 자유무역지역의 입주기업체에 제공되어 관세 등의 환급을 받은 물품은 「관세법」 등의 적용에 있어 이를 외국물품으로 본다(제18조 제2항).

(2) 용도외 사용 등에 대한 승인신청

관세 등의 환급을 받은 물품에 대한 용도외 사용 또는 멸각승인을 얻고자 하는 자는 다음 사항을 기재한 신청서를 당해 물품의 소재지를 관할하는 세관장에게 제출하여야 한다.

- 당해 물품의 품명 · 규격 및 물량
- 용도외 사용 또는 멸각승인신청의 사유
- 당해 물품의 공급자

- 기타 신청인의 인적사항 등 관세청장이 정하는 사항

관세 등을 환급받은 물품에 대한 용도외 사용·멸각승인 또는 멸실확인을 받고자 하는 자는 환급받은 물품의 용도외사용(멸각·멸실)승인신청서(별지 제5-1호 서식) 1부를 당해 물품의 소재지를 관할하는 세관장에게 신청하여야 한다. 용도외 사용(멸각 · 멸실)승인신청을 받은 세관장은 그 사유를 검토하여 승인하여야 한다.

2. 과다환급금 징수

세관장은 지급한 환급금이 다음 어느 하나에 해당하는 경우에는 그 환급금액 또는 과다환급금액을 「관세법」에 따라 관세 등을 환급받은 자(기초원재료납세증명서 또는 수입세액분할증명서를 발급받은 자를 포함한다)로부터 징수한다(제21조 제1항).

- 환급특례법에 따라 환급받아야 할 금액보다 과다하게 환급받은 경우
- 기초원재료납세증명서 또는 수입세액분할증명서에 관세 등의 세액을 과다하게 증명받은 경우로서 그 기초원재료납세증명서 또는 수입세액분할증명서가 환급 등에 이미 사용되어 수정 · 재발급이 불가능한 경우
- 선적(船積)이나 기적(機積)을 하지 아니하고 관세 등을 환급받은 경우. 다만, 해당 금액을 징수하기 전에 선적되거나 기적된 경우에는 그러하지 아니하다.
- 정액환급률표를 적용할 수 없는 물품에 대하여 정액환급률표에 따라 환급받은 경우

(1) 가산금

환급금액 또는 과다환급금액을 징수할 때에는 환급한 날의 다음 날부터 징수결정을 하는 날까지의 기간에 대하여 징수할 금액에 대하여 1일 10만분의 39로 계산한 금액을 환급금액 또는 과다환급금액에 가산하여야 한다(법 제21조 제2항).

(2) 통지

과다환급금등과 과다환급금 등에 가산하여야 할 금액을 징수하려는 때에는 미리 관세 등을 환급받은 자에게 그 내용을 서면으로 통지하여야 한다(법 제21조 제3항).

(3) 자진신고

관세 등을 환급받은 자 또는 정산통지를 받은 자는 과다환급 사유에 해당하는 사실을 알았을 때 또는 정산통지를 받은 후 납부하여야 할 관세 등이 부족하게 정산된 사실을 알았을 때에는 대통령령으로 정하는 바에 따라 세관장에게 그 사실을 자진신고하고 그 환급금액 또는 과다환급금액이나 관세 등을 납부할 수 있다. 다만, 다음 어느 하나에 해당하는 경우는 제외한다(법 제21조 제4항).

- 세관장이 환급금액 또는 과다환급금액에 대한 징수 내용을 서면으로 통지한 경우
- 「관세법」 관세조사의 통지를 한 경우
- 「관세법」 조사의 통지를 하지 아니하고 ㉠ 관세포탈, 부정감면 또는 부정환급(환급 특례법에 따른 부정환급을 포함)에 대한 범칙사건을 조사하는 경우, ㉡ 관세의 결정 또는 경정을 위한 조사 등 부과처분을 하기 위하여 납세자를 방문하여 조사하는 경우(관세조사), ㉢ 그 밖에 대통령령(관세법 시행령)으로 정하는 경우에 해당하는 조사를 시작한 경우

1) 제출서류

과다환급 사실을 자진신고하고자 하는 자는 ㉠ 과다환급금자진신고서, ㉡ 과다환급금의 계산내역, ㉢기타 수입신고필증 등 관련서류를 환급받은 세관장에게 신고하여야 한다.

2) 자진신고대상

자진신고대상은 다음과 같다.

㉠ 관세 등을 과다하게 환급받은 경우

㉡ 기납증에 관세 등의 세액을 과다하게 증명받은 경우

㉢ 일괄납부업체가 납부하여야 할 관세 등을 부족하게 신고한 경우

㉣ 기타 환급신청인의 착오 등의 사유로 기 지급받은 환급금을 자진하여 납부하고자 하는 경우

3) 자진신고기간

자진신고는 환급금을 받은 날(기납증은 발급받은 날)이나 정산통지를 받은 날의 익일부터 2년(부정환급받은 사실을 자진신고하는 경우에는 5년) 이내로 한다.

과 다 환 급 금 자 진 신 고 서

<table>
<tr><td rowspan="3">① 신고인</td><td>상 호</td><td></td><td>대 표 자</td><td></td></tr>
<tr><td>주 소</td><td colspan="3"></td></tr>
<tr><td>통관고유번호</td><td></td><td>사업자등록번호</td><td></td></tr>
</table>

<table>
<tr><td colspan="6">② 과다환급과 관련된 환급신청 등의 내역</td></tr>
<tr><td>신청번호</td><td>환급결정일</td><td>환급결정액</td><td>정당환급액</td><td>과다환급액</td><td>비 고</td></tr>
<tr><td></td><td></td><td></td><td></td><td></td><td></td></tr>
<tr><td colspan="3">③ 과다환급받은 사유</td><td colspan="3">④ 과다환급액 계산내역 :
(환급신청건별로 작성하여 별도 첨부)</td></tr>
<tr><td colspan="6">「수출용 원재료에 대한 관세 등 환급에 관한 특례법 시행령」 제31조제1항 및 「수출용 원재료에 대한 관세 등 환급사무처리에 관한 고시」 제2-5-1조에 따라 과다환급 받은 사실을 신고합니다.

200 년 월 일

신고인 (서명 또는 인)

○ ○ 세 관 장 귀 하</td></tr>
</table>

<table>
<tr><td rowspan="2">첨부서류 :
수입신고필증등 과다환급과
관련된 서류</td><td rowspan="2">결재</td><td>담 당</td><td>주 무</td><td>과 장</td></tr>
<tr><td></td><td></td><td></td></tr>
</table>

(4) 가산금

환급금액 또는 과다환급금액이나 관세 등을 납부할 때에는 대통령령으로 정하는 기간 및 이율 등에 따라 계산하는 금액을 환급금액 또는 과다환급금액이나 관세 등에 가산하여 납부하여야 한다(법 제21조 제5항). 과다환급금 등을 자진신고하고 당해 관세 등을 납부하는 경우 과다환급금 등에 가산할 금액의 이율은 환급한 날의 다음날부터 자진신고를 하는 날까지의 기간에 대하여 징수할 금액에 대하여 1일 10만분의 10으로 한다. 다만, 환급받은 날부터 3월 이내에 과다환급금등을 자진신고하는 경우에는 이를 가산하지 아니한다.

3. 과소환급금의 환급

세관장은 지급한 환급금이 이 법에 따라 환급하여야 할 금액보다 과소(過少)하게 환급된 사실을 알았을 때에는 지체 없이 해당 과소환급금을 지급하여야 한다(법 제22조 제1항). 과소환급금을 지급하는 때에는 환급한 날의 다음 날부터 과소환급금의 지급을 결정하는 날까지의 기간에 대하여 징수할 금액에 대하여 1일 10만분의 39을 계산한 금액을 과소환급금에 가산하여야 한다(법 제22조 제1항). 과소하게 환급한 경우는 환급신청인이 신청한 환급금을 세관장의 귀책사유(일괄하여 환급신청하였으나 세관장의 착오로 일부 환급금이 부족하게 지급된 경우)로 인하여 신청한 금액보다 적게 지급한 경우로 한다.

4. 환급 등의 제한

수출물품의 생산에 국산 원재료의 사용을 촉진하기 위하여 필요하다고 인정되는 경우에는 환급을 제한할 수 있다(법 제17조 제1항). 관계행정기관의 장 또는 이해관계인은 다음 자료를 기획재정부장관에게 제출하여 환급의 제한을 요청할 수 있다.

- 당해 물품의 품명 · 규격 및 용도
- 환급을 제한하고자 하는 비율 및 그 이유

- 당해 연도와 전년도의 당해 물품에 대한 국내수요 · 생산실적 및 생산능력
- 최근 1년간의 월별 수입가격 · 수입량 및 총수입금액
- 최근 1년간의 월별 주요국내제조업체별 공장도가격 및 출고실적
- 향후 1년간의 당해 물품에 대한 국내생산전망 및 수요전망

환급의 제한을 요청받은 기획재정부장관은 관세 등의 환급의 제한에 관하여 필요한 사항을 조사하기 위하여 필요하다고 인정하는 경우에는 관계기관 · 수출자 · 수입자 기타 이해관계인 등에 대하여 관계 자료의 제출 기타 필요한 협조를 요청할 수 있다. 기획재정부장관이 관세 등의 환급을 제한하는 물품과 그 제한비율을 정하고자 할 때에는 「관세법」에 의한 관세심의위원회의 심의를 거쳐야 한다.

관세 등의 환급을 제한하는 물품과 그 제한비율은 다음과 같다.

환급을 제한하는 물품과 제한비율

물 품 명	제 한 비 율
덤핑방지관세(관세법 제51조) 적용받는 물품	(「관세법」 제51조에 따른 해당 물품의 세액 - 「관세법」 제51조를 적용하지 아니할 경우 해당 물품의 세액) ÷ 「관세법」 제51조에 따른 해당 물품의 세액
상계관세(관세법 제57조)를 적용받는 물품	(「관세법」 제57조에 따른 해당 물품의 세액 - 「관세법」 제57조를 적용하지 아니할 경우 해당 물품의 세액) ÷ 「관세법」 제57조에 따른 해당 물품의 세액
보복관세(관세법 제63조)를 적용받는 물품	(「관세법」 제63조에 따른 해당 물품의 세액 - 「관세법」 제63조를 적용하지 아니할 경우 해당 물품의 세액) ÷ 「관세법」 제63조에 따른 해당 물품의 세액

다만, 「관세법」에 의한 보세공장과 「자유무역지역의 지정 및 운영에 관한 법률」에 따른 자유무역지역안의 입주기업체에서 생산하여 수입된 수출용 원재료를 제외한다.

제5절 정산

1. 수출용 원재료에 대한 관세등과 환급액의 정산

수출용 원재료를 수입할 때 관세 등을 징수하지 않고 수출기업이 납부하여야 할 세액과 그 기업이 지급이 보류된 환급금을 분기별로 서로 상계처리하여 차액을 징수 또는 환급하는 것이 정산제도이다.

(1) 정산의 정의

"정산"이란 수출용 원재료에 대하여 일정 기간별로 일괄납부(一括納付)할 관세 등과 지급이 보류된 환급금을 상계(相計)하는 것을 말한다(법 제2조 6호).

판례 관세의 "상계"라함은 수출용 원재료를 수입하는 자로서 관세청장의 지정을 받은 자가 수출용 원재료를 수입하면서 일정한 기간 내에 수출용 원재료를 다시 수출 등의 용도에 제공할 것을 조건으로 수출용 원재료에 대하여 징수할 관세에 대하여 세관장으로부터 납세고지의 유예를 받았다가 위 조건에 따라 수출용 원재료를 수출 등의 용도에 제공한 때에 납세고지유예를 받은 관세 등과 관세 등의 납부를 유예받지 아니하고 납부하였더라면 환급하여야 할 관세 등을 상계하는 것인바, 이는 수출용 원재료의 수입이 관세 부과의 대상이 되는 것이나 그에 대한 관세의 납부의무를 유예하였다가 면제하는 것으로 확정하는 제도로서 관세의 면제에 해당한다고 할 것이다. [대법원 1995.7.25, 선고, 95도391, 판결]

(2) 정산통지

세관장은 관세 등의 일괄납부업체가 일괄 납부하여야 할 관세등과 지급이 보류된 환급금을 정산하고, 일괄납부기간이 종료되는 달의 다음달 1일까지 관세 등의 일괄납부업체에 그 정산 결과를 통지(정산통지)하여야 한다(법 제7조 제1항). 세관장은 ① 일괄 납부하여야 할 관세 등의 내역, ② 지급이 보류된 환급금의 내역, ③정산결과 납부하여야 할 관세 등의 세액 또는 지급하여야 할 환급액이 포함된 정산결과를 관세 등의 일괄납부업체에 통지하여야 한다.

세관장은 정산통지를 한 후 정산금액에 과부족(過不足)이 있는 것을 알았을 때에는 이를 경정(更正)할 수 있다(법 제7조 제5항).

(3) 정산결과 납부하여야 할 관세 등의 납기(납부기한)

세관장은 정산 결과 징수하여야 할 관세 등이 있는 경우에는 통지기한까지 「관세법」에 따라 납세고지(納稅告知)를 하여야 한다(법 제7조 제2항). 납세고지를 받은 관세 등의 일괄납부업체는 일괄납부기간이 끝나는 날이 속하는 달의 다음 달 15일까지 관세 등을 납부하여야 한다(법 제7조 제3항).

관세 등의 일괄납부업체가 납부한 관세 등은 그 관세 등에 대한 정산결과를 통지한 세관장의 세입금으로 한다.

세관장은 정산 결과 지급하여야 할 환급금이 있는 경우에는 해당 금액을 즉시 지급하여야 한다(법 제7조 제4항). 세관장은 정산통지를 한 후 정산금액에 과부족이 있는 것을 안 때에는 이를 경정할 수 있다.

환급특례법에서는 부당환급을 받은 경우의 벌칙에 대하여 규정하고 있으나, 거짓 또는 부정한 방법으로 정산을 하여 납부할 관세등과 환급금의 상계를 받은 경우 벌칙에 대하여 규정하고 있지 않다. 대법원 판례는 부정한 방법으로 상계를 받은 경우에 관세법 제270조 제4항의 관세부정 감면죄를 적용하여 처벌이 가능하다고 판시하고 있다.

판례 상계신청서에 첨부하여 이미 사용한 수출면장을 상계신청시 중복사용함으로써 수출실적이 없는데도 수출실적이 있는 것처럼 가장하는 방법으로 부정하게 관세의 상계를 받은 경우 관세의 부정감면죄로 다스린 원심의 조치는 정당하고.. [대법원 1995.7.25, 선고, 95도391, 판결]

입법론상으로 환급특례법에서 거짓 또는 부정한 방법으로 정산을 한 경우에 대한 처벌 규정을 신설하는 것이 바람직할 것으로 보인다.

2. 직권정산

(1) 목적

세관장은 관세 등의 채권확보를 위하여 납부기한이 도래하지 아니한 관세등과 지급이 보류된 환급금을 즉시 정산(직권정산)하여야 한다.

(2) 사유

세관장은 대통령령으로 정하는 사유가 발생한 경우에는 관세 등의 채권 확보를 위하여 납부기한이 도래하지 아니한 관세등과 지급이 보류된 환급금을 즉시 정산["직권정산"(職權精算)]하여야 한다(법 제8조 1항). 직권정산 사유는 다음과 같다.

- 환급특례법 또는 관세법 위반으로 처벌을 받은 경우
- 관세 등의 체납이 발생된 경우(독촉기간내에 자진납부하는 경우를 제외한다)
- 파산선고 · 어음부도 등으로 인하여 관세 등의 채권확보가 필요한 경우
- 일괄납부업체가 세관장에게 일괄납부의 적용제외를 요청하는 경우

(3) 통지

세관장은 사유가 발생하여 직권정산하고자 하는 경우에는 당해 업체에 그 사실을 통지하여야 한다.

(4) 직권정산 후의 관세 등 징수

세관장은 직권정산한 결과 지급하여야 할 환급금이 있는 경우에는 즉시 환급금을 지급하여야 한다(법 제8조 제2항). 세관장은 직권정산한 결과 징수하여야 할 관세 등이 있는 경우에는 「관세법」에 따라 납세고지를 하여야 한다. 이 경우 납세고지를 받은 자는 그 고지를 받은 날부터 10일 내에 해당 세액을 세관장에게 납부하여야 한다(법 제8조 제3항). 세관장은 담보를 제공한 관세 등의 일괄납부업체로서 납세고지를 받은 자가 해

당 관세 등을 납부하지 아니한 경우에는 그 담보물을 해당 관세 등에 충당하여야 한다(법 제8조 제4항).

(5) 관세 등의 일괄납부제한

직권정산을 하는 경우 대통령령으로 정하는 바에 따라 관세 등의 일괄납부를 제한할 수 있다(법 제8조 제1항 후단). 세관장은 직권정산한 경우에는 직권정산 대상 업체가 직권정산일 이후에 수입하는 수출용 원재료에 대하여 ㉠ 일괄납부업체가 세관장에게 일괄납부의 적용제외를 요청하여 직권정산한 경우에는 2년 ㉡ 기타 사유에 의하여 직권정산한 경우에는 3년 범위 내에서 관세 등의 일괄납부를 제한할 수 있다.

제 5 장 조사와 처벌

제1절 전산처리설비

1. 전자신고 등

세관장은 관세청장이 정하는 바에 따라 전산처리설비를 이용하여 환급특례법에 따른 신고, 납부, 신청 등(전자신고 등)을 하게 하거나 통지, 납세고지, 교부, 발급, 지정, 승인 등(전자송달)을 할 수 있다(법 제15조 제1항).

전자신고 등을 할 때에는 관세청장이 정하는 바에 따라 관계 서류를 전산처리설비를 이용하여 제출하게 할 수 있으며, 그 제출을 생략하거나 간단한 방법으로 하게 할 수 있다. 전자신고 등은 관세청장이 정하는 전산처리설비에 입력된 때에 세관에 접수된 것으로 보며, 전자송달은 송달받을 자가 미리 지정한 컴퓨터에 입력된 때나 송달받을 자의 신청에 의하여 관세청장이 정하는 전산처리설비에 입력된 때에 그 송달을 받아야 할 자에게 도달된 것으로 본다.

전자송달에 관하여는 「관세법」의 전자송달에 관한 규정을 준용한다. 전자송달은 대통령령으로 정하는 바에 따라 송달을 받아야 할 자가 신청하는 경우에만 한다(관세법 327조 제6항). 전자송달을 받고자 하는 자는 관세청장이 정하는 바에 따라 전자송달에 필요한 설비를 갖추고 다음 사항을 기재한 신청서를 관할세관장에게 제출하여야 한다.

- 성명 · 주민등록번호 등 인적사항
- 주소 · 거소 또는 영업소의 소재지

- 전자우편주소[관세청장이 정하는 국가관세종합정보망의 전산처리설비의 경우에는 사용자확인기호를 이용하여 접근할 수 있는 곳을 말한다]
- 전자송달을 받고자 하는 서류의 종류
- 그 밖의 필요한 사항으로서 관세청장이 정하는 것

국가관세종합정보망의 전산처리설비의 장애로 전자송달이 불가능한 경우, 그 밖에 대통령령으로 정하는 사유가 있는 경우에는 교부 · 인편 또는 우편의 방법으로 송달할 수 있다(관세법 327조 제7항). 전자송달할 수 있는 대상의 구체적 범위 · 송달방법 등에 관하여 필요한 사항은 대통령령으로 정한다(관세법 327조 제8항).

2. 증명서류의 P/L발급

(1) P/L발급업체 지정

업체 자체의 전산처리설비를 이용하여 기납증·분증·평세증을 전자문서로 발급신청하고 발급받을 수 있는 자(P/L발급업체 또는 P/L발급관세사)는 다음 요건을 갖추어야 한다.

- P/L발급업체(다음 각목의 1에 해당하는 자)
  - 관세 등에 대한 담보제공과 정산제도 운영에 관한 고시 제3조의 규정에 의한 신용담보업체지정요건을 갖춘 자
  - 외국인투자기업(「외국인투자촉진법」 제5조 내지 제8조의 규정에 의하여 외국인투자 또는 출자의 신고를 한 자)
  - 환급업체에 대한 성실도와 위험도를 평가한 결과 전체 환급업체중 상위 30% 이내에 해당하는 업체
- P/L발급관세사(다음에 해당하는 자)
  - 「관세사법」 제10조의 규정에 의하여 세관장에게 업무개시를 신고한 자
  - 최근 1년 이내에 수출입신고 오류방지에 관한 고시에 의한 수출입신고 P/L(Paperless) 정지대상이 되지 아니한 자

기납증의 P/L발급업체 또는 P/L발급관세사로 지정신청을 하고자 하는 자는 P/L발급업체지정신청서(별지 제4-7호 서식)와 지정요건을 확인할

수 있는 서류를 첨부하여 관할지세관장에게 신청하여야 한다. 다만, 신청업체가 “관세 등에 대한 담보제공과 정산제도 운영에 관한 고시”에 의하여 신용담보업체로 지정된 경우 또는 외국인투자기업으로서 관세환급시스템에 의하여 지정요건 확인이 가능한 경우에는 지정요건 확인서류 제출을 생략할 수 있다.

지정 신청을 받은 세관장은 기준에 적합할 경우 P/L발급업체 또는 P/L발급관세사로 지정하고 그 내역을 신청인에게 통지한다. 세관장은 P/L발급업체 또는 P/L발급관세사가 수출입신고 오류방지에 관한 고시에 따라 P/L신고가 정지된 경우에는 그 정지 기간 동안 제증명의 P/L발급을 정지하고 서류를 제출받아 발급할 수 있다. 관할지세관장은 다음 사유가 발생된 경우 P/L발급업체 또는 P/L발급관세사의 지정을 취소하고 당해 업체 또는 관세사에게 그 사실을 통지하여야 한다.

- 기준에 적합하지 아니한 사유가 발생한 경우
- 지정받은 자의 요청이 있는 경우
- 환급업체에 대한 성실도와 위험도를 평가한 결과 지정기준에 미달하는 경우

다만, 환급업체에 대한 성실도와 위험도를 평가한 결과 지정기준에 미달하는 경우에는 관세청장이 정하는 바에 따라 지정취소에 갈음하여 6월의 범위 내에서 제증명서의 P/L발급을 정지하게 할 수 있다.

관할지세관장은 지정된 P/L발급업체 또는 P/L발급관세사에 대하여 매년 1회 이상 다음에서 정한 사항을 점검하여야 한다.

- P/L발급업체 또는 P/L발급관세사 지정기준에 적합하지 아니한 사유가 발생하였는지 여부
- 사업장의 폐업·주소변경·이전 등 업체의 변동사항 발생 여부
- P/L발급제도 활용 여부

(2) P/L발급업체 등의 제증명서 발급

P/L발급업체 또는 P/L발급관세사로 지정받은 자는 기납증, 분증, 평세증을 P/L발급할 수 있다. 다만, 정정·추가 발급받는 경우에는 그러하지 아니하다.

(3) 제증명서의 P/L발급방법

P/L발급업체 또는 P/L발급관세사로 지정을 받은 자가 증명서를 P/L발급하고자 하는 경우 기납증·분증·평세증(기납증 등) 작성요령에 따라 작성한 전자문서를 전송하고 관세환급시스템에서 통지하는 바에 따라 기납증 등을 발급한다.

P/L발급업체 또는 P/L발급관세사가 기납증 등을 P/L발급하는 때에는 발급하는 기납증 등에 다음의 증명인을 날인하여야 한다.

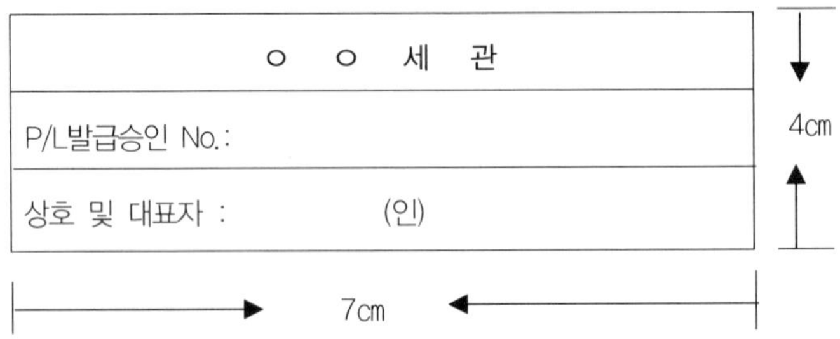

다만, 제증명전자문서 전송업체의 경우에는 증명인 날인을 생략하고 전자문서에 의하여 제증명서를 발급할 수 있다. P/L발급관세사는 기납증을 발급한 후 제증명서 발급신청업체로부터 제출받은 서류중 신청서 및 소요량계산 서류를 제외한 나머지 서류는 신청업체에게 되돌려 준다.

(4) 제증명서의 정정·취하

발급받은 기납증 등을 정정·취하하고자 하는 자는 당초 발급세관장에게 정정·취하승인신청(별지 제6-2-1호 서식)을 하여 승인을 받아야 한다. 정정·취하를 승인한 세관장은 정정·취하사항을 관세환급시스템에 등록한 후 제증명서 발급시 날인하는 증명인을 날인하여 승인서를 신청인에게 교부하여야 한다. 다만, 평세증의 경우 다음 기준에 따라 조정하여 정정한다.

- 물량 변동없이 평균세액을 정정할 경우 ; (정당한 평균세액×발급물량-사용액) ÷ 사용후 잔량
- 물량과 평균세액을 정정할 경우 : (정당한 평균세액×정당한 물량-사용

액) ÷ (정당한 물량 - 사용량)

정정·취하 승인 신청을 받은 세관장은 당해 기납증 등의 환급 사용여부를 확인하고 정정·취하에 따라 환급액의 감소가 발생하는 경우 환급에 사용된 금액을 추징한 후에 정정 또는 취하하여야 한다. 양수자에게 전자문서로 통보된 기납증 또는 분증을 정정·취하승인한 세관장은 정정·취하 사항을 양수자에게 전자문서로 통보해야 한다. 평세증·기납증 및 분증의 분실·도난 및 소실 등으로 재발급 받고자하는 자는 당해 서류를 발급한 세관장에게 재발급사유서를 제출하고 재발급 받을 수 있다.

제2절 서류 관리 및 보고

1. 서류의 보관과 제출

(1) 환급 등의 관련서류 보관 및 정리방법

환급 등의 신청인이 보관하여야 할 서류는 다음과 같다.

- "소요량계산근거서류 및 계산내역에 대한 서류"는 다음의 것
  - 수출물품 및 내국신용장 등에 의한 공급물품별 단위실량내역표와 손모량의 산출서류
  - 원재료 및 제품수불부등 위의 산출근거를 증명하는 자료
  - 수출물품 및 내국신용장등에 의하여 공급한 물품의 제품사양서
- "내국신용장 등 수출용 원재료의 거래관계서류"는 다음 서류
  - 기초원재료납세증명서
  - 국내거래인정서류
  - 양도일자확인서류
  - 소요량계산서류
  - 소요원재료에 대한 납부세액확인서류
  - 분할증명서(별지 제4-5호 서식)
  - 수입신고필증등 분할하고자 하는 물품 및 납부세액을 확인할 수 있는 서류
- "수출사실확인서류"는 고시 제2-1-7조 [별표 1]에서 정한 서류
- "원재료의 납부세액을 증명할 수 있는 서류"는 수입신고필증·평세증·기납증 및 분증
- 기타 관세청장이 정하는 다음 서류
  - 환급받은 수출물품의 수출신용장 또는 수출거래계약서
  - 완제품을 구매하여 수출하는 경우에는 완제품내국신용장 또는 구매확인서

- 수출위탁을 받아 수출한 경우에는 수출대행계약서
- 환급신청건별 환급금 계산내역표(조견표)
- 환급대상수출물품 반입(적재)확인서 발급관련 거래관계서류 및 물품인수관련서류

(2) 보관대상 서류와 기간

환급특례법에 따른 관세 등의 환급에 관한 서류로서 대통령령으로 정하는 서류는 환급 등의 신청일부터 5년의 범위에서 대통령령으로 정하는 기간 동안 보관하여야 한다(법 제20조 제1항). 보관하여야 할 서류와 그 기간은 다음과 같다.

- 수출물품별 원재료의 소요량계산근거서류 및 계산내역에 대한 서류는 환급신청일부터 5년(「중소기업기본법」에 의한 중소기업자가 보관하여야 하는 원재료수불대장 및 수출물품수불대장의 보관기간은 3년으로 한다)
- 내국신용장 등 수출용 원재료의 거래관계서류는 당해 물품의 기초원재료 납세증명서 등의 발급일부터 3년
- 수출신고필증 등 법 제4조에서 정한 수출사실을 증명할 수 있는 서류는 환급신청일부터 3년
- 수입신고필증 등 원재료의 납부세액을 증명할 수 있는 서류는 환급신청 등에 사용한 날부터 3년
- 기타 관세청장이 정하는 서류는 환급신청 등에 사용한 날부터 3년

(3) 보관방법

서류는 관세청장이 정하는 바에 따라 마이크로필름, 광디스크, 그 밖의 자료보존 매체에 의하여도 보관할 수 있다(법 제20조 제2항).

환급신청인 또는 제증명서를 발급받은 자가 서류를 보관할 때에는 환급 등에 사용한 사실을 확인할 수 있도록 보관 관리하여야 하며, 세관장이 보관서류의 제출을 요구하는 경우 즉시 제출하여야 한다. 자료보존매체로 관련서류를 보관하는 자에게 서류제출을 요구할 때에는 자료보존매체에서 보존하는 자료를 서류로 작성하여 제출하게 하거나 자료보존매체

로 제출하게 할 수 있다.

(4) 서류제출 요구

관세청장이나 세관장은 환급금의 정확 여부를 심사하는 데 필요하다고 인정하는 경우에는 환급받은 자, 수출용 원재료 수입자, 내국신용장등에 의한 수출용 원재료의 공급자, 그 밖에 이와 관련된 자에게 서류나 그 밖의 관계 자료의 제출을 요구할 수 있다(법 제20조 제3항). 관세청장 및 세관장은 관계서류 또는 자료의 제출을 요구할 때에는 문서로 이를 하여야 한다.

(5) 환급 등의 전자문서 원본 원칙

세관장이 발급한 환급 등의 문서가 관세환급시스템에 보관된 전자문서의 내용과 상이한 경우에는 관세환급시스템에 보관된 전자문서의 내용을 원본으로 한다.

2. 환급금 결정 및 지급사항 보고

세관장은 환급금결정사항과 환급금지급사항을 매월 관세청장에게 보고하여야 하며 관세청장은 이를 종합하여 기획재정부장관에게 제출하여야 한다. 세관장은 환급금결정액계산서와 그 증빙서류를 「감사원법」이 정하는 바에 따라 감사원에 제출하여야 한다.

(1) 제증명서 발급시 날인하는 증명인

환급관련 제증명서를 발급할 때에는 증명인과 처리담당직원의 인장을 날인할 수 있다.

(2) 환급 등 신청의 효력발생 시점

환급 등 신청의 효력발생 시점은 환급 등의 신청을 위하여 전송한 전자문서가 관세환급시스템에 등록되어 접수번호가 부여된 때로 한다.

(3) 전산장애시 환급 등의 신청방법

통신망의 장애 또는 업체의 단말기장애 등으로 인하여 신청서의 전송이 불가능할 경우에는 관세청장이 정하는 "전산장애시 환급업무처리방안"에 따라 환급 등을 신청하여야 한다.

(4) 외국통화로 계약된 국내거래물품 등에 대한 환율 적용

공급 또는 반입(적재)하는 물품이 외국통화로 계약된 경우에 공급가격 등의 원화는 기납증상의 양도(매입)일자 또는 환급대상물품반입(적재)확인서의 신청일에 적용되는 수출환율로 환산하여 기재하여야 한다.

제3절 조사

1. 실지조사

(1) 정의

"실지조사"는 일정기간 동안 업체의 환급신청 등에 대하여 환급금 등이 정확한지 여부를 당해 업체의 제조장 등을 방문하여 조사하는 것을 말한다.

(2) 실지조사 개시 및 진행

1) 실지조사계획보고 및 승인

실지조사를 의뢰받거나 정보 분석 등에 의하여 실지조사가 필요한 경우 세관장은 실지조사계획을 수립하여 조사개시 10일전까지 관세청장에게 실지조사계획보고서를 제출하고 승인을 받아야 한다. 관세청장은 세관장이 승인 요청한 실지조사계획을 검토하여 승인하되, 조사방법·범위·기간 및 중점조사내용과 조사대상 등을 조정하거나 중복조사 여부를 확인하여 조사를 제한할 수 있다. 세관장이 실지조사를 하는 경우에는 「관세법」에 의한 납세자권리헌장의 내용이 수록된 문서를 조사받을 환급신청인에게 교부하여야 한다.

2) 실지조사의 사전통지

세관장은 실지조사를 위하여 당해 장부·서류·전산처리장치·기타 물품 등을 실지조사하는 경우에는 조사받을 환급신청인에게 실지조사개시 7일전에 조사대상·조사사유 및 조사기간 등을 기재한 "실지조사 사전통지서"를 송부하여야 한다. 다만, 사전통지를 하는 경우 증거인멸 등으로 조사목적을 달성할 수 없다고 인정되는 경우에는 그러하지 아니하다. 실지조사계획을 통지할 때에는 조사받을 환급신청인이 준비할 사항 및 자료목록 등을 함께 통지하여야 한다. 실지조사계획의 통지를 받은 환급신청인이 다음 사유가 있을 경우에는 실지조사 연기를 신청할 수 있다.

- 천재지변, 화재 기타 재해로 사업상 심한 어려움이 있는 경우
- 신청인의 질병, 장기출장 등으로 실지조사가 곤란하다고 판단되는 경우
- 권한있는 기관에 의하여 장부 및 증빙서류가 압수 또는 영치된 경우
- 기타 실지조사를 받기가 곤란하다고 인정할 수 있는 타당한 사유가 있는 경우

3) 실지조사기간

본부세관장은 실지조사의 인원, 방법, 범위, 조사사항의 난이도 등을 종합적으로 고려하여 실지조사 기간을 결정한다. 실지조사 기간은 20일 이내로 한다. 다만, 다음 사유가 발생한 때에는 필요한 최소한의 범위 내에서 실지조사기간을 연장할 수 있다.

- 실지조사대상 기간 및 범위의 확대가 필요한 경우
- 실지조사에 협조하지 아니하여 실지조사기간 내에 조사목적의 달성이 불가능한 때
- 사실관계의 확인이나 증거 확보 등을 위해 조사기간의 연장이 필요한 경우

실지조사기간을 연장한 때에는 조사받을 환급신청인에게 실지조사기간 연장사유와 연장된 기간을 서면으로 통보하여야 한다.

(3) 실지조사 종료와 처분

1) 실지조사 종료와 결과통지

세관장은 실지조사가 종료된 경우 실지조사결과를 관세청장에게 보고하고 그 조사결과를 환급신청인에게 통지하여야 한다. 다만, 환급신청인이 폐업한 경우 또는 환급신청인의 주소 및 거소가 불명하거나 기타의 사유로 통지를 하기 곤란하다고 인정되는 경우에는 통지하지 아니할 수 있다. 실지조사결과를 통지한 때에는 과세전 통지를 한 것으로 본다.

2) 과다환급금 등의 징수

세관장은 실지조사를 한 결과 다음에 해당된 때에는 당해 환급금액 또는 과다환급금액(과다환급금 등)을 징수한다.

- 환급받아야 할 금액보다 과다하게 환급받은 것을 안 때
- 기납증에 관세 등의 세액을 과다하게 증명받은 경우로서 당해 기납증 등이 환급 등에 이미 사용되어 수정·재발급이 불가능한 것을 안 때
- 선적 또는 기적을 하지 아니하고 관세 등을 환급받은 것을 안 때. 다만, 당해 금액을 징수하기 전에 선적 또는 기적된 경우에는 그러하지 아니하다.
- 정액환급율표를 적용할 수 없는 물품을 정액환급율표에 의하여 환급받은 것을 안 때

3) 범칙조사 의뢰

세관장은 실지조사를 한 결과 조사대상자 등이 다음에 해당하는 때에는 법에서 정하는 바에 따라 범칙조사를 의뢰하여야 한다.

- 거짓 기타 부정한 방법으로 관세 등의 환급을 받은 경우
- 거짓 기타 부정한 방법으로 소요량계산서를 작성한 자와 기납증을 발급받은 자 및 기납증을 발급한 경우
- 정당한 사유없이 서류보관 규정을 위반한 경우
- 정당한 사유없이 관세청장 또는 세관장이 요청한 서류 및 기타 관계자료를 제출하지 아니한 경우
- 기타 환급특례법에 의한 세관장의 명령을 이행하지 아니 한 경우

범칙조사를 의뢰하고자 하는 때에는 범칙행위자의 확인서, 관련 범칙행위에 관한 증거자료, 기타 범칙조사의 수행에 필요한 자료를 첨부하여야 한다. 다만, 범칙행위자의 도주 등으로 확인서 작성이 곤란한 경우에는 범칙행위자의 확인서를 생략할 수 있다. 범칙조사를 의뢰하는 때에는 포상금 지급을 요청할 수 있다.

2. 부정환급범

환급특례법을 위반한 자에 대하여는 「관세법」 제12장 '조사와 처분'에 대하여 규정하고 있는 「관세법」 제283조 내지 제319조의 규정을 적용(법 제24조)하도록 하고 있다. 그런데 환급특례법 제24조에는 법의 명칭을 전환하여 적용 하도록 하는 규정이 없다. 예를 들어 '이 경우 관세법은 환급특례법으로, 환급특례법을 위반한 자는 환급특례범이라 하고, 관세범은 환급특례범으로 본다'와 같은 규정이 필요할 것으로 보인다. 본서에서는 환급특례범이라는 용어를 사용한다.

(1) 환급특례범 의의[37)]

환급특례범이라 함은 환급특례법 또는 환급특례법에 의한 명령에 위배하는 행위로서 환급특례법에 따라 형사처벌 또는 통고처분되는 것을 말한다. 환급특례범에 관한 조사 · 처분은 세관공무원이 이를 행한다(관세법 제283조).

(2) 환급특례범의 조사처분 전담

일반 형사범은 검사와 검사의 지휘를 받는 사법경찰관리의 수사를 거처 공소를 제기하고 법원의 재판을 통하여 처벌하지만, 환급특례범은 관세환급과 관련하여 전문적인 지식과 능력을 가진 세관공무원이 조사하고, 범죄사실이 확인되면 관세청장 또는 세관장이 통고처분하여 통고의 요지를 이행하면 처벌이 종료한다.

(3) 형사소송법과의 관계

형사소송법은 실체적 진실 발견과 피고인 또는 피의자의 인권보장을 규정하고 있어 환급특례범이 고발되어 공소제기되는 경우 당연히 형사소송법의 절차가 적용되지만, 이에 앞서 세관공무원이 환급특례범을 조사처분 할 때에는 관세법(환급특례법에서 준용)의 조사와 처분규정을 우선

37)이하 박민규 관세법(2011) 참조.

적용한다. 이 경우에도 관세법에 규정되어 있지 아니한 부분은 형사소송법 규정에 따라야 한다. 관세법에 규정된 특별규정은 다음과 같다.

① 환급특례범에 대한 공소의 요건(제284조 제1항)
② 환급특례범 사건의 즉시 인도(제284조 제2항)
③ 환급특례범에 대한 사법경찰권(제295조)
④ 수색 · 압수영장(제296조)
⑤ 현행범의 체포와 인도(제298조)
⑥ 통고처분의 공소시효 중단(제311조)
⑦ 즉시 고발(제312조)
⑧ 통고불이행에 의한 고발(316조)
⑨ 일사부재리(제317조)
⑩ 무자력 고발(제318조)

(4) 환급특례범에 대한 공소시효

공소시효란 검사가 일정기간 동안 공소를 제기하지 않고 방치하는 경우에 국가의 소추권을 소멸시키는 제도이다. 환급특례범의 공소시효에 관하여 관세법에 규정이 없으므로 형사소송법 제249조를 적용한다. 환급특례범에 관하여는 관세법에 특별한 규정이 있는 것을 제외하고는 「형사소송법」을 준용하도록 하고 있다(관세법 제319조).

- 무기에 해당하는 범죄는 10년
- 장기 10년 이상의 징역형에 해당하는 범죄는 7년
- 장기 10년 미만의 징역형에 해당하는 범죄는 5년
- 장기 5년 미만의 징역 또는 다액 1만 원 이상의 벌금에 해당하는 범죄는 3년
- 다액 1만원 미만의 벌금에 해당하는 범죄는 1년

2개 이상의 형을 병과하거나 2개 이상의 형에서 1개를 과할 범죄에는 중한 형에 의하여 공소시효의 기간을 적용하고, 시효는 범죄행위의 종료시부터 진행한다. 시효는 공소제기로 정지되며, 환급특례범에 관하여 통고처분을 한 때에는 공소시효가 중단된다.

(5) 검사와 세관공무원의 관계

관세청장이나 세관장의 제청으로 사법경찰관리로 지명을 받은 세관공무원이 환급특례범에 대하여 구속 · 압수 · 수색 등 강제조사를 할 때에는 검사의 지휘를 받아야 한다. 관세청장이나 세관장에 의한 통고처분권 행사를 목적으로 하는 세관공무원의 조사는 관세법에 의한 독자적인 권한이므로 형사소송법과 검찰청법상의 형사처분을 위한 수사를 주재하는 검사의 지휘 · 감독 대상이 아니다. 사법경찰관리로 지명받은 세관공무원이 통고처분을 목적으로 하는 임의조사시에는 검사의 지휘 · 감독을 받지 않는다.

(6) 공소의 요건

환급특례범에 관한 사건에 대하여는 관세청장이나 세관장의 고발이 없으면 검사는 공소를 제기할 수 없다(관세법 제284조 제1항). 다른 기관이 환급특례범에 관한 사건을 발견하거나 피의자를 체포한 때에는 즉시 관세청 또는 세관에 인계하여야 한다(관세법 제284조 제2항). 그러나 특정범죄가중처벌 등에 관한 법률 대상인 중죄인 환급특례범은 관세청장 또는 세관장의 고발없이 공소제기가 가능하다.

(7) 환급특례범에 관한 서류의 처리

1) 환급특례범에 관한 서류

환급특례범에 관한 서류의 처리에는 연월일을 기재하고 서명·날인하여야 한다(관세법 제285조). 환급특례범에 관한 서류는 조사조서 · 압수조서 · 진술서 · 감정서 등이 있고 이런 서류에는 조사자인 세관공무원 뿐만 아니라 피의자, 진술자, 감정인 등이 서명 · 날인한 증거물로 보전하여 통고처분 또는 재판에 있어서의 판단자료로 인정되고 있다.

2) 조사처분에 관한 서류

환급특례범의 조사와 처분에 관한 서류에는 장마다 간인하여야 한다(관세법 제286조 제1항). 문자를 추가하거나 삭제할 때와 난의 바깥에 기입할 때에는 날인하여야 한다(관세법 제286조 제2항). 문자를 삭제할 때에는 그 문자 자체를 그대로 두고 그 글자 수를 적어야 한다(관세법 제286조 제3항).

3) 조서작성

세관공무원이 피의자 · 증인 또는 참고인을 조사한 때에는 조서를 작성하여야 한다(관세법 제292조 제1항). 조서는 세관공무원이 진술자에게 읽어 주거나 열람하게 하여 기재 사실에 서로 다른 점이 있는지 물어보아야 한다(관세법 제292조 제2항). 진술자가 조서 내용의 증감 변경을 청구한 경우에는 그 진술을 조서에 적어야 한다(관세법 제292조 제3항). 조서에는 연월일과 장소를 기재하고 조사를 한 자, 진술자, 참여자가 함께 서명 · 날인하여야 한다(관세법 제292조 제4항).

4) 조서의 대용

현행범인에 대한 조사로서 긴급히 처리할 필요가 있을 때에는 그 주요 내용을 적은 서면으로 조서를 대신할 수 있다(관세법 제293조 제1항). 서면에는 연월일시와 장소를 기재하고 조사를 한 자와 피의자가 이에 서명 · 날인하여야 한다(관세법 제293조 제2항).

5) 조서의 서명

환급특례범에 관한 서류에 서명 · 날인하는 경우 본인이 서명할 수 없을 때에는 다른 사람에게 대서하게 하고 도장을 지니지 아니하였을 때에는 손도장을 찍어야 한다(관세법 제287조 제1항). 다른 사람으로 하여금 대서하게 한 때에는 대서자가 그 사유를 기재하고 서명 · 날인하여야 한다(관세법 제287조 제2항).

6) 서류의 송달

환급특례범에 관한 서류는 인편이나 등기우편으로 송달한다(관제법 제288조). 환급특례범에 관한 서류를 송달하였을 때에는 수령증을 받아야 한다(관제법 제289조).

3. 환급특례범 조사

세관공무원이 환급특례범이 있다고 인정하는 때에는 범인 · 범죄사실 및 증거를 조사하여야 한다(관세법 제290조). 조사방법에는 임의조사와 강제조사의 두 가지가 있다. 임의조사란 피조사자의 자발적 동의하에 하는 조사를 말하는 것으로 출석요구, 출석, 동행, 조사, 검증, 시작요구, 임의제출물품과 유류품의 압수 등을 말한다. 강제조사란 피조사자의 의사에 구애됨이 없이 조사자의 일방적인 강제력에 의하여 조사하는 것으로 체포 · 구속 · 수색 · 압수 등을 말한다.

(1) 임의조사

임의조사란 피의자의 승낙을 받아 행하는 조사로서 환급특례범의 조사는 임의조사가 원칙임. 관세법상 임의조사 방법에는 출석요구, 출석, 동행, 조사, 검증, 시작요구, 임의제출 물품과 유류품의 압수 등이 있다.

1) 조사

세관공무원은 환급특례범 조사에 필요하다고 인정할 때에는 피의자 · 증인 또는 참고인을 조사할 수 있다(관세법 제291조). 피의자를 조사함에 있어서는 진술거부권(묵비권)이 있음을 미리 알려야 하고, 피의자로 하여금 불이익한 사실 뿐만 아니라 이익이 되는 사실을 진술할 기회도 부여하여야 한다.

2) 출석요구 · 출석 · 동행

세관공무원은 환급특례범 조사에 필요하다고 인정할 때에는 피의자 · 증인 또는 참고인을 출석요구할 수 있다(관세법 제294조 제1조). 세관공무원이 환급특례범 조사에 필요하다고 인정할 때에는 지정한 장소에 피의자 · 증인 또는 참고인의 출석 또는 동행을 명할 수 있다(관세법 제294조 제2조). 피의자 · 증인 또는 참고인의 출석요구는 출석요구장을 발급하여야 한다(관세법 제294조 제3조).

3) 검증수색

세관공무원은 환급특례범 조사에 필요하다고 인정할 때에는 선박 · 차량 · 항공기 · 창고 그 밖의 장소를 검증 또는 수색할 수 있다(관세법 제300조). 일몰부터 일출까지는 검증 · 수색 또는 압수를 할 수 없다(관세법 제306조 제1항). 다만, 현행범인 경우에는 그러하지 아니하다. 이미 시작한 검증 · 수색 또는 압수는 계속할 수 있다(관세법 제306조 제2항).

4) 신변수색

세관공무원은 피의자가 범죄사실을 증명하기에 충분한 물품을 피의자가 신변(身邊)에 은닉하였다고 인정될 때에는 이를 내보이도록 요구하고 이에 응하지 아니하는 때에는 신변을 수색할 수 있다(관세법 제301조 제1항). 여성의 신변을 수색하는 때에는 성년의 여성을 참여시켜야 한다(관세법 제301조 제2항).

(2) 강제조사

강제조사는 형사절차에 있어서 불가결한 제도이지만 개인의 기본권을 침해할 소지가 많음. 따라서 강제처분을 제한하거나 그 요건을 엄격히 할 필요가 있다. 강제조사는 사법경찰관리로 지명받은 자에 의해 법관으로부터 영장을 발부받아 집행하여야 하며 법률에 특별한 규정이 없으면 하지 못한다.

1) 체포

체포란 죄를 범하였다고 의심할 만한 상당한 이유가 있는 피의자를 단시간 동안 수사관서 등 일정한 장소에 인치하는 제도다. 체포의 종류는 영장에 의한 체포(원칙), 긴급체포, 현행범 체포가 있다. 세관공무원이 환급특례범의 현행범인을 발견한 때에는 즉시 체포하여야 한다(관세법 제297조). 환급은 서면심사로 이루어지므로 환급특례법과 관련하여 현행범인을 체포하는 경우는 흔하지 않을 것으로 보인다.

환급특례범의 현행범인이 그 장소에 있을 때에는 누구든지 체포할 수 있다(관세법 제298조 제1항). 범인을 체포한 자는 지체 없이 세관공무원에게 범인을 인도하여야 한다(관세법 제298조 제1항). 세관 공무원이 아닌 자가 현행범인을 체포할 수 있도록 하는 규정은 인권침해가 발생할 수 있고 행정편의적인 것으로 문제가 있는 조항이다. 환급특례범인을 체포하여 공무원의 편의와 국가의 세수 낭비를 방지하는 보호법익보다 피의자의 인권과 일반 국민의 안전이 보다 중요한 보호법익이 되어야 한다. 전문적인 지식이 없는 자가 현행범인임을 확인하기 어렵고, 체포과정에서 폭력의 행사 등으로 인한 부상의 염려도 있다. 현행범인을 체포하도록 하는 것보다 신고하도록 하는 것이 바람직할 것으로 보인다.

2) 피의자의 구속

구속이란 피의자 또는 피고인의 신체의 자유를 제한하는 강제처분이다. 피의자 구속은 수사기관이 판사가 발부한 구속영장에 의하여 피의자를 구인 또는 구금하는 것이다. 피고인 구속은 공소 제기된 후에 판사가 발부한 구속영장에 의하여 피고인을 구인 또는 구금하는 것을 말한다. 사법경찰관리의 직무를 행하는 세관공무원이 법령에 의하여 피의자를 구속하는 때에는 세관관서 · 국가경찰관서 또는 교도관서에 유치하여야 한다(관세법 시행령 제267조).

(3) 조사 중 출입금지

세관공무원은 피의자 · 증인 또는 참고인에 대한 조사 · 검증 · 수색 또는 압수 중에는 누구를 막론하고 그 장소에의 출입을 금할 수 있다(관세법 제307조).

(4) 조사 결과의 보고

세관공무원은 조사를 종료하였을 때에는 관세청장이나 세관장에게 서면으로 그 결과를 보고하여야 한다(관세법 제310조 제1항). 세관공무원은 보고를 할 때에는 관계 서류를 함께 제출하여야 한다(관세법 제310조 제1항).

(5) 환급특례법의 조사에 관한 통지

관세청장 또는 세관장의 조사위촉을 받은 수사기관의 장은 그 조사전말을 관세청장 또는 세관장에게 통지하여야 한다(관세법 시행령 제273조).

4. 수색 · 압수

(1) 수색 · 압수영장

세관공무원은 환급특례법 조사에 의하여 발견한 물품이 범죄의 사실을 증명하기에 충분하거나 또는 몰수하여야 하는 것으로 인정되는 때에는 이를 압수할 수 있다. 관세법에 의하여 수색 · 압수하는 때에는 관할지방법원 판사의 영장을 받아야 한다. 다만, 긴급을 요하는 경우에는 사후에 영장의 교부를 받아야 한다(관세법 제296조 제1항). 소유자 · 점유자 또는 보관자가 임의로 제출한 물품이나 남겨 둔 물품은 영장 없이 압수할 수 있다(관세법 제296조 제2항).

(2) 참여

세관공무원이 수색을 하는 때에는 선박 · 차량 · 항공기 · 창고 그 밖의 장소의 소지인 · 관리인, 동거하는 친척이나 고용된 사람, 이웃에 거주하는 사람을 참여시켜야 한다(관세법 302조 제1항). 다만, 이들이 모두 부재인 때에는 공무원을 참여시켜야 한다. 동거하는 친척이나 고용된 사람, 이웃에 거주하는 사람은 성년자이어야 한다(관세법 제302조 제2항).

(3) 압수물품

1) 조치

세관공무원은 환급특례법 조사에 의하여 발견한 물품이 범죄의 사실을 증명하기에 충분하거나 또는 몰수하여야 하는 것으로 인정되는 때에는 이를 압수할 수 있다(관세법 제303조 제1항). 물품을 압수하는 때에는 당해 물품에 봉인하여야 한다. 다만, 물품의 성상에 따라 봉인할 필요가 없거나 봉인이 곤란하다고 인정되는 때에는 그러하지 아니하다(제268조 제1항).

압수물품은 편의에 따라 소지자나 시 · 군 · 읍 · 면사무소에 보관시킬 수 있다(관세법 제303조 제2항). 압수물품을 보관시키는 때에는 수령증을 받고 그 요지를 압수 당시의 소유자에게 통지하여야 한다(관세법 시행령 제268조 제1항). 관세청장이나 세관장은 압수물품이 다음에 해당하는 때에는 피의자 또는 관계인에게 통고한 후 매각하여 그 대금을 보관 또는 공탁할 수 있다(관세법 제303조 제3항).

- 부패 또는 손상되거나 그 밖에 사용할 수 있는 기간이 지날 우려가 있는 경우
- 보관하기가 극히 불편하다고 인정되는 경우
- 처분이 지연되면 상품가치가 크게 떨어질 우려가 있는 경우
- 피의자나 관계인이 매각을 요청하는 경우

통고할 여유가 없는 때에는 매각한 후 통고하여야 한다(관세법 제303조 제3항 단서).

물품을 압수하는 때에는 해당 물품에 봉인하여야 한다. 다만, 물품의 성상에 따라 봉인할 필요가 없거나 봉인이 곤란하다고 인정되는 때에는 그러하지 아니하다(관세법 시행령 제268조 제1항). 압수물품을 보관시키는 때에는 수령증을 받고 그 요지를 압수 당시의 소유자에게 통지하여야 한다(관세법 시행령 제268조 제2항).

관세청장이나 세관장은 압수물품 중 다음에 해당하는 물품은 피의자 또는 관계인에게 통고한 후 폐기할 수 있다(관세법 제304조 제1항).

- 사람의 생명이나 재산을 해칠 우려가 있는 것
- 부패하거나 변질된 것
- 유효기간이 지난 것
- 상품가치가 없어진 것

통고할 여유가 없는 때에는 폐기한 후 즉시 통고하여야 한다(관세법 제304조 제1항 단서). 통고를 할 때 화주 등의 주소나 거소를 알 수 없거나 그 밖의 사유로 통고할 수 없는 경우에는 공고로써 이를 갈음할

수 있다(관세법 제304조 제2항 및 제160조 5항).

2) 압수물품의 국고귀속

세관장은 압수된 물품을 그 압수일부터 6월 이내에 해당 물품의 소유자 및 범인을 알 수 없는 때에는 해당 물품을 유실물로 간주하여 유실물의 공고를 하여야 한다(관세법 제299조 제1항). 공고일부터 1년이 경과하여도 소유자 및 범인을 알 수 없는 때에는 해당 물품은 국고에 귀속된다(관세법 제299조 제2항).

3) 압수조서 등의 작성

검증 · 수색 또는 압수를 하였을 때에는 조서를 작성하여야 한다(관세법 제305조 제1항). 검증 · 수색 또는 압수조서에는 다음 사항을 기재하여야 한다(관세법 시행령 제269조).

- 당해 물품의 품명 및 수량
- 포장의 종류 · 기호 · 번호 및 개수
- 검증 · 수색 또는 압수의 장소 및 일시
- 소유자 또는 소지자의 주소 또는 거소와 성명
- 보관 장소

검증 · 수색 또는 압수조서는 세관공무원이 진술자에게 읽어 주거나 열람하게 하여 기재 사실에 서로 다른 점이 있는지 물어보아야 하며(제292조제2항 준용) 및 진술자가 조서 내용의 증감 변경을 청구한 경우에는 그 진술을 조서에 적어야 한다(관세법 제305조 제2항). 현행범인에 대한 수색이나 압수로서 긴급한 경우에는 그 주요 내용을 적은 서면으로 조서를 대신할 수 있고 서면에는 연월일시와 장소를 적고 조사를 한 사람과 피의자가 이에 서명·날인하여야 한다(관세법 제293조 준용. 관세법 제305조 제3항).

4) 압수물품의 반환

관세청장이나 세관장은 압수물품을 몰수하지 아니할 때에는 그 압수물품이나 그 물품의 환가대금(換價代金)을 반환하여야 한다(관세법 제313조 제1항). 물품이나 그 환가대금을 반환받을 자의 주소 및 거소가 분명하지 아니하거나 그 밖의 사유로 반환할 수 없을 때에는 그 요지를 공고하여야 한다(관세법 제313조 제2항). 공고를 한 날부터 6개월이 지날 때까지 반환의 청구가 없는 경우에는 그 물품이나 그 환가대금을 국고에 귀속시킬 수 있다(관세법 제313조 제3항). 물품에 대하여 관세가 미납된 경우에는 반환받을 자로부터 해당 관세를 징수한 후 그 물품이나 그 환가대금을 반환하여야 한다(관세법 제313조 제4항).

5) 몰수물품의 납부

몰수에 해당하는 물품으로서 시 · 군 · 읍 · 면사무소에서 보관한 것은 그대로 납부절차를 행할 수 있다(관세법 시행령 270조).

(4) 사법경찰관

세관공무원은 환급특례범에 관하여 「사법경찰관리의 직무를 행할 자와 그 직무범위에 관한 법률」이 정하는 바에 따라 사법경찰관리의 직무를 수행한다(관세법 제295조).

1) 신분 증명

세관공무원은 조사 · 검증 · 수색 또는 압수를 할 때에는 제복을 착용하거나 그 신분을 증명할 증표를 지니고 그 처분을 받을 자가 요구하면 이를 보여 주어야 한다(관세법 제308조 제1항). 세관공무원이 제복을 착용하지 아니한 경우로서 그 신분을 증명하는 증표제시 요구에 응하지 아니하는 경우에는 처분을 받을 자는 그 처분을 거부할 수 있다(관세법 제308조 제2항).

2) 경찰관의 원조

세관공무원은 조사 · 검증 · 수색 또는 압수를 할 때 필요하다고 인정하는 경우에는 국가경찰공무원의 원조를 요구할 수 있다(관세법 제309조).

제4절 처벌

1. 통고처분

(1) 의의

통고처분은 행정청이 정식재판에 갈음하여 벌금이나 과료에 상당하는 금액의 납부를 명하는 것이다. 통고처분은 행정형벌이지만 형사소송법이 정하는 바에 따라 법원이 과하는 것이 아니라 행정청이 금전적 제재를 통고하고, 기간 내 이를 이행할 경우에는 확정판결과 동일하게 일사부재리의 원칙이 적용되는 것을 말한다.[38] 통고처분은 조세범, 출입국사범, 교통사범 등에 대하여 적용된다.

통고처분과 유사한 것으로 즉결심판이 있다. 즉결심판은 범증이 명백하고 죄질이 경미한 범죄사건을 신속·적정한 절차로 심판하기 위하여 관할경찰서장 또는 관할해양경찰서장이 청구하고 지방법원, 지원 또는 시·군법원의 판사는 20만 원 이하의 벌금, 구류, 과료에 처한다. 즉결심판은 판사가 판결을 하므로 행정청이 처분을 하는 통고처분과 구별된다. 즉결심판은 검사가 기소하지 않고 경찰이 청구한다는 것이 일반 형사절차와 다른 점이다.[39] 즉결심판에 불복하는 자는 정식재판을 청구할 수 있다. 즉결심판에 관한 절차를 정하고 있는 즉결심판에 관한 절차법이 있다.[40]

통고처분은 벌금, 몰수 또는 추징과 같은 형사처벌이 아니고 '벌금에 상당한 금액', '몰수에 해당하는 물품' 및 '추징금에 상당한 금액'을 납부할 것을 통고하는 행정처분이다. 통고처분은 사법적 절차에 의한 번잡한 절차와 문제 해결까지 오랜 시간이 소요되는 것을 방지할 수 있고, 변호사·관세사 비용 등을 절약할 있어 국민에게 유리한 제도이다. 행정청의 입장에서도 위반사항을 빠른 시간에 처리할 수 있어 인력과 비용의 낭비

38) 김동희, 「행정법 Ⅰ」, 박영사, 제17판 2011년 495쪽.
39) 행정법 교과서에서는 즉결심판을 행정형벌의 예외적인 과벌절차로 설명하고 있으나 즉결심판은 판사가 심리를 하고 처분을 하므로 행정처분이 아닌 사법절차로 보는 것이 타당할 것으로 보인다. 김동희 앞의 책 495쪽 참조.
40) 법률 제9831호.

를 막고 징벌의 효과를 거둘 수 있다.

(2) 관세법상 통고처분

1) 내용

관세청장이나 세관장은 환급특례범을 조사한 결과 범죄의 확증을 얻었을 때에는 그 이유를 구체적으로 밝히고 벌금에 상당하는 금액, 몰수에 해당하는 물품, 추징금에 해당하는 금액을 납부할 것을 통고할 수 있다(관세법 제311조 제1항).[41]

2) 통고처분의 요건

통고처분권자는 관세청장과 세관장이며 범죄의 확증이 있어야 통고처분을 할 수 있다. 관세청장이나 세관장이 통고처분을 하려면 범죄 구성요건의 존재를 증명할 수 있는 확실한 증거가 있어야 한다.

(2) 예납

관세청장이나 세관장은 통고처분을 받는 자가 벌금이나 추징금에 상당한 금액을 예납(豫納)하려는 경우에는 이를 예납시킬 수 있다(관세법 제311조 제2항).[42] 벌금 또는 추징금에 상당한 금액을 예납하고자 하는 자는 주소 및 성명, 예납금액, 신청사유를 기재한 신청서를 관세청장 또는 세관장에게 제출하여야 한다(관세법 시행령 제271조 제1항). 예납금을 받은 관세청장 또는 세관장은 그 보관증을 예납자에게 교부하여야 한다. 관세청장 또는 세관장은 보관한 예납금으로써 예납자가 납부하여야 하는 벌금 또는 추징금에 상당하는 금액에 충당하고 잔금이 있는 때에는 지체없이 예납자에게 환급하여야 한다(관세법 시행령 제271조 제3항).

---

41) 통칙 311-0-1(통고처분의 취소 또는 변경) 법 제311조에 따른 통고처분에 하자가 있을 경우, 관세범인이 해당 통고의 요지를 이행하기 전에는 동 처분을 취소하거나 그 내용을 변경할 수 있다.

42) 예납이란 정하여진 날이 되기 전에 미리 내는 것을 말한다.

(3) 불복

통고처분에 불복하는 경우 통고처분 자체가 소멸하므로 행정쟁송의 대상이 되지 않는다.[43] 관세청 내규인 『통칙』에는 '통고처분은 이를 받은 자가 그 처분에 대하여 이의가 있는 경우에는 이를 이행하지 아니함으로써 관세청장 또는 세관장의 고발에 의하여 법원의 심판을 받을 수 있으므로 위법한 통고처분에 대하여는 행정심판이나 행정소송에 의하여 다툴 수 없다'고 규정하고 있다.[44] 그러나 통고처분에 대하여 법원의 심판을 받을 수 있기 때문에 행정쟁송을 할 수 없는 것이 아니라 쟁송 대상이 없기 때문에 행정쟁송을 할 수 없는 것이다. 즉결심판법에서는 즉결심판은 정식재판의 청구에 의한 판결이 있는 때에는 그 효력을 잃는다.

(4) 통고처분 절차

통고처분을 하는 때에는 통고서를 작성하여야 한다(관세법 제314조 제1항). 통고서에는 다음의 사항을 기재하고 처분을 한 자가 이에 서명·날인하여야 한다(관세법 제314조 제2항).

- 처분을 받을 자의 성명, 나이, 성별, 직업 및 주소
- 벌금에 상당한 금액, 몰수에 해당하는 물품 또는 추징금에 상당한 금액
- 범죄사실
- 적용 법조문
- 이행 장소
- 통고처분 연월일

통고처분의 고지는 통고서를 송달하는 방법으로 하여야 한다(관세법 제315조).

(5) 통고처분 및 통고이행의 효과

환급특례법인이 통고의 요지를 이행하였을 때에는 동일사건에 대하여

43) 김동희(2011) 앞의 책 495쪽.
44) 통칙 311-0-2.

다시 처벌을 받지 아니한다(관세법 제317조). 통고가 있는 때에는 공소의 시효는 정지된다(관세법 제311조 제3항).

(6) 통고처분 제도 개선 필요사항

통고처분과 관련하여 환급특례법을 보호할 수 있는 절차를 규정하는 것이 필요할 것으로 보인다. 예를 들어 통고처분을 할 때 절차를 설명하고 정식재판을 받을 수 있다는 사실을 설명하도록 하는 규정을 신설하는 것이 필요하다. 즉결심판에 관한 절차법에는 사전에 피고인에게 즉결심판의 절차를 이해하는 데 필요한 사항을 서면 또는 구두로 알려주어야 하며, '즉결심판으로 유죄를 선고할 때에는 형, 범죄사실과 적용 법조를 명시하고 피고인은 7일 이내에 정식재판을 청구할 수 있다는 것을 고지'하도록 규정하고 있다.[45] 조세나 출입국 관련 여러 법률에서 통고처분에 관한 사항을 규정하고 있으므로 당사자들의 인권을 보호하고 원활한 통고처분과 집행, 권리구제를 위하여 통고처분에 관한 일반법을 제정하는 것도 검토해야 할 것으로 보인다.

2. 고발

(1) 의의

관세청장 또는 세관장이 관세법의 규정에 따라 관세범죄사실을 검사에게 고지하여 일반 형사소송법 절차에 따라 수사와 소추를 구하는 의사표시를 말한다.

(2) 즉시고발

관세청장이나 세관장은 범죄의 정상이 징역형에 처하여질 것으로 인정되는 때에는 즉시 고발하여야 한다(관세법 제312조). 통고처분은 벌금에 상당하는 금액, 몰수에 해당하는 물품, 추징금에 해당하는 금액을 납부할 것을 통보하는 것이므로 징역형에 처해질 것으로 인정되는 때에는 통고처

45) 즉결심판에 관한 절차법 제3조 3항과 제11조 제1항.

분을 하지 않고 고발을 해야 한다. 그러나 징역형을 처할지 벌금을 부과할지는 판사가 판단할 수 있다. 징역형이 처해질 것으로 인정되어 고발을 했는데 벌금형이 부과된 경우 당사자는 재판과정에서 많은 시간이 소요되고 소송비용이 들어가며 결국 전과자가 된다. 그러나 통고처분에 처해진 경우 전과가 남지 않고 많은 비용을 절약할 수 있다. 세관공무원이 통고처분 또는 고발을 하느냐 따라 환급특례범이 받는 결과가 전혀 달라진다.

(3) 통고불이행 고발

환급특례범인이 통고서의 송달을 받았을 때에는 그 날부터 10일 이내에 이를 이행하여야 하며, 이 기간 내에 이행하지 아니하였을 때에는 관세청장이나 세관장은 즉시 고발하여야 한다. 다만, 10일이 지난 후 고발이 되기 전에 환급특례범인이 통고처분을 이행한 경우에는 그러하지 아니하다(관세법 제316조)

(4) 무자력고발

관세청장이나 세관장은 환급특례범인이 통고를 이행할 수 있는 자금능력이 없다고 인정되는 경우나 환급특례범인의 주소 및 거소가 분명하지 아니하거나 그 밖의 사유로 통고를 하기 곤란하다고 인정되는 경우에는 통고처분을 하지 않고 즉시 고발하여야 한다(관세법 제318조).

판례 관세청장이나 세관장은 관세범에 대하여 통고처분을 할 수 있고, 범죄의 정상이 징역형에 처하여질 것으로 인정되는 때에는 즉시 고발하여야 하며, 관세범인이 통고를 이행할 수 있는 자금능력이 없다고 인정되거나 주소 및 거소의 불명 기타의 사유로 인하여 통고를 하기 곤란하다고 인정되는 때에도 즉시 고발하여야 하는바, 이들 규정을 종합하여 보면, 통고처분을 할 것인지의 여부는 관세청장 또는 세관장의 재량에 맡겨져 있다고 할 것이고, 따라서 관세청장 또는 세관장이 관세범에 대하여 통고처분을 하지 아니한 채 고발하였다는 것만으로는 그 고발 및 이에 기한 공소의 제기가 부적법하게 되는 것은 아니라고 할 것이다.【대법원 2007.5.11. 선고 2006도1993 선고 판결】

(5) 압수물품의 인계

관세청장 또는 세관장은 환급특례범을 고발하는 경우 압수물품이 있는 때에는 압수물품조서를 첨부하여 인계하여야 한다(관세법 시행령 제272조 제1항). 관세청장 또는 세관장은 압수물품이 편의에 따라 소지자나 시 · 군 · 읍 · 면사무소에 보관시킨 것인 때에는 당해 보관자에게 인계의 요지를 통지하여야 한다(관세법 시행령 제272조 제1항).

3. 행정형벌

(1) 부정환급

거짓이나 그 밖의 부정한 방법으로 관세 등을 환급받은 자는 3년 이하의 징역 또는 환급받은 세액의 5배 이하에 상응하는 벌금에 처한다(법 제23조 제1항). 관세법 제270조 제5항에서는 부정환급과 관련하여 환급특례법과 동일한 벌칙을 규정하고 있다.[46)]

1) 가중 처벌

특정범죄가중처벌법 제6조 제4항에서는 관세를 부정한 방법으로 관세를 환급받은 경우 가중처벌하도록 하고 있다. 관세법과 환급특례법에서는 3년 이하의 징역에 처하도록 하고 있는데 특정범죄가중처벌법에서는 금액에 따라 3년 또는 5년 이상의 징역에 처하도록 하고 있다. 문제는 환급특례법에서는 관세법을 위반한 사항에 대해서만 가중처벌할 수 있도록 하고 환급특례법을 위반한 것에 대하여는 규정을 하고 있지 않다. 결국 관세를 부정하게 환급받은 경우 환급특례법에 의하여 처벌을 받게 되면 특가법의 적용을 받지 않고, 관세법에 의하여 처벌을 받으면 특가법에서 규정한 처벌을 받게 된다.

---

46) 관세법 제270조(관세포탈죄 등) ⑤ 부정한 방법으로 관세를 환급받은 자는 3년 이하의 징역 또는 환급받은 세액의 5배 이하에 상당하는 벌금에 처한다. 이 경우 세관장은 부정한 방법으로 환급받은 세액을 즉시 징수한다.

특정범죄가중처벌등에관한법률47)

제6조 (관세법위반행위의 가중처벌)④관세법 제270조제1항제1호 · 제4항 또는 동조 제5항에 규정된 죄를 범한 자는 다음의 구분에 따라 가중처벌한다.
1. 포탈 · 감면 · 면탈 또는 환급받은 세액이 1억 원 이상인 때에는 무기 또는 5년 이상의 징역에 처한다.
2. 포탈 · 감면 · 면탈 또는 환급받은 세액이 2천만 원 이상 1억 원 미만인 때에는 3년 이상의 유기징역에 처한다.

환급특례법은 관세법에 대하여 특별법이 되므로 관세법 제270조 제5항이 실효되었는지가 문제가 된다. 판례는 이러한 법의 공백 내지 모순에 대하여 관세법이 실효되지 않았고 관세법 규정을 적용하여 특가법을 적용할 수 있다고 판시하였다.

판례 환급특례법은 수출용 원재료를 수입한 경우 능률적인 수출지원 등을 위하여 수입업자가 납부한 관세, 임시수입부가세, 특별소비세, 주세, 교통세, 농어촌특별세 및 교육세(이하 '관세 등'이라고 한다)의 환급을 위한 근거와 그 요건 및 절차를 규정한 것에 불과하므로, 환급특례법 제23조에 위와 같은 수출용 원재료에 관한 관세 등을 부정한 방법으로 환급받은 행위를 처벌하는 규정이 신설되었다고 하여 관세법 제270조 제5항이 당연히 실효되었다고는 할 수 없고, 따라서 관세법 제270조 제5항에 규정된 죄를 범한 자에 대하여 그 환급세액에 따라 가중 처벌하는 특가법 제6조 제4항의 규정의 적용이 배제되는 것이라고 볼 수 없다. [대법원 2003.12.26. 선고, 2002도4550, 판결]

입법론적으로 특가법을 개정하여 환급특례법을 포함시키든지 환급특례법 제23조 제1항의 벌칙을 관세법 제270조 제5항을 준용하도록 하는 것이 바람직할 것으로 보인다.

2) 다수의 부정환급 가중 처벌 여부

앞에서도 살펴보았듯이 판례는 간이정액환급절차에 따라 여러 차례 부정환급이 있는 경우 부정환급마다 환급특례법에 대한 법익 침해가 있으므로 일정기간 동안 행해진 여러 부정환급행위를 합하여 특정범죄가중처벌법으로 처벌할 수 없다는 입장이다. 따라서 각각의 법익침해 행위가 특가법상의 처벌 기준인 2천만 원 미만이면 특가법에 의하여 처

47) 법률 제6664호, 2002. 3.25, 일부개정

벌을 할 수 없고 환급특례법에 의해서만 처벌할 수 있다.

판례

일정기간 동안 수차례의 관세부정환급행위가 있은 경우에도 범죄행위자는 새로운 시기와 수단, 방법을 택하여 다시 관세부정환급행위를 하는 것이어서 그 때마다 범의가 갱신된다고 보아야 할 것이므로, 달리 특별한 사정이 없는 한 서로 다른 기회에 행하여진 관세부정환급행위를 계속되고 단일한 범의에 의하여 저질러진 것이라고 평가할 수는 없다고 할 것이어서, 서로 다른 시기에 수회에 걸쳐 이루어진 수출용 원재료에대한관세등환급에관한특례법시행령 제16조 에서 정한 간이정액환급절차에 의한 관세부정환급행위는 그 행위의 태양, 수법, 품목 등이 동일하다 하더라도 원칙적으로 별도로 각각 1개의 관세부정환급죄를 구성한다.(중략)
원심은 1998. 5. 28.부터 같은 해 12. 31.까지 94회에 걸쳐서 이루어진 피고인의 관세부정환급행위를 포괄하여 1죄로 보고, 이를 구 특정범죄가중처벌등에관한법률(1999. 12. 28. 법률 제6040호로 개정되기 전의 것) 제6조 제4항 제2호로 의율하고 있음을 알 수 있다. 그러나 앞서 본 법리와 기록에 의하면, 피고인이 범한 위 각 관세부정환급행위는 수출용 원재료에 대한 관세등 환급에 관한 특례법 시행령 제16조에서 정한 간이정액환급절차에 의한 것으로 특별한 사정이 없는 한 위 각 관세부정환급행위는 각각 별도의 관세부정환급죄를 구성한다고 할 것이고, 위 각 관세부정환급행위마다 환급받은 관세액이 20,000,000원에 미달하여 위 각 관세부정환급행위를 구 특정범죄가중처벌등에관한법률(1999. 12. 28. 법률 제6040호로 개정되기 전의 것) 제6조 제4항 제2호 로 의율할 수는 없다고 할 것이다. 【대법원 2002. 7. 23. 선고 2000도1094 선고 판결】

3) 부정환급 처벌제도 개선

환급특례법의 부정환급범은 행정단속적 성격이 강하고 서면심사에 의한 환급절차가 이루어지는 현실을 감안할 때 징역형을 규정하는 것이 적합하지 않다는 견해도 있다.[48] 그러나 징역형을 벌금형으로 대체하면 부정환급을 받는 액수가 증가할 가능성이 있어 신중한 접근이 필요할 것으로 보인다.

그리고 거짓으로 환급받은 세액의 5배 이하에 상응하는 벌금에 처하도록 한 배수벌금형이 책임주의 원칙과 과잉금지의 원칙에 위배되는 전근대적인 형벌제도라는 비판이 있다.[49] 이러한 처벌규정이 법 집행자로 하여금 법적용을 기피하게 하여 법의 실효성을 떨어지게 하므로

48) 이정길, 『부정관세환급범 처벌의 한계』2002 동아대하교 석사학위 논문 40쪽.
49) 이천현, "배수벌금형제도", 형사정책연구소식 통권 제66호, 2001년, 29-30쪽. 이정길 위의 논문 42쪽 재인용.

행정형벌 또는 행정질서벌화할 필요가 있다. 위반의 정도가 큰 범죄는 징역형으로 하고 불법성이 경미한 부당환급의 경우에는 과징금제도를 도입하는 것도 고려해야 할 것으로 보인다.

미국의 경우 과실로 많은 환급을 받은 경우 미국 정부가 손해 본 금액의 중과실은 4배 과실은 2배의 벌금을 과하도록 하고 있다.[50] 한국은 부당환급 받은 금액 전체의 5배까지 벌금을 과할 수 있으므로 미국보다 많은 벌금이다. 한국의 부정환급에 대한 벌금을 미국식으로 고치면 부정환급으로 한국 정부가 손해를 본 금액의 5배의 벌금을 과하도록 하는 것이다. 부정환급 금액 가운데는 정당하게 받은 금액도 있고 그렇지 않은 금액도 있을 것이다. 현재의 벌금제도는 정당하게 환급을 받을 수 있는 금액도 배수벌금액에 포함될 수 있다는 문제점이 있다.

한국은 미국과는 달리 과실로 인한 환급은 처벌하고 않고 있다. 미국은 과실을 처벌하는 대신에 사무적인 실수(clerical errors)와 전산으로 인한 오류는 처벌하지 않도록 규정하고 있다.[51]

(2) 부정 소요량계산서 작성 등

다음 어느 하나에 해당하는 자는 3년 이하의 징역 또는 2천만원 이하의 벌금에 처한다(법 23조 제1항).

- 소요량계산서를 거짓으로 작성한 자
- 거짓이나 그 밖의 부정한 방법으로 세관장 또는 관세사로부터 기초원재료납세증명서를 발급받은 자
- 기초원재료납세증명서를 발급하는 자로서 기초원재료납세증명서를 거짓으로 발급한 자

(3) 서류보관의무 위반

정당한 사유 없이 관세환급 등에 관한 서류의 보관의무를 위반한 자는 2천만 원 이하의 벌금에 처한다(법 제23조 제3항).

---

50) 19 USC 1592.
51) 19 USC 1592(a)(2).

관세법 제12조에서 규정한 신고서류를 대통령령에서 정한 기간 동안 보관하지 않은 자는 2천만 원 이하의 벌금에 처하도록 하고 있다.[52] 그러나 관세법에서는 유통이력을 1년 동안 보관하지 아니한 자는 5백만 원 이하의 과태료에 처하도록 규정하고 있다.[53] 일반적으로 서류보관의무를 위반한 경우 행정질서벌인 과태료를 과한다.

(4) 서류 미제출

관세청장이나 세관장은 환급금의 정확 여부를 심사하는 데 필요하다고 인정하는 경우에는 환급받은 자, 수출용 원재료 수입자, 내국신용장 등에 의한 수출용 원재료의 공급자, 그 밖에 이와 관련된 자에게 서류나 그 밖의 관계 자료의 제출을 요구할 수 있다(법 제20조 제3항). 정당한 사유없이 관세청장 또는 세관장이 요청한 서류 기타 관계 자료를 제출하지 아니한 자는 1천만원 이하의 벌금에 처한다(법 제23조 제4항).[54]

관세법에서도 같은 규정이 있다. 관세법 제236조는 관세청장이나 세관장은 관세법(「수출용 원재료에 대한 관세 등 환급에 관한 특례법」을 포함한다) 또는 관세법에 따른 명령을 집행하기 위하여 필요하다고 인정될 때에는 물품·운송수단 또는 장치 장소에 관한 서류의 제출·보고 또는 그 밖에 필요한 사항을 명하거나, 세관공무원으로 하여금 수출입자·판매자 또는 그 밖의 관계자에 대하여 관계 자료를 조사하게 할 수 있다. 서류를 제출하지 않은 자는 1천만원 이하의 벌금에 처하도록 하고 있다.[55]

먼저 관세법 제236조는 환급특례법을 집행하기 위하여 필요한 경우 서류를 제출하도록 하고 있다. 그러나 환급특례법 제20조 3항에 서류제출에 관한 규정이 있다. 따라서 관세법에 환급특례법을 포함할 이유가 없다. 서류제출의무도 벌금형을 과할만큼 중한 위반사항은 아니다. 따라서 행정질서벌인 과태료를 부과해도 될 것으로 보인다.

---

52) 관세법 제276조 제2항 제2호.
53) 관세법 제277조 제2항 제2호.
54) 일반적으로 서류제출위반은 과태료를 부과한다. 관세법 제277조 참조. 환급특례법에서는 과태료에 관한 규정이 없다. 그리고 서류제출 위반에 대하여 1천만원의 벌금을 부과하도록 한 것도 과도한 측면이 있다. 최근 행정형벌의 행정질서벌화 경향을 고려할 때 과태료로 전환하는 것을 검토해야 할 것으로 보인다.
55) 관세법 제276조 제3항 제6호.

(5) 관세 징수

세관장은 부정환급을 받았거나 허위로 소요량계산서 · 기초원재료납세증명서를 발급받은 경우 환급받은 관세 등을 즉시 징수한다(법 제23조 제5항).

4. 처벌제도 개선방안

환급특례법에서는 관세법상의 조사와 처분에 대한 준용은 했지만 법을 운용하면서 필요할 것으로 예상되는 관세법의 처벌에 관한 준용 규정이 없다. 전자문서 등 관련 정보에 관한 보안(관세법 제327조의 4), 징역과 벌금의 병과(관세법 제275조), 양벌규정(관세법 제279조) 등은 환급특례법을 집행하면서 필요한 규정들이다. 따라서 관세법 처벌규정 또는 관세법 전체를 준용하도록 하는 것이 필요하다.

제6장 한국과 다른 나라의 관세환급제도

제1절 한국 관세법상의 관세환급[56)]

1. 과오납금의 환급

(1) 의의

과오납금의 환급은 착오로 납부하여야 할 세액보다 과다한 세액을 납부한 경우에 이를 납세자에게 되돌려 주는 제도이다. 이 제도는 공법상 부당이득반환이라는 취지에서 발전하여 납세자는 과오납금의 반환청구권을 가지며 국가가 이를 발견한 경우에는 납세자의 청구가 없는 경우에도 반환토록 하고 있다.

(2) 과오납금 환급범위

세관장은 납세의무자가 관세 · 가산금 · 가산세 또는 체납처분비의 과오납금의 환급을 청구할 때에는 지체 없이 환급하여야 하며, 세관장이 확인한 과오납금은 납세의무자가 환급을 청구하지 아니하더라도 환급하여야 한다(법 제46조 제1항).

56) 이하 박민규, 『최신 관세법』, 우용출판사 2011년 428쪽 참조.

1) 환급신청

과오납한 관세 · 가산금 · 가산세 또는 체납처분비의 환급을 받으려는 자는 해당 물품의 품명 · 규격 · 수량 · 수입신고수리연월일 · 신고번호 및 환급사유와 환급받으려는 금액을 기재한 신청서를 세관장에게 제출하여야 한다.

2) 과오납의 통지

세관장은 과오납의 사실을 안 때에는 권리자에게 그 금액과 이유 등을 통지하여야 한다. 세관장은 과오납금결정부와 그 보조부를 비치하고, 이에 필요한 사항을 기록하여야 한다. 세관장은 매월 과오납금결정액보고서를 작성하여 기획재정부장관에게 제출하여야 한다. 세관장은 과오납금결정액계산서와 그 증빙서류를 감사원장이 정하는 바에 따라 감사원에 제출하여야 한다.

3) 과오납금의 충당

세관장은 제1항에 따라 과오납금을 환급하는 경우에 환급받을 자가 세관에 납부하여야 하는 관세와 그 밖의 세금, 가산금, 가산세 또는 체납처분비가 있을 때에는 환급하여야 하는 금액에서 이를 충당할 수 있다(법 제46조 제2항). 세관장은 과오납금을 충당한 때에는 그 사실을 권리자에게 통보하여야 한다. 다만, 권리자의 신청에 의하여 충당한 경우에는 그 통지를 생략한다.

4) 과오납금의 양도

납세의무자의 과오납금에 관한 권리는 제3자에게 양도할 수 있다(법 제46조 제3항). 과오납금에 관한 권리를 제3자에게 양도하려는 자는 ① 양도인의 주소와 성명, ② 양수인의 주소와 성명, ③ 과오납사유, ④ 과오납금액을 기재한 문서에 인감증명을 첨부하여 세관장에게 제출하여야 한다.

(3) 환급 절차

과오납금의 환급은 「국가재정법」에도 불구하고 「한국은행법」에 따른 한국은행의 해당 세관장의 소관 세입금에서 지급한다(법 제46조 제4항). 세관장은 과오납금을 결정한 때에는 즉시 환급금 해당액을 환급받을 자에게 지급할 것을 내용으로 하는 지급지시서를 한국은행(국고대리점을 포함한다)에 송부하고, 그 환급받을 자에게 환급내용 및 방법 등을 기재한 환급통지서를 송부하여야 한다. 한국은행은 세관장으로부터 지급지시서를 송부받은 때에는 즉시 세관장의 해당 연도 소관세입금 중에서 환급에 필요한 금액을 세관장의 환급금지급계정에 이체하고 그 내용을 세관장에게 통지하여야 한다. 한국은행은 환급통지서를 제시받은 때에는 이를 세관장으로부터 송부받은 지급지시서와 대조 · 확인한 후 환급금을 지급하고 지급내용을 세관장에게 통지하여야 한다. 한국은행은 환급금을 지급하는 때에는 환급받을 자로 하여금 주민등록증 그 밖의 신분증을 제시하도록 하여 그가 정당한 권리자인지를 확인하여야 한다.

과오납한 관세 · 가산금 또는 체납처분비의 환급을 받으려는 자는 신청을 하는 때에 다른 지역의 한국은행으로 지급받을 환급금을 송금할 것을 신청하거나, 금융기관에 계좌를 개설하고 세관장에게 계좌개설신고를 한 후 그 계좌에 이체 입금하여 줄 것을 신청할 수 있다. 신청을 받은 세관장은 그 내용을 기재한 지급지시서를 한국은행에 송부하여야 한다. 이 경우 국고금송금요구서 또는 국고금 입금의뢰서를 첨부하여야 한다. 한국은행은 세관장으로부터 지급지시서를 송부받은 때에는 즉시 그 금액을 해당 은행에 송금하거나 지정 금융기관의 계좌에 이체입금하고 그 내용을 세관장에게 통지하여야 한다. 환급금을 송금받은 다른 지역의 한국은행은 해당 환급금을 지급한다.

(4) 미지급자금의 정리

한국은행은 세관장이 환급금지급계정에 이체된 금액으로부터 해당 회계연도의 환급통지서 발행금액 중 다음 회계연도 1월 15일까지 지급하지 못한 환급금을 세관환급금지급미필이월계정에 이월하여 정리하여야 한다. 세관환급금지급미필이월계정에 이월한 금액 중 환급통지서발행일부터 1년 내에 지급하지 못한 금액은 그 기간이 만료한 날이 속하는 회계연도의 세입에 편입하여야 한다. 과오납금을 환급받을 자가 환급통지서발행일부터 1년 내에 환급금을 지급받지 못한 때에는 세관장에게 다시 환급절차를 밟을 것을 요구할 수 있으며, 세관장은 이를 조사·확인하여 그 지급에 필요한 조치를 하여야 한다.

(5) 과다환급관세의 징수

세관장은 관세·가산금·가산세 또는 체납처분비의 과오납금의 환급에 있어서 그 환급액이 과다한 것을 알게 되었을 때에는 해당 관세·가산금·가산세 또는 체납처분비를 환급받은 자로부터 과다지급된 금액을 징수하여야 한다(법 제47조 제1항). 세관장은 제1항에 따라 관세·가산금·가산세 또는 체납처분비의 과다환급액을 징수할 때에는 과다환급을 한 날의 다음 날부터 징수결정을 하는 날까지의 기간에 대하여 「은행법」에 의한 은행업의 인가를 받은 금융기관으로서 서울특별시에 본점을 둔 금융기관의 1년 만기 정기예금 이자율의 평균을 고려하여 관세청장이 정하여 고시하는 이자율에 따라 계산한 금액을 과다환급액에 더하여야 한다(법 제47조 제2항).

(6) 환급가산금

세관장은 관세·가산금·가산세 또는 체납처분비의 과오납금을 환급하거나 충당할 때에는 과오납부한 날(2회 이상 분할납부된 것인 경우에는 그 최종 납부일로 하되, 환급금이 최종 납부된 금액을 초과할 때에는 그 금액이 될 때까지 납부일의 순서로 소급하여 계산한 환급금의 각 납부일을 말한다)의 다음 날부터 환급결정 또는 충당결정을 하는 날까지의 기간과 가산금의 이율은 「은행법」에 의한 은행업의 인가를 받은 은행으로서 서울특별시에 본점을 둔 은행의 1년 만기 정기예금 이자율의 평균을 고려하여 관세청장이 정하여 고시하는 이자율에 따라 계산한 금액을 환급금에 더하여야 한다. 다만, 국가나 지방자치단체가 직접 수입하는 물품 등 가산금 관련 규정의 적용받지 아니하는 물품에 대하여는 그러하지 아니하다(법 제48조).

(7) 관세환급절차 준용

과오납환급과 과다환급관세 징수에 관한 규정은 관세의 환급에 관하여 이를 준용한다.

2. 계약 내용과 다른 물품과 폐기 물품에 대한 관세환급

(1) 의의

수입된 물품이 계약 내용과 달라 다시 수출하거나 부득이한 사유로 폐기하는 경우에 기 납부한 관세를 환급하는 것으로 우리나라의 제조업과 수출을 활성화시키기 위한 제도이다.

(2) 계약내용과 다른 물품

1) 수출

수입신고가 수리된 물품이 계약 내용과 다르고 수입신고 당시의 성질이나 형태가 변경되지 아니한 경우 해당 물품이 수입신고 수리일부터 1년 이내에 해당 물품이 외국으로부터 반입된 물품인 경우에는 보세구역(세관장의 보세구역외 장치 허가를 받은 때에는 그 허가받은 장소를 포함한다)에 반입하여 다시 수출한 때[57] 또는 해당 물품이 보세공장에서 생산된 경우에 보세공장에 다시 반입한 때에 그 관세를 환급한다.

2) 일부수출에 대한 일부 환급

수입물품으로서 세관장이 환급세액의 산출에 지장이 없다고 인정하여 승인을 한 경우 그 수입물품의 일부를 수출한 때에도 그 관세를 환급할 수 있다.

57) 통칙 106-0-1(계약내용과 상이한 물품의 수출시기) 법 제106조 제1항에서 “수입신고 수리일 1년 내에 보세구역에 반입하여 수출한 때”라 함은 1년 내에 해당 물품을 보세구역에 반입하면 되는 것을 의미하는 것이므로 수출은 수입신고수리일로부터 1년이 경과한 후에도 가능하다.

3) 절차

수입신고가 수리된 물품이 계약 내용과 다르고 수입신고 당시의 성질 또는 형태가 변경되지 아니한 경우 해당 물품을 수출하거나 보세공장에 반입하려는 자는 수출신고서 또는 보세공장물품반입신고서에 해당 물품의 품명 · 규격 · 수량 · 가격과 수출 또는 반입 사유를 적은 사유서, 해당 물품 수입에 관한 계약내용의 증빙서류와 수입신고필증 또는 이에 대신하는 세관의 증빙서류를 첨부하여 세관장에게 제출하여야 한다.

물품을 수출하거나 보세공장에 반입하고 관세의 환급을 받으려는 자는 해당 물품의 품명 · 규격 · 수량 · 수입신고수리 연월일 · 수입신고번호와 환급받으려는 관세액을 기재한 신청서에 수출신고필증 · 보세공장 반입승인서 또는 이에 대신하는 세관의 증명서를 첨부하여 세관장에게 제출하여야 한다. 환급하는 관세액은 그 물품에 대하여 이미 납부한 관세의 전액으로 하며, 그 물품의 일부를 수출하거나 보세공장에 반입한 경우에는 그 일부물품에 해당하는 관세액으로 한다.

3. 폐기물품에 대한 관세환급

수입물품의 수출에 갈음하여 이를 폐기하는 것이 부득이하다고 인정하여 그 물품을 수입신고수리일부터 1년 내에 보세구역에 반입하여 미리 세관장의 승인을 얻어 폐기한 때에는 그 관세를 환급한다.

물품의 폐기의 승인을 얻고자 하는 자는 ① 해당 물품의 품명 · 규격 · 수량 · 수입신고수리 연월일 · 수입신고번호 및 장치장소, ② 폐기방법 · 폐기예정연월일 및 폐기예정 장소, ③ 폐기사유를 기재한 신청서에 해당 물품의 수입신고필증 또는 이에 갈음하는 세관의 증명서와 해당 물품의 폐기가 부득이한 것을 증빙하는 서류를 첨부하여 세관장에게 제출하여야 한다.

승인을 얻어 폐기한 물품에 대하여 관세를 환급받으려는 자는 해당 물품의 품명 · 규격 · 수량 · 수입신고수리 연월일 · 수입신고번호 및 장치장소, 폐기연월일, 그 폐기에 의하여 생긴 잔존물의 품명 · 규격 및 수량을 기재한 신청서에 폐기승인서를 첨부하여 세관장에게 제출하여야 한다. 환급하는 관세액은 그 물품에 대하여 이미 납부한 그 관세액으로 한다. 다만, 폐기에 의하여 생긴 잔존물에 대하여는 그 폐기한 때의 해당 잔존물의 성질 · 수량 및 가격에 의하여 부과될 관세액을 공제한 금액으로 한다.

4. 지정보세구역 장치중 멸실 · 변질 · 손상물품에 대한 환급

수입신고가 수리된 물품이 그 수리 후 계속 지정보세구역에 장치되어 있는 중에 으로 인하여 멸실되거나 변질 또는 손상으로 인하여 그 가치가 감소된 때에는 그 관세의 전부 또는 일부를 환급할 수 있다.

관세를 환급받으려는 자는 해당 물품의 품명 · 규격 · 수량 · 수입신고수리연월일 · 수입신고번호 및 장치장소, 피해상황 및 그 밖의 참고사항, 환급받으려는 관세액과 그 산출기초를 기재한 신청서에 해당 물품의 수입신고필증 또는 이에 갈음할 세관의 증명서를 첨부하여 세관장에게 제출하여야 한다.

환급하는 관세액은 멸실된 물품은 이미 납부한 관세의 전액이며 변질 또는 손상된 물품은 변질 · 손상 등의 관세경감액(영 제118조) 산출방법으로 산출한 금액으로 한다.

5. 수출용원자재 등의 감면세 및 환급

다음에 해당하는 물품은 수입신고수리일부터 1년 내에 수출 또는 판매를 하거나 공사에 사용할 것을 조건으로 관세를 면제할 수 있다(관세법 제104조 제1항).

- 수출물품을 제조 · 가공하기 위한 원재료
- 국내에서 외화로 판매하는 물품이나 이를 제조 · 가공하기 위한 원재료
- 외화를 받는 공사에 사용하는 물품

관세법 제104조 제1항 단서에서는 대통령령으로 정하는 물품은 그 관세를 환급하거나 경감할 수 있도록 규정하고 있지만, 관세를 환급하거나 경감하도록 규정하는 대통령령은 없고 환급 특례법에서 환급에 대하여 규정하고 있다.

수입할 때 관세를 납부한 물품을 수출용 원재료, 외화획득 활동, 외화를

받는 공사 등에 사용한 경우(보세작업을 거쳐 외국으로 반출한 경우를 포함한다)에는 이미 납부한 관세액의 범위에서 대통령령으로 정하는 바에 따라 관세를 환급한다.

관세를 감면받은 물품은 그 수입신고 수리일부터 1년 내에 그 수출 또는 판매를 하거나 해당 물품을 사용한 공사를 완공하여야 한다. 다만, 수출업자 · 판매업자 또는 공사자의 귀책사유에 의하지 아니하고 1년 내에 수출 또는 판매를 할 수 없게 되거나 공사를 완공하지 못하게 되는 때에는 대통령령이 정하는 바에 의하여 그 기간을 연장할 수 있으며, 제조 · 가공 또는 공사에 오랜 기간이 걸릴 때에는 그 기간을 따로 대통령령으로 정할 수 있다.

관세의 감면을 받은 물품이나 이를 사용하여 제조 · 가공한 물품은 그 수입신고수리일부터 기간 내에 용도외의 다른 용도에 사용하거나 양도할 수 없다. 관세를 감면받은 물품이나 이를 사용하여 제조 · 가공한 물품을 그 수입신고수리일부터 기간 내에 해당 용도에 사용하지 아니하거나 해당 용도외의 다른 용도에 사용하려는 자에게 양도한 때에는 감면된 관세를 즉시 징수한다. 다만, 나 그 밖의 부득이한 사유로 멸실되었거나 미리 세관장의 승인을 얻어 폐기한 때에는 그러하지 아니하다.

관세법 제104조 규정은 국내에서 외화로 판매하는 물품이나 이를 제조 · 가공하기 위한 원재료와 외화를 받는 공사에 사용하는 물품에 대한 관세의 면제와 환급에 대하여 적용된다. 관세법 제104조의 수출용 원자재 환급은 무역량의 증가에 따라 관리절차 복잡 많은 인력의 필요 때문에 1975. 7. 1 관세환급 제도로 전환하여 「수출용 원재료에 대한 관세 등 환급에 관한 특례법」 규정을 적용함에 따라 실제 시행되지 않고 있다. 입법론적으로는 관세법 제104조에서 수출용 원재료와 국내에서 외화로 판매하는 물품 등에 대한 면세와 환급에 관한 하위 규정이 마련되어 있지 않아 수출용 원재료에 대한 관세 면제 규정과 외화 획득을 돕기 위한 관세 면제 및 환급에 관한 규정을 분리하는 것이 바람직할 것으로 보인다.

제2절 다른 나라의 관세환급제도

1. 미국

미국은 성문으로 환급(drawback)에 관한 규정이 있다.[58] 미국은 한국의 관세법처럼 감세나 면세를 규정하고 있지 않고 환급법에서 규정하고 있다. 미국의 경우 1789년 최초의 관세법부터 현재까지 환급제도를 운영하고 있다.[59] 초기의 환급법은 수입자가 관세 납부 후 1년 내에 신청을 하면 증류주를 제외한 제품에 부과된 관세의 99%를 환급해주었다. 1930년 현재의 관세법이 시행되기 전까지 미국 관세환급 대상 제품은 고기와 생선을 처리하는데 사용한 소금, 선박을 건조하는 데 사용되는 제품, 외국에서 제조된 항공기를 미국에서 수리하는데 사용되는 부속품,[60] 포장재료[61] 등 다양해졌다.

관세의 환급에 대하여는 19 USC 1313에서 규정하고 있고 미국세관 및 국경보호청(CBP)에서 부과한 소비세(excise tax)에 대하여는 26 USC 5062에서 규정하고 있다. 환급을 위한 구체적인 사항은 시행령인 19 CFR Part 191에서 규정하고 있다.

환급제도는 미국의 무역과 제조업을 진흥시키기 위함이다. 미국은 여러 형태의 환급제도를 가지고 있다. 미국의 경우 수입물품을 사용하여 제조한 물품을 수출하였거나 멸실했을 때 비용에 충당하기 위한 1%를 제외한 관세를 환급할 수 있다.[62] 미국은 수출이나 멸실의 사유가 샘플과의 불일 등으로 반송한 경우에도 환급을 해 주고, 수출이나 멸실 된 포장재료도 환급을 받을 수 있다.[63]

미국의 환급 종류는 제조업 환급(manufacturing drawback), 미사용 제품 환급(unused merchandise) 그리고 거절 물품 환급(rejected merchandise

58) 19 USC § .1313-81u, 19 CFR § 191.0-191.195(2007).
59) US Customs and Border protection, What every member of the trade community should know about : Drawback, 2004, p 7.
60) 19 USC 1313(h).
61) 19 USC 1313(q).
62) 19 USC § 1313
63) 19 USC § 1313(q))

drawback)이 있다. 제조업 환급이 한국의 환급특례법에서 규정하고 있는 수출용 원재료 관세환급과 유사한 제도이다. 거절물품 환급은 관세법에서 규정하고 있는 계약과 다른 물품 환급과 유사하다.

제조업 관세환급은 수입일로부터 5년 이내에 수출 또는 폐기한(destroyed) 수입제품 관세의 99%를 환급해주는 것이다.[64] 폐기는 세관의 감시아래 이루어진다. 폐기는 상업적 가치가 없도록 완전히 폐기하는 것을 의미한다.[65] 폐기된 물품의 상업적 가치가 남아 있을 경우에는 환급을 할 때 남아 있는 가치를 반영을 한다. 환급을 받은 제품은 미국에서 사용해서는 안 된다.[66]

제조 또는 폐기를 할 때 관세를 지급하고 수입한 물품과 동종과 동질(same kind and quality)의 물품의 대체(substitution)도 허용된다.[67] 이 경우에도 면세 물품을 사용해서는 안 된다. 미국의 경우에도 수입물품을 사용했던지 같은 종류와 품질의 미국산 원료를 사용했는지 여부에 관계없이 수입관세의 99% 이하를 환급할 수 있다. 미국산 원재료를 사용한 경우에도 환급을 해 주는 이유는 수입원재료와 미국산 원재료를 별도로 보관 및 관리하기 위한 비용을 절약할 수 있도록 하기 위해서이다.

거절 또는 계약과 다른 물품의 환급은 수입된 물품이 샘플, 제품 명세와 일치하지 않거나 동의없이 운송, 하자가 있는 것으로 판명된 때 수입된 때로부터 3년 이내에 당해 제품을 세관에 제출하면 환급을 받을 수 있다.[68]

미사용 물품에 대한 환급은 수입일로부터 3년 이내에 미국에서 사용되지 않거나 폐기된 때에 받을 수 있다.[69] 농산물 가운데 할당관세(TRQ) 초과물량(over-quota rate)은 관세를 환급하지 않는다.[70] TRQ 초과물량 농산물 가운데 예외적으로 환급을 받을 수 있는 농산물은 담배이다. 그리고 TRQ 초과 물량 농산물이 미사용 된 경우에도 환급을 받을 수 있다.

석유 추출 제품(petroleum derivatives)이 수입일로부터 180이내에 수출된 경우에도 환급받을 수 있다.[71] 환급 기준은 석유 추출제품이 수입되어

64) 19 USC 1313 (a) and (b).
65) 19 CFR 191.2(g).
66) 19 CFR 191, Subpart B.
67) 19 USC 1313(b).
68) 19 USC 1313(c).
69) 19 USC 1313(j).
70) 19 USC 1313(w).
71) 19 USC 1313(p).

HTSUS 8자리가 같은 동질의 석유추출물을 수출한 경우이다. 원유나 석유추출물을 사용하여 석유 제품을 제조한 경우에도 환급을 받을 수 있다. 첫 번째 환급은 수입 석유제품을 그대로 수출한 경우이고 두 번째 환급은 원유 또는 석유제품을 사용하여 석유 제품을 제조한 경우에 인정되는 것이다.

미국은 신속지급(Accelerated Payment) 제도를 통해 빠른 환급을 받을 수 있다.[72] 세관 신속지급 신청을 심사한 결과 누락, 환급법령과의 불일치가 없으면 보증을 통해 신청한 신속지급을 한다. 적절하게 신청이 되면 온라인으로 신청을 했으면 3주안에 지급승인을 하고 직접 신청을 하면 3달 이내에 지급을 한다. 신속 환급 승인을 받으면 1년 동안 유효하다.

수출일로부터 3년 이내에 환급신청(drawback claim)을 해야 한다.[73] 3년의 기간은 세관의 책임이 있을 때에만 연장되며, 불완전한 또는 미비된 신청 역시 기간이 되는 사유가 아니다. 대통령이 선포하는 중요한 재난이 있을 경우 신청기간이 18개월까지 연장된다.[74] 환급 신청자는 환급을 받은 날로부터 3년동안 신청관련 서류를 보관해야 한다.[75]

부정환급과 관련한 처벌은 먼저 사기 또는 허위(fraud)로 환급 신청을 하면 상품 가격을 초과하지 않는 벌금에 처한다.[76] 중대한 과실(gross negligence)인 경우에는 상품가격이하 또는 미국이 손실을 입은 관세 등 세금 손해액 4배에 해당하는 벌금을 부과한다. 과실의 경우에는 상품가격 또는 세금 손해액의 2배에 해당하는 벌금을 부과한다.

2. EU

한-EU FTA 협상에서 관세환급 제도는 많은 논란이 되었다. EU는 한국과는 달리 역내 교역이 60%이상을 차지하여 관세환급의 필요성이 거의 없다. EU는 한국의 관세환급 제도를 받아들일 수 없다는 입장이었고, 한국은 국내법과 관련된 사항으로 법령개정을 할 수 없고, 한국의 경쟁국가인 일본·중국이 관세환급 제도를 가지고 있어 한국이 관세환급 제도를 폐지하

72) 19 CFR 191.92.
73) 19 USC 1313(r)(1).
74) 19 USC 1313(r)(3).
75) 19 USC 1508(c)(3).
76) 19 USC 1592.

면 FTA 체결 효과가 감소된다는 점을 들어 반대했다.[77] 결국 한 · EU FTA 에서는 한국의 관세환급 제도를 유지하기로 하였다. 그러나 협정 발효후 5년후부터 특정요건을 충족한 경우 해당품목에 대한 관세환급을 제한할 수 있는 세이프가드조치를 도입하기로 합의하였다.

3. 기타

미국 이외에도 일본, 중국, 태국 등 많은 나라가 환급제도를 가지고 있다. 일본의 경우 관세율이 낮고, 일본의 제품 생산공장이 동남아 국가에 현지화되어 있어 환급제도가 자주 이용되지 않고 있다. 영국의 경우 수출을 할 때까지 관세의 납부를 유예해주는 보세제도로 인해 관세 등의 환급제도가 사실상 폐지되었다.[78]

77) 박현희, '한-EU FTA 협상에서 관세환급 제도에 대한 논의와 경제적 효과' 「통상정보연구」 제12권 2호, 2010. 6. 227쪽.

78) 인터넷 위키피디아(WIKIPEDA) 사전〈http://en.wikipedia.org/wiki/ Drawback〉 (2011년 10월 4일 검색)

제3절 관세환급 제도의 문제점과 개선방안

(1) 관세환급 절차 복잡

관세환급 제도는 환급을 신청하는 기업과 국가의 관리비용을 유발한다. 국가는 관리비용 절감을 위해 실물관리를 하지 않고 서면 관리제도를 채택하고 있다. 수출일로부터 2년 이내에 환급을 신청할 수 있으므로 국가에서 관련 자료를 보관하고 관리하는 비용이 소요된다. 서면관리제도는 부정환급과 과다 · 과소환급의 문제를 초래한다. 수출업체는 환급을 받기 위해 많은 서류를 준비해야 하고 관세를 납부한 후에 환급을 받을 때까지 금융비용도 부담해야 한다. 그리고 수입신고서와 환급신청서의 많은 기재항목이 중복된다. 이러한 환급제도의 복잡성 때문에 많은 환급대상자가 환급신청을 하지 않고 있는 것으로 알려지고 있다. 국가는 환급신청자의 금융 부담을 덜기 위해 원재료 수입업자가 신청하는 경우 수입시 6월의 범위 내에서 일정기간동안 관세 등의 징수를 유예하였다가 원재료를 사용하여 물품을 생산·수출 후 결정되는 환급금과 상계·정산제도를 도입하고 있다.

일반적으로 대부분의 환급은 환급신청으로부터 환급금 지급까지는 10일정도 소요되는 것으로 나타나고 있다.[79] 미국은 온라인 환급신청의 경우 3주정도 소요되어 한국이 1주정도 더 빨리 환급을 해주고 있다.

(2) 과다 · 과소 환급

관세청장이 환급액을 미리 산출하여 고시한 정액환급율표에 의해 환급하는 정액환급제도는 평균개념에 의한 환급액 산정으로 개별업체 입장에서 과다·과소환급이 필연적이다. 기업은 과소환급을 받을 가능성이 높으면 개별환급을 받을 수 있다. 중소기업을 대상으로 하는 간이 정액 환급제도를 이용하는 중소기업이 많지만 금액면에서는 개별환급이 많다. 이는 개별환급이 유리하다는 것을 말한다. 결국 간이정액환급을 받으면 과소환급을 받을 수 있다는 것이 된다.

79) 박점규, 관세환급 제도의 개선방안에 관한 연구, 창원대학교 박사학위 논문 2008년 98쪽.

(3) 환급제도 폐지

환급제도가 수출기업에 도움이 되는 제도이지만 많은 기업이 아직 환급제도를 이용하지 않고 있다. 환급절차의 복잡성 때문에 정작 도움을 받아야 할 소기업들이 이용을 못하는 경우가 많다. 장기적으로는 주요 수출용 원재료의 세율을 낮추거나 폐지하고 환급도 축소 내지 폐지하는 것이 바람직할 것이다.

부록

세관절차의 간소화 및 조화에 관한 국제협약(개정)
3단비교표 (법률-시행령-시행규칙)

세관절차의 간소화 및 조화에 관한 국제협약(개정)

INTERNATIONAL CONVENTION ON THE SIMPLIFICATION AND HARMONIZATION OF CUSTOMS PROCEDURES(as amended)	세관절차의 간소화 및 조화에 관한 국제협약(개정)
Specific Annex F	특별부속서 F
Chapter 3 Drawback	제 3 장 환 급
Definition	정 의
For the purposes of this Chapter : E1./F1. "drawback" means the amount of import duties and taxes repaid under the drawback procedure;	본 장의 목적상 1. "환급액"이란 환급절차에 따라 환급되는 수입관세 및 제세의 금액을 의미한다.
E2./F3. "drawback procedure" means the Customs procedure which, when goods are exported, provides for a repayment (total or partial) to be made in respect of the import duties and taxes charged on the goods, or on materials contained in them or consumed in their production;	2. "환급절차"란 물품이 수출될 때 당해 물품 또는 당해 물품에 포함되거나 그 생산에 사용된 재료에 부과된 수입관세 및 제세와 관련하여 행하여지는 환불(전액 또는 일부)을 규정하는 세관절차를 의미한다.
E3./F1. "equivalent goods" means domestic or imported goods identical in description, quality and technical characteristics to those under the drawback procedure which they replace.	3. "동등물품"이라 함은 환급절차 하에서 대체되는 물품과 성상, 품질 및 기술적 특성이 동일한 내국 또는 수입물품을 말한다.
Principle 1. Standard The drawback procedure shall be governed by the provisions of this Chapter and, insofar as applicable, by the provisions of the General Annex.	원 칙 1. 표준 환급절차는 본장의 규정, 그리고 적용 가능한 한 일반 부속서의 규정에 의하여 규율된다.
Field of application 2. Standard National legislation shall enumerate the cases in which drawback may be claimed.	적용 범위 2. 표준 국내법령은 환급을 청구할 수 있는 경우를 열거하여야 한다.
3. Recommended Practice National legislation should include provision for the application of the drawback procedure in cases where the goods which have borne import duties and taxes have been replaced by equivalent goods used in the production of exported goods.	3. 권고관행 국내법령은 수입관세 및 제세를 부담한 물품이 수출물품의 생산에 사용된 동등물품으로 대체되었을 경우의 환급절차의 적용에 관한 규정을 포함하여야 한다.
Conditions to be fulfilled 4. Standard The Customs shall not withhold payment of drawback solely because, at the time of importation of the goods for home use, the importer did not state his intention	이행 조건 4. 표준 관세당국은 수입자가 내수용 물품의 수입시에 수출할 때 환급을 청구하겠다는 의사를 표시하지 않았다는 이유만으로 환급액의 지급을 보류하지 아니하여야 한다. 아울러, 그러한 의사를

of claiming drawback at exportation. Similarly, exportation shall not be mandatory when such a statement has been made at importation.	수입시에 표시한 경우에도 수출은 의무가 아니다.
Duration of stay of the goods in the Customs territory 5. Recommended Practice Where a time limit for the exportation of the goods is fixed beyond which they no longer qualify for drawback, this should, upon request, be extended if the reasons are deemed valid by the Customs.	물품의 관세영역 내 체류기간 5. 권고관행 물품의 수출 시한이 정해져 있고, 이를 경과할 경우 환급자격을 상실하게 되는 경우에 동 시한은 관세당국이 타당하다고 인정하는 사유가 있는 요청에 의하여 연장되어야 한다.
6. Recommended Practice Where a time limit is fixed beyond which claims for drawback will not be accepted, provision should be made for its extension for commercial or other reasons deemed valid by the Customs.	6. 권고관행 환급 청구가 수락될 수 있는 시한이 정해져 있는 경우에 관세당국이 타당하다고 인정하는 상업적 또는 기타의 사유로 동 시한을 연장할 수 있는 규정을 두어야 한다.
Payment of drawback 7. Standard Drawback shall be paid as soon as possible after the claim has been verified.	환급액 지급 7. 표준 환급액은 당해 청구가 입증된 후 가능한 한 신속히 지급되어야 한다.
8. Recommended Practice National legislation should provide for the use of electronic funds transfer for the payment of drawback.	8. 권고관행 국내 법령은 환급액의 지불을 위한 전자 자금이체 방법의 사용에 대하여 규정하여야 한다.
9. Recommended Practice Drawback should also be paid on deposit of the goods in a Customs warehouse or introduction of the goods into a free zone, on condition that they are subsequently to be exported.	9. 권고관행 물품이 세관 보세창고에 장치되거나 또는 물품이 자유지대에 반입되면, 동 물품이 추후에 수출되는 것을 조건으로, 환급액이 지급되어야 한다.
10. Recommended Practice The Customs should, if so requested, pay drawback periodically on goods exported during a specified period.	10. 권고관행 관세당국은 특정기간 중에 수출된 물품에 대하여 주기적인 환급액의 지급을 요청받은 경우에 이같이 지급하여야 한다.

3단비교표 (법률-시행령-시행규칙)

「수출용 원재료에 대한 관세 등 환급에 관한 특례법」

수출용 원재료에 대한 관세 등 환급에 관한 특례법 [법률 제10817호, 2011. 7.14, 일부개정]	수출용 원재료에 대한 관세 등 환급에 관한 특례법 시행령 [대통령령 제20720호, 2008.2.29]	수출용 원재료에 대한 관세 등 환급에 관한 특례법 시행규칙 [기획재정부령 제134호, 2010.3.30]
제1조 (목적) 이 법은 수출용 원재료(原材料)에 대한 관세, 임시수입부가세(臨時輸入附加稅), 개별소비세, 주세(酒稅), 교통·에너지·환경세, 농어촌특별세 및 교육세의 환급을 적정하게 함으로써 능률적인 수출 지원과 균형 있는 산업발전에 이바지하기 위하여 「관세법」, 「임시수입부가세법」, 「개별소비세법」, 「주세법」, 「교통·에너지·환경세법」, 「농어촌특별세법」, 「교육세법」, 「국세기본법」 및 「국세징수법」에 대한 특례를 규정함을 목적으로 한다.	제1조 (목적) 이 영은 「수출용 원재료에 대한 관세 등 환급에 관한 특례법」에서 위임된 사항과 그 시행에 관하여 필요한 사항을 규정함을 목적으로 한다. 〈개정 2006.2.9〉	제1조(목적) 이 규칙은 「수출용 원재료에 대한 관세 등 환급에 관한 특례법」과 동법 시행령에서 위임된 사항 및 그 시행에 관하여 필요한 사항을 규정함을 목적으로 한다. 〈개정 2005.9.12〉
제2조 (정의) 이 법에서 사용하는 용어의 뜻은 다음과 같다. 1. "관세등"이란 관세, 임시수입부가세, 개별소비세, 주세, 교통·에너지·환경세, 농어촌특별세 및 교육세를 말한다. 2. "수출등"이란 「관세법」, 「임시수입부가세법」, 「개별소비세법」, 「주세법」, 「교통·에너지·환경세법」, 「농어촌특별세법」 및 「교육세법」(이하 "「관세법」등"이라 한다)의 규정에도 불구하고 제4조 각 호의 어느 하나에 해당하는 것을 말한다. 3. "수출물품"이란 수출등의 용도에 제공되는 물품을 말한다. 4. "소요량"이란 수출물품을 생산(수출물품을 가공·조립·수리·재생 또는 개조하는 것을 포함한다. 이하 같다)하는 데에 드는 원재료의 양으로서 생산과정에서 정상적으로 발생되는 손모량(損耗量)을 포함한 것을 말한다. 5. "환급"이란 제3조에 따른 수출용 원재료를 수입하는 때에 납부하였거나 납부할 관세등을		

「관세법」등의 규정에도 불구하고 이 법에 따라 수출자나 수출물품의 생산자에게 되돌려 주는 것을 말한다. 6. "정산"이란 제5조제2항에 따라 제3조에 따른 수출용 원재료에 대하여 일정 기간별로 일괄납부(一括納付)할 관세등과 제16조제3항에 따라 지급이 보류된 환급금을 상계(相計)하는 것을 말한다.		
제3조 (환급대상 원재료) ① 관세등을 환급받을 수 있는 원재료(이하 "수출용 원재료"라 한다)는 다음 각 호의 어느 하나에 해당하는 것으로 한다. 1. 수출물품을 생산한 경우: 다음 각 목의 어느 하나에 해당하는 것 가. 해당 수출물품에 물리적 또는 화학적으로 결합되는 물품 나. 해당 수출물품을 생산하는 공정에 투입되어 소모되는 물품. 다만, 수출물품 생산용 기계·기구 등의 작동 및 유지를 위한 물품 등 수출물품의 생산에 간접적으로 투입되어 소모되는 물품은 제외한다. 다. 해당 수출물품의 포장용품 2. 수입한 상태 그대로 수출한 경우: 해당 수출물품 ② 국내에서 생산된 원재료와 수입된 원재료가 동일한 질(質)과 특성을 갖고 있어 상호 대체 사용이 가능하여 수출물품의 생산과정에서 이를 구분하지 아니하고 사용되는 경우에는 수출용 원재료가 사용된 것으로 본다.		
제4조 (환급대상 수출등) 수출용 원재료에 대한 관세등을 환급받을 수 있는 수출등은 다음 각 호의 어느 하나에 해당하는 것으로 한다. 1. 「관세법」에 따라 수출신고가 수리(受理)된 수출. 다만, 무상으로 수출하는 것에 대하여는 기획재정부령으로 정하는 수출로 한정한다. 2. 우리나라 안에서 외화를 획득하는 판매 또는 공사 중 기		제2조(환급대상 수출등) ① 「수출용 원재료에 대한 관세 등 환급에 관한 특례법」(이하 "법"이라 한다) 제4조제1호 단서에서 "기획재정부령이 정하는 수출"이란 다음 각 호의 수출을 말한다. 1. 외국에서 개최되는 박람회·전시회·견본시장·영화제 등에 출품하기 위하여 무상으로 반출하는 물품의 수출. 다만, 외국에서 외화를 받고 판매된 경

획재정부령으로 정하는 것 3. 「관세법」에 따른 보세구역 중 기획재정부령으로 정하는 구역 또는 「자유무역지역의 지정 및 운영에 관한 법률」에 따른 자유무역지역의 입주기업체에 대한 공급 4. 그 밖에 수출로 인정되어 기획재정부령으로 정하는 것		우에 한한다. 2. 해외에서 투자·건설·용역·산업설비수출 기타 이에 준하는 사업에 종사하고 있는 우리나라의 국민(법인을 포함한다)에게 무상으로 송부하기 위하여 반출하는 기계·시설자재 및 근로자용 생활필수품 기타 그 사업과 관련하여 사용하는 물품으로서 주무부장관이 지정한 기관의 장이 확인한 물품의 수출 3. 수출된 물품이 계약조건과 서로 달라서 반품된 물품에 대체하기 위한 물품의 수출 4. 해외구매자와의 수출계약을 위하여 무상으로 송부하는 견본용 물품의 수출 5. 외국으로부터 가공임 또는 수리비를 받고 국내에서 가공 또는 수리를 할 목적으로 수입된 원재료로 가공하거나 수리한 물품의 수출 또는 당해 원재료 중 가공하거나 수리하는데 사용되지 아니한 물품의 반환을 위한 수출 5의2. 외국에서 위탁가공할 목적으로 반출하는 물품의 수출 6. 위탁판매를 위하여 무상으로 반출하는 물품의 수출(외국에서 외화를 받고 판매된 경우에 한한다) ②법 제4조제2호에서 "기획재정부령이 정하는 것"이란 외화를 획득하는 판매 또는 공사로서 다음 각 호의 어느 하나에 해당하는 것을 말한다. 1. 우리나라 안에 주류하는 미합중국군대(이하 "주한미군"이라 한다)에 대한 물품의 판매 2. 주한미군 또는 「관세법」 제88조제1항제1호 및 제3호의 규정에 의한 기관이 시행하는 공사 3. 「관세법」 제88조와 「대한민국과 아메리카합중국 간의 상호방위조약 제4조에 의한 시설과 구역 및 대한민국에서의 합중국군대의 지위에 관한 협정」에 의하여 수입하는 승용자동차에 대하여 관세등의 면제를 받을 수 있는 자에 대한 국산승

		용자동차의 판매. 다만, 주무부장관의 면세추천서를 제출하는 경우에 한한다. 4. 「외국인투자촉진법」 제5조 내지 제8조의 규정에 의하여 외국인 투자 또는 출자의 신고를 한 자에 대한 자본재(우리나라에서 생산된 것에 한한다)의 판매. 다만, 당해 자본재가 수입되는 경우 「조세특례제한법」 제121조의3의 규정에 의하여 관세가 면제되는 경우에 한한다. 5. 국제금융기구로부터 제공되는 차관자금에 의한 국제경쟁입찰에서 낙찰(낙찰받은 자로부터 도급을 받는 경우를 포함한다)된 물품(우리나라에서 생산된 것에 한한다)의 판매. 다만, 당해 물품이 수입되는 경우 「관세법」에 의하여 관세가 감면되는 경우에 한한다. 6. 삭제 〈2001.11.3〉 ③법 제4조제3호에서 "기획재정부령이 정하는 구역"이란 다음 각 호의 어느 하나에 해당하는 구역을 말한다. 1. 「관세법」 제183조의 규정에 의한 보세창고. 다만, 수출한 물품에 대한 수리·보수 또는 해외조립생산을 위하여 부품등을 반입하는 경우에 한한다. 2. 「관세법」 제185조의 규정에 의한 보세공장. 다만, 수출용원재료로 사용될 목적으로 공급되는 경우에 한한다. 3. 「관세법」 제196조의 규정에 의한 보세판매장 4. 「관세법」 제197조의 규정에 의한 종합보세구역(수출용원재료로 공급하거나 수출한 물품에 대한 수리·보수 또는 해외조립생산을 위하여 부품 등을 반입하는 경우 또는 보세구역에서 판매하기 위하여 반입하는 경우에 한한다) ④법 제4조제4호에서 "기획재정부령이 정하는 것"이란 다음 각 호의 어느 하나에 해당하는 수출을 말한다. 1. 우리나라와 외국간을 왕래하는 선박 또는 항공기에 선용품 또는 기용품으로 사용되는

		물품의 공급 2. 「원양산업 발전법」 제6조제1항, 제17조제1항 및 제3항에 따라 농림수산식품부장관의 허가ㆍ승인 또는 지정을 받은 자가 그 원양어선에 무상으로 송부하기 위하여 반출하는 물품으로서 농림수산식품부장관 또는 농림수산식품부장관이 지정한 기관의 장이 확인한 물품의 수출 제3조(수출등의 사실확인) 법 제4조제1호 단서 및 동조제2호부터 제4호까지의 규정에 따른 수출등에 제공된 물품에 대하여 관세등의 환급을 받으려는 자는 관세청장이 정하는 바에 따라 물품을 공급할 때 또는 환급을 신청할 때 세관장으로부터 수출등의 사실을 확인받아야 한다.
제5조 (수출용 원재료에 대한 관세등의 징수) ① 세관장은 수입하는 수출용 원재료에 대하여는 「관세법」 등의 규정에도 불구하고 수입하는 때에 해당 관세등을 징수한다. ② 세관장은 「관세법」등의 규정에도 불구하고 수출용 원재료를 수입하는 자가 신청하는 경우에는 그 원재료에 대한 관세등을 6개월의 범위에서 대통령령으로 정하는 일정 기간(이하 "일괄납부기간"이라 한다)별로 일괄납부하게 할 수 있다. 이 경우 관세등의 납부기한은 해당 일괄납부기간이 끝나는 날이 속하는 달의 다음 달 15일까지로 한다.	제2조 (관세등의 일괄납부기간) ① 「수출용 원재료에 대한 관세 등 환급에 관한 특례법」 (이하 "법"이라 한다) 제5조제2항의 규정에 따른 일괄납부기간은 1개월ㆍ2개월 또는 3개월로 한다. 다만, 법 제7조의 규정에 따른 정산업무를 효율적으로 수행하기 위하여 필요하다고 인정하여 기획재정부령이 정하는 경우에는 6개월의 범위 안에서 일괄납부기간을 따로 정할 수 있다. ②법 제5조제2항의 규정에 따라 관세등의 일괄납부를 신청하고자 하는 자는 제1항의 규정에 따른 일괄납부기간 중 어느 하나를 선택하여야 한다. ③제1항의 규정에 따른 일괄납부기간은 관세등의 일괄납부를 신청하는 날이 속하는 달의 1일부터 기산한다. ④제2항의 규정에 따라 선택한 일괄납부기간은 관세등의 일괄납부를 신청하는 날이 속하는 달의 1일부터 1년이 경과하기 전에는 변경할 수 없다.	제4조(관세등의 일괄납부기간) 「수출용 원재료에 대한 관세 등 환급에 관한 특례법 시행령」 (이하 "영"이라 한다) 제2조제1항 단서에 따른 관세등의 일괄납부기간은 다음 각 호와 같다. 1. 주로 수출하는 물품 또는 수출물품을 생산하는 자에게 공급하는 물품의 생산기간이 3월이상 소요되는 업체가 수입하는 수출용 원재료의 경우에는 수출용 원재료의 수입신고 수리일이 속하는 반기 2. 「중소기업기본법」 제2조의 규정에 의한 중소기업자가 수입하는 수출용 원재료의 경우에는 최초로 관세등의 일괄납부를 신청한 날이 속하는 달의 1일부터 계산하여 4월. 다만, 당해 중소기업자가 영 제2조제1항 본문을 적용받고자 하는 경우에는 그러하지 아니하다.
③ 수출용 원재료가 내국신용장(內國信用狀)이나 그 밖에 기획재정부령으로 정하는 이와 유사한 서류(이하 "내국신용장등"이라 한다)에 의하여 거래되		제5조(내국신용장등) 법 제5조제3항에서 "기획재정부령이 정하는 이와 유사한 서류"란 다음 각 호의 어느 하나에 해당하는 서류를 말한다.

는 것으로서 관세청장이 제2항에 따른 관세등의 일괄납부 및 제7조에 따른 정산이 가능하다고 인정하는 경우에는 「관세법」 등의 규정에도 불구하고 내국신용장등에 의하여 수출용 원재료를 공급하는 것을 수출로, 공급받는 것을 수입으로 볼 수 있다.		1. 외국환은행의 장이 내국신용장에 준하여 발급하는 구매확인서 2. 관세청장이 인정하는 매매계약서 기타 이와 유사한 서류
④ 관세청장은 제2항에 따른 관세등의 일괄납부에 필요한 기준과 절차를 정할 수 있다.		
제6조 (담보의 제공)① 제5조제2항에 따라 관세등을 일괄납부하려는 자(이하 "관세등의 일괄납부업체"라 한다)는 대통령령으로 정하는 바에 따라 일괄납부하려는 세액에 상당하는 금액의 담보를 제공하여야 한다.	제3조 (담보물의 종류 및 담보제공절차) ①법 제6조제1항의 규정에 의하여 관세등의 일괄납부업체가 제공할 수 있는 담보물의 종류는 다음 각호의 1과 같다. 1. 금전 2. 국가 또는 지방자치단체가 발행한 채권 및 증권 3. 은행지급보증 4. 납세보증보험증권 5. 「신용보증기금법」 또는 「지역신용보증재단법」의 규정에 의한 신용보증 6. 「기술신용보증기금법」의 규정에 의한 신용보증 ②법 제6조제1항의 규정에 의하여 수출용 원재료에 대한 관세등의 담보를 제공하고자 하는 자는 제공할 담보의 종류 · 수량 · 금액 등을 기재한 담보제공서를 세관장에게 제출하여야 한다. ③제2항의 규정에 의하여 담보를 제공하는 자는 일괄납부하고자 하는 세액에 상당하는 담보를 포괄하여 수입신고전에 제조장을 관할하는 세관장(주된 사무소에서 환급업무를 취급하는 경우에는 그 주된 사무소를 관할하는 세관장을 말하며, 이하 "관할지세관장"이라 한다)에게 제공하여야 한다. ④제3항의 규정에 불구하고 수입신고할 때마다 관세등에 대한 담보를 제공하고자 하는 자는 수입신고시에 통관지세관장에게 담보를 제공할 수 있다. ⑤담보의 제공 및 해제에 대한 절차 기타 필요한 사항은 관세청장이 정한다.	

② 세관장은 신용담보업체(대통령령으로 정하는 바에 따라 관세채권확보에 지장이 없다고 인정하여 지정한 자를 말한다)에 대하여는 제1항에도 불구하고 담보제공을 생략하게 할 수 있다. 이 경우 세관장은 담보제공 없이 일괄납부할 수 있는 세액에 대한 한도액을 정하여야 한다.	제4조 (신용담보업체의 지정) ①법 제6조제2항의 규정에 의하여 담보제공을 생략받고자 하는 자는 다음 각호에 해당하는 자로서 관할지세관장으로부터 신용담보업체로 지정을 받아야 한다. 1. 최근 3년이상 관세청장이 정하는 일정금액이상의 수출 및 환급실적이 있는 자 2. 최근 2년이상 관세를 체납한 사실이 없는 자 3. 최근 3년간 법 제23조 또는 「관세법」 제269조 내지 제276조 위반으로 처벌받은 사실이 없는 자 4. 기획재정부령이 정하는 기준에 따라 관세등을 성실히 납부할 것으로 인정되는 자 ②신용담보업체의 지정절차, 담보제공없이 일괄납부할 수 있는 세액에 대한 한도액의 기준 기타 필요한 사항은 관세청장이 정한다.	제6조(신용담보업체의 지정) 영 제4조제1항제4호에서 "기획재정부령이 정하는 기준에 따라 관세등을 성실히 납부할 것으로 인정되는 자"란 다음 각 호의 어느 하나에 해당하는 업체를 말한다. 1. 최근 2년간 계속하여 이익이 발생한 업체 2. 「자본시장과 금융투자업에 관한 법률」에 따른 한국거래소에 상장된 법인으로서 관세청장이 정하는 업체 3. 5년 이상 제조업을 영위한 업체
	제5조 (신용담보업체 지정의 취소) 세관장은 신용담보업체의 지정을 받은 자가 다음 각호의 1에 해당되는 때에는 그 지정을 취소하여야 한다. 1. 제4조제1항 각호의 기준에 적합하지 아니하게 된 경우 2. 제7조제1항 각호의 사유가 발생한 경우	
제7조 (수출용 원재료에 대한 관세등과 환급액의 정산) ① 세관장은 대통령령으로 정하는 바에 따라 관세등의 일괄납부업체가 제5조제2항에 따라 일괄납부하여야 할 관세등과 제16조제3항에 따라 지급이 보류된 환급금을 정산하고, 대통령령으로 정하는 날까지 관세등의 일괄납부업체에 그 정산 결과를 통지(이하 "정산통지"라 한다)하여야 한다. ② 세관장은 제1항에 따른 정산 결과 징수하여야 할 관세등이 있는 경우에는 제1항에 따른 통지기한까지 「관세법」 제39조제3항에 따라 납세고지(納稅告知)를 하여야 한다.	제6조 (정산통지) ①세관장은 법 제7조제1항에 따라 다음 각 호의 사항이 포함된 정산결과를 관세등의 일괄납부업체에 통지하여야 한다. 1. 법 제5조제2항에 따라 일괄납부하여야 할 관세등의 내역 2. 법 제16조제3항에 따라 지급이 보류된 환급금의 내역 3. 정산결과 납부하여야 할 관세등의 세액 또는 지급하여야 할 환급액 ②법 제7조제1항에서 "대통령령이 정하는 날" 이라 함은 제2조제1항에 따른 일괄납부기간이 종료되는 달의 다음달 1일을 말한다.	
③ 제2항에 따른 납세고지를	③법 제7조제3항에 따라 관	

받은 관세등의 일괄납부업체는 일괄납부기간이 끝나는 날이 속하는 달의 다음 달 15일까지 관세등을 납부하여야 한다.	세등의 일괄납부업체가 납부한 관세등은 그 관세등에 대한 정산결과를 통지한 세관장의 세입금으로 한다.	
④ 세관장은 제1항에 따른 정산 결과 지급하여야 할 환급금이 있는 경우에는 제16조제1항 및 제4항에 따라 해당 금액을 즉시 지급하여야 한다. ⑤ 세관장은 정산통지를 한 후 정산금액에 과부족(過不足)이 있는 것을 알았을 때에는 이를 경정(更正)할 수 있다.		
제8조 (직권정산) ① 세관장은 대통령령으로 정하는 사유가 발생한 경우에는 관세등의 채권확보를 위하여 제5조제2항 후단에 따른 납부기한이 도래하지 아니한 관세등과 제16조제3항에 따라 지급이 보류된 환급금을 즉시 정산[이하 "직권정산"(職權精算)이라 한다]하여야 한다. 이 경우 대통령령으로 정하는 바에 따라 제5조제2항에 따른 관세등의 일괄납부를 제한할 수 있다. ② 세관장은 직권정산한 결과 지급하여야 할 환급금이 있는 경우에는 즉시 제16조에 따라 환급금을 지급하여야 한다. ③ 세관장은 직권정산한 결과 징수하여야 할 관세등이 있는 경우에는「관세법」제39조제3항에 따라 납세고지를 하여야 한다. 이 경우 납세고지를 받은 자는 그 고지를 받은 날부터 10일 내에 해당 세액을 세관장에게 납부하여야 한다. ④ 세관장은 담보를 제공한 관세등의 일괄납부업체로서 제3항의 납세고지를 받은 자가 해당 관세등을 납부하지 아니한 경우에는 그 담보물을 해당 관세등에 충당하여야 한다.	제7조 (직권정산) ①법 제8조제1항에서 "대통령령이 정하는 사유"라 함은 다음 각 호의 어느 하나에 해당하는 경우를 말한다. 1. 삭제 〈2007.4.5〉 2. 법 제23조 또는 「관세법」 제269조 내지 제276조의 위반으로 처벌을 받은 경우 3. 관세등의 체납이 발생된 경우. 다만, 독촉기간내에 자진납부하는 경우를 제외한다. 4. 파산선고 · 어음부도 등으로 인하여 관세등의 채권확보가 필요한 경우	
	5. 기타 관세등의 채권확보등을 위하여 필요하다고 인정하여 기획재정부령이 따로 정하는 경우	제7조(직권정산) 영 제7조제1항제5호에서 "기획재정부령이 따로 정하는 경우"란 일괄납부업체가 세관장에게 일괄납부의 적용제외를 요청하는 경우를 말한다.
	②세관장은 제1항 각호의 사유가 발생하여 직권정산하고자 하는 경우에는 당해 업체에 그 사실을 통지하여야 한다.	
	제8조 (관세등의 일괄납부제한) 세관장은 제7조제1항의 사유로 직권정산한 경우에는 직권정산 대상업체가 직권정산일이후에 수입하는 수출용 원재료에 대하여는 3년의 범위내에서 기획재정부령이 정하는 기간동안 법 제5조제2항의 규정을 적용하지 아니한다.	제8조(관세등의 일괄납부제한) 영 제8조에 따라 직권정산한업체에 대하여 관세등의 일괄납부를 제한하여야 할 기간은 다음과 같다. 1. 영 제7조제1항제5호에 따라 직권정산한 경우에는 2년 2. 영 제7조제1항제2호 내지 제4호의 규정에 의하여 직권정산한 경우에는 3년
제9조 (관세등의 환급) ① 세관장은 물품이 수출등에 제공된 경우에는 대통령령으로 정하는 날부터 소급하여 2년 이내에 수	제9조 (수출이행기간 기준일) ①법 제9조제1항에서 "대통령령이 정하는 날"이라 함은 다음 각호의 1에 해당하는 날이 속하	

입된 해당 물품의 수출용 원재료에 대한 관세등을 환급한다.	는 달의 말일을 말한다. 1. 법 제4조제1호의 규정에 의한 수출의 경우에는 수출신고를 수리한 날 2. 법 제4조제2호 내지 제4호의 규정에 의한 수출의 경우에는 수출·판매·공사 또는 공급을 완료한 날 ②법 제9조제1항의 규정에 의하여 관세등을 환급하는 수출용 원재료는 제1항의 규정에 의한 수출이행기간 기준일부터 소급하여 2년 이내에 다음 각호의 1에 해당하는 수입신고수리·반출승인·즉시반출신고·거래 등이 행하여진 것이어야 한다. 1. 「관세법」 제248조의 규정에 의한 수입신고수리 2. 「관세법」 제252조의 규정에 의한 수입신고수리전 반출승인 3. 「관세법」 제253조의 규정에 의한 수입신고전 즉시반출신고 4. 수출용 원재료가 내국신용장등에 의하여 거래된 경우에는 최후의 거래	
② 수출용 원재료가 내국신용장등에 의하여 거래되고, 그 거래가 직전의 내국신용장등에 의한 거래(직전의 내국신용장등에 의한 거래가 없는 경우에는 수입을 말한다)가 있은 날부터 대통령령으로 정하는 기간에 이루어진 경우에는 해당 수출용 원재료가 수입된 날부터 내국신용장등에 의한 최후의 거래가 있은 날까지의 기간은 제1항에 따른 기간에 산입(算入)하지 아니한다. 다만, 수출용 원재료가 수입된 상태 그대로 거래된 경우에는 그러하지 아니하다.	제10조 (내국신용장 등에 의한 거래시의 기간) 법 제9조제2항 본문에서 "대통령령이 정하는 기간"이라 함은 1년을 말한다.	
제10조 (환급금의 산출등) ① 환급신청자는 대통령령으로 정하는 바에 따라 수출물품에 대한 원재료의 소요량을 계산한 서류(이하 "소요량계산서"라 한다)를 작성하고 그 소요량계산서에 따라 환급금을 산출(算出)한다. ② 관세청장은 제1항에도 불	제11조 (소요량의 계산등) ①법 제10조제1항의 규정에 따라 소요량계산서를 작성하고자 하는 자(이하 "소요량계산서 작성업체"라 한다)는 다음 각호의 사항을 관할지세관장에게 신고하고 그 신고된 바에 따라 소요량을 계산하여야 한다. 1. 수출물품명	

구하고 소요량 계산업무의 간소화 등을 위하여 필요하다고 인정하는 경우에는 수출물품별 평균 소요량 등을 기준으로 한 표준 소요량을 정하여 고시하고, 환급신청자로 하여금 이를 선택적으로 적용하게 할 수 있다. ③ 수출용 원재료를 사용하여 생산되는 물품이 둘 이상인 경우에는 생산되는 물품의 가격을 기준으로 관세청장이 정하는 바에 따라 관세등을 환급한다.	2. 소요량 산정방법 3. 소요량 산정의 기준이 되는 기간 및 적용기간 4. 수출물품의 제조공정 및 공정설명서 5. 기타 소요량계산과 관련된 사항으로서 관세청장이 정하는 사항 ②소요량계산서 작성업체는 제1항 각호의 내용을 변경하고자 하는 경우에는 그 내용을 즉시 관할지세관장에게 신고하여야 한다. ③법 제14조제1항의 규정에 의한 환급신청자와 수출물품의 생산자가 다른 경우 환급신청자는 당해 수출물품을 생산한 자가 산정한 소요량에 의하여 소요량계산서를 작성하여야 한다. 다만, 법 제10조제2항의 규정에 의하여 표준소요량을 적용하는 경우에는 그러하지 아니하다. ④소요량의 산정 및 관리에 대한 기준과 그 절차에 관하여 필요한 사항은 관세청장이 정한다.	
④ 관세청장은 수출용 원재료의 관세율 변동 등으로 수출용 원재료를 수입할 때에 납부하는 세액보다 관세등을 환급할 때 현저히 과다 또는 과소 환급이 발생할 우려가 있는 경우에는 기획재정부령으로 정하는 바에 따라 환급받을 수 있는 수입신고필증의 유효기간을 제9조제1항에서 정한 기간보다 짧게 정하거나, 업체별 수출용 원재료의 재고 물량과 수출 비율을 기준으로 하여 환급에 사용할 수 있는 수출용 원재료의 물량을 정하여 환급하게 할 수 있다.		제9조(관세등 환급방법의 조정) 관세청장이 법 제10조제4항의 규정에 의하여 환급을 받을 수 있는 수입신고필증의 유효기간 및 환급에 사용할 수 있는 수출용 원재료의 물량을 따로 정함에 있어서는 관세율의 변동정도, 수출물품의 생산공정, 해당업종의 재고자산 회전기간 및 수출입절차에 소요되는 기간 등을 종합적으로 참작하여 적정한 환급이 이루어지도록 하되, 그 내용이 다음 각호의 1에 해당하는 경우에는 미리 기획재정부장관과 협의를 하여야 한다. 1. 수출용 원재료에 대하여 환급받을 수 있는 수입신고필증의 유효기간을 6월보다 짧게 정하고자 하는 경우 2. 업체별 수출용 원재료의 재고물량과 수출비율을 기준으로 하여 환급에 사용할 수 있는 수출용 원재료의 물량을 정하고자 하는 경우
제11조 (평균세액증명) ① 세관	제12조 (평균세액증명) ①법 제	

장은 수출용 원재료에 대한 관세등의 환급업무를 간소화하기 위하여 필요하다고 인정하는 경우에는 대통령령으로 정하는 바에 따라 수출용 원재료를 수입(내국신용장등에 의한 매입을 포함한다. 이하 이 조 및 제12조에서 같다)하는 자의 신청에 의하여 그가 매월 수입한 수출용 원재료의 품목별 물량과 단위당 평균세액을 증명하는 서류(이하 "평균세액증명서"라 한다)를 발행할 수 있다. 이 경우 해당 수출용 원재료에 대하여는	11조제1항의 규정에 의하여 평균세액증명서를 발급받고자 하는 자는 관할지세관장으로부터 평균세액증명 대상 물품의 지정을 받아야 한다. 이 경우 수출용 원재료의 관세·통계통합품목분류표의 품목번호(이하 "품목번호"라 한다) 또는 소요량이 달라지는 등 평균세액의 결정이 곤란하다고 인정하여 관세청장이 정하는 물품에 대하여는 평균세액증명서의 발급대상으로 지정을 받을 수 없다.〈개정 1998.12.31〉	
수입한 날이 속하는 달의 1일에 수입된 것으로 보아 이 법을 적용한다. ② 제1항에도 불구하고 세관장은 다음 각 호의 어느 하나에 해당하는 자 중 관세청장이 정하는 기준에 해당되는 자로 하여금 대통령령으로 정하는 바에 따라 평균세액증명서를 발급하게 할 수 있다. 1. 수출용 원재료를 수입한 자 2. 관세사(제1호에 해당하는 자로부터 위임받은 자로 한정한다) ③ 제1항이나 제2항제2호에 따라 세관장 또는 관세사로부터 평균세액증명서를 발급받은 자나 제2항제1호에 따라 평균세액증명서를 발급한 자가 평균세액	②제1항의 규정에 의하여 지정받은 물품에 대하여 평균세액증명서를 발급받고자 하는 자는 다음 각호의 사항을 기재한 신청서에 관세청장이 정하는 증빙서류를 첨부하여 수출용 원재료를 수입한 날 또는 내국신용장등에 의하여 매입한 날이 속하는 달의 다음달 1일이후에 관할지세관장에게 제출하여야 한다. 1. 지정받은 물품별 수입량 및 관세 등의 세액 2. 지정받은 물품별 내국신용장등에 의한 매입량 및 관세 등의 세액 3. 기타 평균세액 증명과 관련된 사항으로서 관세청장이 정하는 사항	
증명서에 기재된 수출용 원재료와 「관세법」 제50조제1항의 관세율표상 10단위 품목분류가 동일한 물품으로서 수출등에 제공할 목적 외의 목적으로 수입한 물품에 대하여는 평균세액증명서에 기재된 수출용 원재료에 대한 관세등의 환급이 끝난 경우에만 관세등을 환급할 수 있다. 이 경우 물품별 환급액은 그 물품이 수입된 달의 평균세액증명서에 기재된 수출용 원재료의 평균세액(수입된 달의 평균세액증명서에 기재된 수출용 원재료가 없는 경우에는 해당 물품이 수입된 달부터 소급하여 최초로 그 물품과 품명이 같은 수출용 원재료가 수입된 달의 평균세액증명서에 기재된 수출용	③세관장은 평균세액증명서를 발급한 후에 제2항 각호에 규정된 사항의 전부 또는 일부가 변경된 때에는 기획재정부령이 정하는 바에 따라 평균세액증명서를 발급하여야 한다.	제10조(평균세액증명서의 변경발급) 세관장은 평균세액증명서를 발급한 후에 영 제12조제2항 각호 사항의 전부 또는 일부가 변경된 때에는 다음 각호의 규정에 의하여 이를 처리한다. 1. 평균세액증명서를 환급등에 사용하지 아니하였거나 일부만 사용한 경우에는 평균세액증명서를 회수하고 다시 발급한다. 2. 평균세액증명서가 관세등의 환급에 전부 사용된 경우에는 다음 달의 평균세액증명서를 발급할 때에 그 사실을 참작하여 발급한다. 다만, 다음달의 평균세액증명서(다음달의 평균세액증명서가 관세등의 환급에 전부 사용되었거나 없는 경우에는

원재료의 평균세액을 말한다)을 초과할 수 없다.		그 다음달의 평균세액증명서를 말한다)가 발급된 경우에는 이를 회수하고 다시 발급한다. 3. 제1호 및 제2호 외에 평균세액증명서의 변경발급에 관하여는 관세청장이 정하는 바에 의한다.
	④평균세액증명서는 품목번호를 기준으로 매월 수입하거나 내국신용장등에 의하여 매입한 수출용 원재료 전량에 대하여 일괄신청하여야 한다. 다만, 기획재정부령이 정하는 경우에는 그러하지 아니하다.	제11조(평균세액증명서 일괄발급신청의 예외) ① 영 제12조제4항 단서에서 "기획재정부령이 정하는 경우"란 다음 각호의 1에 해당하는 경우를 말한다. 1. 평균세액증명서의 발급을 신청할 때에 신청대상에서 누락된 수출용 원재료에 대하여 신청하는 것으로서 관세청장이 정하는 경우 2. 평균세액증명서의 발급을 받고자 하는 자의 신청에 의하여 사업장 또는 사업분야별로 구분하여 발급신청할 수 있도록 관세청장으로부터 인정받아 그 사업장 또는 사업분야별로 일괄신청하는 경우 ②제1항제1호의 규정에 의하여 평균세액증명서의 발급을 추가로 신청하는 경우에는 이미 발급받은 평균세액증명서를 첨부하여 신청하여야 한다. ③제2항의 규정에 의하여 신청받은 평균세액증명서의 추가발급은 다음 각 호에 따라 처리한다. 1. 제출된 평균세액증명서가 관세등의 환급이나 기초원재료납세증명서 또는 수입세액분할증명서 발급에 사용되지 아니하였거나 일부만 사용된 경우에는 사용되지 아니한 수출용 원재료의 물량 및 세액과 추가발급신청된 수출용 원재료의 물량 및 세액을 합산하여 평균세액을 산정하되, 평균세액증명서는 1부만 발급한다. 2. 제출된 평균세액증명서가 관세등의 환급이나 기초원재료납세증명서 또는 수입세액분할증명서 발급에 전부 사용된 경우에는 다음달의 평균세액증명서(다음달의 평균세액증명서가 관세등의 환급이나 기초원재료납세증명서 또는 수입세액분할

		증명서 발급에 전부 사용되었거나 평균세액증명서의 발급대상이 되는 수출용 원재료가 없는 경우에는 그후 최초의 평균세액증명서를 말한다)의 물량 및 세액과 추가발급신청된 수출용 원재료의 물량 및 세액을 합산하여 평균세액을 산정하되, 평균세액증명서는 평균세액증명 대상물품을 수입한 날이 속하는 월별로 발급한다. 3. 제1호 및 제2호외에 평균세액증명서의 추가발급에 관하여는 관세청장이 정하는 바에 의한다.
	⑤제1항의 규정에 의하여 지정을 받은 물품에 대하여는 계속하여 평균세액증명서의 발급을 신청하여야 한다. ⑥평균세액증명서의 발급을 받아야 할 수출용 원재료에 대한 수입신고필증 또는 기초원재료납세증명서 등은 관세등의 환급신청 또는 다음 국내 거래단계에 따른 기초원재료납세증명서등의 발급신청자료로 사용하지 못한다. ⑦세관장은 평균세액증명서에 의하여 환급 또는 기초원재료납세증명서등을 발급하는 것이 수출용 원재료에 대한 관세등의 세액과 현저한 차이가 있다고 인정하는 경우에는 평균세액증명서 발급대상물품의 지정을 취소하여야 한다.	
제12조 (기초원재료납세증명등) ① 세관장은 수출용 원재료가 내국신용장등에 의하여 거래된 경우(제5조제3항을 적용받는 경우는 제외한다) 관세등의 환급업무를 효율적으로 수행하기 위하여 대통령령으로 정하는 바에 따라 제조ㆍ가공 후 거래된 수출용 원재료에 대한 납부세액을 증명하는 서류(이하 "기초원재료납세증명서" 라 한다)를 발급하거나 수입된 상태 그대로 거래된 수출용 원재료에 대한 납부세액을 증명하는 서류(이하 "수입세액분할증명서" 라 한다)를 발급할 수 있다.	제13조 (기초원재료납세증명 및 수입세액분할증명) ①법 제12조제1항에 따라 기초원재료납세증명서 또는 수입세액분할증명서(이하 "기초원재료납세증명서등"이라 한다)를 발급받고자 하는 자는 다음 각호의 사항을 기재한 증명서발급신청서를 관할지세관장에게 제출하여야 한다. 1. 양도자 및 양수자 2. 양도일자 3. 품명 및 규격 4. 양도한 물량 및 세액 5. 그 밖에 기초원재료납세증명서등의 발급에 필요한 사항으로서 관세청장이 정하는 사항	

② 제1항에도 불구하고 세관장은 다음 각 호의 어느 하나에 해당하는 자 중 관세청장이 정하는 기준에 해당되는 자로 하여금 대통령령으로 정하는 바에 따라 기초원재료납세증명서 또는 수입세액분할증명서를 발급하게 할 수 있다. 1. 내국신용장등에 의하여 물품을 공급한 자 2. 관세사(제1호에 해당하는 자로부터 위임받은 자로 한정한다) ③ 제1항이나 제2항에 따라 기초원재료납세증명서 또는 수입세액분할증명서를 발급할 때 증명하는 세액은 제10조에 따른 환급금 산출방법에 따르며, 증명세액의 정확 여부의 심사에 대하여는 제14조제2항 및 제3항을 준용한다.	②세관장은 법 제17조에 따라 관세등의 환급이 제한되는 물품에 대하여는 환급이 제한된 세액을 공제하고 기초원재료납세증명서등을 발급하여야 한다. ③하나의 내국신용장등에 의하여 거래되는 물품이 2회이상 분할공급되는 경우의 기초원재료납세증명서등은 최초의 물품이 거래된 날에 당해 수출용 원재료가 전부 거래된 것으로 보아 기초원재료납세증명서등을 발급하여야 한다. 다만, 내국신용장등에 의하여 수출용 원재료를 공급하는 자가 원하지 아니하는 경우에는 그러하지 아니하다. ④관세청장은 기초원재료납세증명서등의 발급업무를 효율적으로 수행하기 위하여 필요하다고 인정하는 경우에는 이를 발급하는 세관장을 따로 지정할 수 있다.	
제13조 (정액환급률표) ① 관세청장은 단일(單一) 수출용 원재료에 의하여 둘 이상의 제품이 동시에 생산되는 등 생산공정(生産工程)이 특수한 수출물품과 중소기업 수출물품에 대한 관세등의 환급 절차를 간소화하기 위하여 필요하다고 인정하는 경우에는 대통령령으로 정하는 바에 따라 수출용 원재료에 대한 관세등의 평균 환급액 또는 평균 납부세액 등을 기초로 수출물품별로 정액환급률표(定額還給率表)를 정하여 고시할 수 있다. ② 제1항에 따라 정액환급률표에 정하여진 금액은 해당 물품을 생산하는 데 드는 수출용 원재료를 수입한 때에 납부하는 관세등으로 보아 환급한다.	제14조 (정액환급의 기준) ①법 제13조제1항의 규정에 의한 정액환급률표는 수출물품의 품목번호를 기준으로 정하되, 필요한 경우에는 수출물품의 품명 또는 규격별로 정할 수 있다. ②제1항의 규정에 의한 정액환급률표를 정할 때에는 적정한 환급을 위하여 관세율 및 환율의 변동등을 감안하여 일정률을 가감할 수 있다. ③수출물품 또는 내국신용장등에 의하여 거래된 물품이 법 제13조제1항의 규정에 의한 정액환급률표에 기재된 경우에는 수출등에 제공된 날 또는 내국신용장등에 의하여 거래된 날에 시행되는 정액환급률표에 정하여진 바에 따라 환급하거나 기초원재료납세증명서를 발급한다. 다만, 관세청장이 정하는 바에 따라 정액환급률표를 적용하지 아니하기로 승인(이하 "비적용승인"이라 한다)을 얻은 경우에는 그러하지 아니하다. ④제15조의 규정에 의한 정액환급률표가 적용되는 물품에 대하여는 제16조의 규정에 의한 정액환급률표를 적용하지 아니	

	한다. ⑤제3항 단서의 규정에 의하여 비적용승인을 얻은 자의 모든 수출물품(내국신용장등에 의하여 거래된 물품을 포함한다)에 대하여는 정액환급률표를 적용하지 아니한다. ⑥제3항 단서의 규정에 의하여 비적용승인을 얻은 자가 관세청장이 정하는 바에 따라 정액환급률표의 적용을 신청하거나 정액환급률표의 적용승인을 얻은 자가 다시 비적용승인을 신청하는 경우에는 비적용승인 또는 적용승인을 얻은 날부터 2년 이내에는 이를 신청할 수 없다. 다만, 다음 각호의 1에 해당하는 때에는 관세청장이 정하는 바에 따라 2년 이내에도 신청할 수 있다.〈개정 2000.10.23〉 1. 생산공정의 변경 등으로 인하여 소요량계산서의 작성이 곤란하게 된 때 2. 정액환급률표에 의한 환급액이 법 제10조의 규정에 의하여 산출된 환급액의 70퍼센트에 미달하게 된 때 제15조 (특수공정물품의 정액환급) ①관세청장은 법 제13조제1항의 규정에 의하여 생산공정이 특수한 수출물품의 정액환급률표(이하 "특수공정물품 정액환급률표"라 한다)를 정할 때에는 최근 6월 이상 기간동안의 수입 또는 내국신용장등에 의하여 매입한 원재료에 대한 관세등의 평균환급액 또는 평균납부세액을 기초로 하여야 한다. ②관세청장은 특수공정물품 정액환급률표를 정하거나 고시된 특수공정물품 정액환급률표의 조정을 위하여 필요한 경우에는 당해 물품의 생산자에게 관련자료의 제출을 요청할 수 있다. ③특수공정물품 정액환급률표의 적용을 받는 자는 수출물품별로 수출용 원재료에 대한 관세등의 납부세액, 제조공정의 변동 등에 관한 사항을 관세청장에게 신고하여야 한다. 이 경우 관세청장은 신고된 자료를	

	기초로 특수공정물품 정액환급률표를 조정하여 고시할 수 있다. 제16조 (간이정액환급) ①관세청장은 법 제13조제1항의 규정에 의하여 중소기업의 수출물품에 적용하는 정액환급률표(이하 "간이정액환급률표"라 한다)를 정할 때에는 최근 6월 이상 기간동안의 수출물품의 품목번호별 평균환급액 또는 평균납부세액등을 기초로 하여 적정한 환급액을 정하여야 한다. 다만, 최근 6월 이상의 기간동안 수출물품의 품목번호별 환급실적(간이정액환급실적을 제외한다)이 없거나 미미하여 당해 물품의 품목번호별 평균환급액 또는 평균납부세액 등을 기초로 간이정액환급률표의 환급액을 정하는 것이 불합리한 것으로 판단되는 경우에는 직전의 간이정액환급률표의 환급액을 기초로 하여 적정한 환급액을 정할 수 있다.	
	②제1항의 규정에 의한 간이정액환급률표는 기획재정부령이 정하는 자가 생산하는 수출물품에만 적용한다. 이 경우 수출자와 수출물품의 생산자가 다른 경우에는 수출물품의 생산자가 직접 관세등의 환급을 신청하는 경우에 한한다.	제12조(간이정액환급률표의 적용대상) 영 제16조제2항에서 "기획재정부령이 정하는 자"란 「중소기업기본법」 제2조의 규정에 의한 중소기업자로서 환급신청일이 속하는 연도의 직전 2년간 매년도 환급실적(법 제12조의 규정에 의한 기초원재료납세증명서 발급실적을 포함한다)이 6억원 이하인 자를 말한다.
③ 제1항에 따라 정액환급률표를 적용받을 수 있는 자는 대통령령으로 정하는 바에 따라 관세청장에게 정액환급률표를 정하여 고시할 것을 요청할 수 있다.	제17조 (정액환급률표의 고시요청) ①법 제13조제3항의 규정에 의하여 정액환급률표의 고시를 요청하고자 하는 자는 다음 각호의 서류를 첨부한 신청서를 관세청장에게 제출하여야 한다. 1. 고시요청사유서 2. 수출물품의 품목번호별 소요원재료의 내역 3. 원재료별 최근 1년동안의 관세납부내역 4. 기타 정액환급률표의 고시요청의 필요성을 입증하는 서류등 관세청장이 정하는 서류 ②관세청장은 제1항의 규정	

	에 의한 정액환급률표의 고시를 요청받은 경우에는 제출된 서류 및 환급실적 등을 기초로 이를 고시하여야 한다. 다만, 당해 물품의 거래의 특수성등으로 현저히 과다 · 과소환급의 우려가 있어 정액환급 대상물품으로 부적합하다고 인정되는 경우에는 이를 고시하지 아니할 수 있다.	
④ 관세청장은 수출구조, 원재료 수입구조, 관세율 및 환율의 변동 등으로 정액환급률표에 고시된 환급액이 많거나 적어 정액환급률표를 적용하는 것이 부적당하다고 인정하는 경우에는 그 적용을 중지하거나 정액환급률표의 전부 또는 일부를 조정하여 고시할 수 있다.		
제14조 (환급의 신청) ① 관세등을 환급받으려는 자는 대통령령으로 정하는 바에 따라 물품이 수출등에 제공된 날부터 2년 이내에 관세청장이 지정한 세관에 환급신청을 하여야 한다. 다만, 수출등에 제공된 수출용 원재료에 대한 관세등의 세액에 대하여 「관세법」 제38조의2에 따른 보정(補正)이나 같은 법 제38조의3에 따른 수정 또는 경정이 있은 때에는 그 날부터 2년 이내에 환급신청을 할 수 있다.	제18조 (환급의 신청) ①법 제14조제1항의 규정에 의한 관세등의 환급신청은 다음 각호의 1에 해당하는 자가 하여야 한다. 1. 법 제4조제1호의 수출인 경우에는 수출자(수출위탁의 경우에는 수출위탁자를 말한다) 또는 수출물품의 생산자중에서 수출신고필증에 환급신청인으로 기재된 자 2. 법 제4조제2호 내지 제4호의 경우에는 수출등에 제공한 사실을 확인하기 위하여 관세청장이 정하는 서류에 당해 물품을 수출 · 판매 또는 공급등을 하거나 공사를 한 자로 기재된 자 ②법 제14조제1항의 규정에 의하여 관세등의 환급을 받고자 하는 자는 관세청장이 정하는 관세등의 환급신청서에 다음 각호의 서류를 첨부하여 관할지세관장에게 제출하여야 한다. 다만, 정액환급률표가 적용되는 수출물품에 대하여는 제2호 및 제3호의 서류를 첨부하지 아니한다.〈개정 1998.12.31〉 1. 제1항 각호의 규정에 의하여 수출등에 제공한 사실을 확인할 수 있는 서류 2. 소요량계산서 3. 소요원재료의 납부세액을 확인할 수 있는 서류 4. 기타 환급금의 확인과 관	

	련하여 관세청장이 정하는 서류 ③관세등의 환급신청은 수출물품의 생산에 소요된 원재료에 대하여 일괄신청하여야 한다. 다만, 일괄신청하는 것이 불합리하다고 인정하여 관세청장이 따로 정한 경우에는 그러하지 아니하다(추가환급신청의미). ④법 제14조제1항의 규정에 의한 관세등의 환급신청은 다음 각호의 1에 해당하는 경우에 할 수 있다. 1. 법 제4조제1호의 규정에 의한 수출의 경우에는 수출물품이 선적 또는 기적된 경우 2. 법 제4조제2호 내지 제4호의 규정에 의한 수출의 경우에는 수출물품의 수출 · 판매 · 공사 또는 공급 등을 완료한 경우 ⑤법 제14조제1항의 규정에 의한 관세등의 환급을 받고자 할 때에는 법 제4조제1호의 경우는 수출신고수리일, 법 제4조제2호 내지 제4호의 규정에 의한 수출 · 판매 · 공사 또는 공급 등을 한 경우는 당해 수출 · 판매 · 공사 또는 공급 등을 완료한 날부터 2년 이내에 신청하여야 한다. ⑥환급신청인은 환급신청전에 관세청장이 정하여 고시하는 바에 따라 계좌를 개설하고 관할지세관장에게 그 계좌번호를 통보하여야 한다. ⑦세관장은 제2항 및 제4항의 규정에 불구하고 간이정액환급률표가 적용되는 수출물품에 대하여는 관세청장이 정하는 바에 따라 수출신고시 수출신고서에 환급신청 사항을 간략히 기재함으로써 환급신청에 갈음할 수 있도록 할 수 있다.	
	제19조 (환급신청세관의 지정) 관세청장은 관세등의 환급업무를 효율적으로 수행하기 위하여 필요하다고 인정하는 경우에는 환급신청인의 신청 또는 직권에 의하여 관세등의 환급을 신청할 세관을 지정하거나 그 지정을 변경할 수 있다.	
② 세관장은 제1항에 따른 환급신청을 받았을 때에는 환급신	제20조 (환급금의 사후심사) ① 세관장은 법 제14조제2항의 규	

청서의 기재 사항과 이 법에 따른 확인 사항 등을 심사하여 환급금을 결정하되, 환급금의 정확 여부에 대하여는 대통령령으로 정하는 바에 따라 환급 후에 심사할 수 있다.	정에 의하여 환급금의 정확여부를 심사할 필요가 있는 경우에는 환급신청서 및 그 첨부서류 또는 법 제20조제3항의 규정에 의하여 제출받은 서류나 실지조사에 의하여 정확여부를 심사한다. ②제1항의 규정에 의한 심사는 환급신청일부터 2년이내에 완료하여야 한다. 다만, 관세청장이 조사기간을 따로 정하는 경우에는 그러하지 아니하다. ③제1항의 규정에 의한 심사의 절차 · 방법 기타 필요한 사항은 관세청장이 정한다.	
③ 세관장은 제2항에도 불구하고 과다 환급의 우려가 있는 경우로서 환급한 후에 심사하는 것이 부적당하다고 인정되어 기획재정부령으로 정하는 경우에는 환급하기 전에 이를 심사하여야 한다.		제13조(환급전 심사) ①법 제14조제3항에서 "기획재정부령이 정하는 경우"란 다음 각 호의 어느 하나에 해당하는 경우를 말한다. 1. 법 제23조의 규정을 위반하여 처벌을 받은 자가 관세등의 환급을 신청하거나 기초원재료납세증명서 또는 수입세액분할증명서의 발급을 신청하는 경우 2. 수출용 원재료 소요량산출의 특수성등으로 인하여 과다 또는 부정환급의 우려가 있다고 인정하여 관세청장이 따로 정한 품목의 관세등의 환급을 신청하거나 기초원재료납세증명서 또는 수입세액분할증명서의 발급을 신청하는 경우 3. 영 제11조제1항 및 제2항의 규정에 의한 신고를 하지 아니하고 관세등의 환급을 신청하거나 기초원재료납세증명서 또는 수입세액분할증명서의 발급을 신청한 것이 확인되는 경우 4. 기타 세관장이 환급을 신청하거나 기초원재료납세증명서 또는 수입세액분할증명서의 발급후에 심사하는 것이 적합하지 아니하다고 인정하는 경우 ②제1항제1호 및 제3호의 적용기간은 2년의 범위내에서 관세청장이 정한다.
제15조 (전산처리설비의 이용) ① 세관장은 관세청장이 정하는 바에 따라 전산처리설비를 이용하여 이 법에 따른 신고, 납부, 신청 등(이하 "전자신고등"		

이라 한다)을 하게 하거나 통지, 납세고지, 교부, 발급, 지정, 승인 등(이하 "전자송달" 이라 한다)을 할 수 있다. ② 제1항에 따라 전자신고등을 할 때에는 관세청장이 정하는 바에 따라 관계 서류를 전산처리설비를 이용하여 제출하게 할 수 있으며, 그 제출을 생략하거나 간단한 방법으로 하게 할 수 있다. ③ 제1항에 따라 한 전자신고등은 관세청장이 정하는 전산처리설비에 입력된 때에 세관에 접수된 것으로 보며, 전자송달은 송달받을 자가 미리 지정한 컴퓨터에 입력된 때나 송달받을 자의 신청에 의하여 관세청장이 정하는 전산처리설비에 입력된 때에 그 송달을 받아야 할 자에게 도달된 것으로 본다. ④ 제1항에 따른 전자송달에 관하여는 「관세법」 제327조 제6항부터 제8항까지의 규정을 준용한다.		
제16조 (환급금의 지급)① 이 법에 따른 관세등의 환급금은 「국가재정법」 제17조에도 불구하고 「한국은행법」에 따른 한국은행(이하 "한국은행" 이라 한다)이 환급금의 지급을 결정한 세관장의 소관 세입금계정에서 지급한다. 이 경우 지급절차는 대통령령으로 정한다.	제21조 (환급금의 이체 및 지급) ①법 제16조제1항의 규정에 의한 환급금은 제18조제6항의 규정에 의하여 환급신청인이 통보한 계좌에 입금하는 방법으로 지급한다. ②제1항의 규정에 의하여 환급금을 지급하고자 하는 세관장은 당해 환급금을 환급신청인의 계좌에 입금할 것을 한국은행에 요구하여야 한다. ③제2항의 규정에 의하여 환급금의 지급요구를 받은 한국은행은 지급을 요구한 세관장의 당해 연도 소관 세입금계정에서 즉시 당해 환급금을 이체하여 환급신청인의 계좌에 입금시키고 이체 및 입금내역을 당해 세관장에게 통지하여야 한다. ④환급금은 제3항의 규정에 의하여 신청인의 계좌에 입금된 때에 지급된 것으로 본다.	
② 관세청장은 제1항에 따른 세관장의 소관 세입금계정에 부족이 있는 경우에는 대통령령으로 정하는 바에 따라 세관장 소관 세입금계정 간의 조정을 한	제22조 (세관장 소관세입금계정간의 조정) ① 세관장은 소관 세입금계정의 세입금이 환급금을 지급하기에 부족하거나 부족이 생길 우려가 있는 때에는 관	

국은행에 요청할 수 있다.	세청장에게 필요한 금액의 이체를 받을 수 있도록 조치할 것을 요청할 수 있다. ②제1항의 규정에 의한 요청을 받은 관세청장은 소관세입금계정에 세입금의 여유가 있는 세관장(이하 이 조에서 "이체하는 세관장"이라 한다)으로 하여금 필요한 금액을 세입금의 이체를 요청한 세관장(이하 이 조에서 "이체받는 세관장"이라 한다)에게 이체할 것을 한국은행에 요구하도록 이체하는 세관장에게 지시하고 그 사실을 이체받는 세관장에게 통보하여야 한다. ③제2항의 규정에 의한 지시를 받은 세관장은 소관세입금계정으로부터 당해 금액을 이체받는 세관장의 소관세입금계정으로 이체할 것을 한국은행에 요구하여야 한다. ④한국은행은 제3항의 규정에 의한 요구를 받은 때에는 지체없이 세입금을 이체하고 이체받는 세관장과 이체하는 세관장에게 각각 통지하여야 한다. 제23조 (미지급자금의 정리) ①한국은행은 제21조제2항의 규정에 의하여 지급을 요구받은 환급금중 신청인의 계좌에 입금시키지 못한 환급금이 있을 경우에는 그 사실을 즉시 당해 세관장에게 통지하여야 한다. ②제1항의 규정에 의하여 통지를 받은 세관장은 즉시 환급신청인의 계좌등을 조사하여 환급금이 지급될 수 있도록 조치하여야 하며 환급금결정일부터 1년이 경과될 때까지 지급되지 아니한 환급금은 그 기간이 종료된 날이 속하는 회계연도의 세입에 편입되도록 조치하여야 한다. ③제2항의 규정에 의하여 세관장의 세입금계정에 편입된 환급금을 환급신청인이 수령하고자 할 때에는 다음 각호의 사항을 기재한 신청서를 관할지세관장에게 제출하여야 한다. 이 경우 세관장은 이를 조사 · 확인하여 그 지급에 필요한 조치를 하여야 한다.	

	1. 환급받고자 하는 관세등의 금액 2. 환급금결정일부터 1년이내에 환급금을 지급받지 못한 사유	
③ 제1항에도 불구하고 세관장은 관세등의 일괄납부업체가 환급신청하여 결정된 환급금은 그 환급금 결정일이 속하는 일괄납부기간별로 제7조제1항에 따라 정산하는 날까지 지급을 보류한다. ④ 세관장은 환급신청자가 세관에 납부하여야 할 체납된 관세등과 가산금, 가산세 및 체납처분비가 있는 경우에는 결정한 환급금을 체납된 관세등과 가산금, 가산세 및 체납처분비에 우선 충당할 수 있으며, 충당하고 남은 금액은 그 신청자에게 지급하여야 한다.	제24조 (환급금의 지급보류 및 체납충당사실통지) 세관장은 법 제16조제3항 및 제4항의 규정에 의하여 환급금지급을 보류하거나 환급금을 체납한 관세등과 가산금 · 가산세 및 체납처분비에 충당한 때에는 그 사실을 당해 환급신청인에게 통지하여야 한다. 다만, 환급신청인의 요청에 의하여 충당한 경우에는 그 통지를 하지 아니할 수 있다.	
제17조 (환급등의 제한) ① 수출물품의 생산에 국산 원재료의 사용을 촉진하기 위하여 필요하다고 인정되는 경우에는 제9조에도 불구하고 대통령령으로 정하는 바에 따라 환급을 제한할 수 있다. ② 제1항에 따라 환급을 제한하는 물품과 그 제한 비율은 기획재정부령으로 정한다.	제25조 (환급의 제한) ①관계행정기관의 장 또는 이해관계인은 다음 각호의 자료를 기획재정부장관에게 제출하여 법 제17조제1항의 규정에 의한 환급의 제한을 요청할 수 있다. 1. 당해 물품의 품명 · 규격 및 용도 2. 환급을 제한하고자 하는 비율 및 그 이유 3. 당해 연도와 전년도의 당해 물품에 대한 국내수요 · 생산실적 및 생산능력 4. 최근 1년간의 월별 수입가격 · 수입량 및 총수입금액 5. 최근 1년간의 월별 주요국내제조업체별 공장도가격 및 출고실적 6. 향후 1년간의 당해 물품에 대한 국내생산전망 및 수요전망 ②제1항의 규정에 의하여 환급의 제한을 요청받은 기획재정부장관은 관세등의 환급의 제한에 관하여 필요한 사항을 조사하기 위하여 필요하다고 인정하는 경우에는 관계기관 · 수출자 · 수입자 기타 이해관계인 등에 대하여 관계자료의 제출 기타 필요한 협조를 요청할 수 있다. ③기획재정부장관이 법 제17	제14조(환급등의 제한) 법 제17조제2항의 규정에 의하여 관세등의 환급을 제한하는 물품과 그 제한비율은 별표와 같다. 다만, 「관세법」 제185조의 규정에 의한 보세공장과 「자유무역지역의 지정 및 운영에 관한 법률」 제2조제1호에 따른 자유무역지역안의 입주기업체에서 생산하여 수입된 수출용 원재료를 제외한다.

	조의 규정에 의하여 관세등의 환급을 제한하는 물품과 그 제한비율을 정하고자 할 때에는 「관세법」 제13조의 규정에 의한 관세심의위원회의 심의를 거쳐야 한다.	
제18조 (용도외 사용시 관세등의 징수) ① 세관장은 제4조제2호의 용도에 제공되어 관세등을 환급받은 물품이 그 용도에 제공된 날부터 3년의 범위에서 관세청장이 정하는 기간에 관세등을 환급받은 용도 외에 사용된 경우에는 그 용도 외에 사용한 자로부터 환급받은 관세등을 즉시 징수한다. 다만, 재해 등 부득이한 사유로 멸실(滅失)되었거나 미리 세관장의 승인을 받아 없애버린 경우에는 그러하지 아니하다. ② 제4조제3호의 용도에 제공되어 관세등을 환급받은 물품은 「관세법」 등을 적용할 때 외국물품으로 본다.	제26조 (용도외 사용등에 대한 승인신청) 법 제18조제1항의 규정에 의하여 관세등의 환급을 받은 물품에 대한 용도외 사용 또는 멸각승인을 얻고자 하는 자는 다음 각호의 사항을 기재한 신청서를 당해 물품의 소재지를 관할하는 세관장에게 제출하여야 한다. 1. 당해 물품의 품명 · 규격 및 물량 2. 용도외 사용 또는 멸각승인신청의 사유 3. 당해 물품의 공급자 4. 기타 신청인의 인적사항등 관세청장이 정하는 사항	
제19조 (환급에 갈음하는 관세등의 세율인하) ① 수출등에 제공되는 물품의 생산에 주로 사용하기 위하여 수입되는 물품에 대하여는 그 수출등에 제공되는 비율을 고려하여 관세등의 세율을 인하할 수 있다.	제27조 (환급에 갈음하는 관세등의 세율인하) ①관계행정기관의 장 또는 이해관계인은 당해 물품에 대한 다음 각호의 자료를 기획재정부장관에게 제출하여 법 제19조제1항의 규정에 의한 관세등의 세율인하를 요청할 수 있다. 1. 당해 물품의 품명 · 규격 및 용도 2. 국내주요생산업체의 최근 1년간의 수출용 · 내수용별 생산량 및 생산능력 3. 최근 1년간의 수출용 · 내수용별 월별 수입량 및 수입금액 4. 최근 1년간의 국내주요수요업체의 사용실적 5. 향후 1년간의 국내생산전망 및 수요전망 ②기획재정부장관은 환급에 갈음하는 관세등의 세율인하에 관하여 필요한 사항을 조사하기 위하여 필요하다고 인정하는 경우에는 관계기관 · 수출자 · 수입자 기타 이해관계인 등에 대하여 관계자료의 제출 기타 필요한 협조를 요청할 수 있다.	

	③관계행정기관의 장은 법 제19조의 규정에 의하여 관세등의 세율이 인하된 물품(이하 "관세등의 세율인하물품"이라 한다)에 대하여 관계법령이 정하는 바에 의하여 관세등의 세율인하의 기초가 된 수출 및 내수비율에 따라 수출용·내수용별 수입허가비율 또는 승인비율을 정할 수 있다. ④관계행정기관의 장은 관세등의 세율인하물품에 대하여 제3항의 규정에 의한 수출용·내수용별 수입허가비율 또는 승인비율 기타 관세등의 세율인하의 기초가 된 중요사항을 변경하고자 할 때에는 미리 기획재정부장관과 협의하여야 한다. ⑤관세청장과 관세등의 세율인하물품에 대한 수입을 허가 또는 승인한 기관의 장은 관세등의 세율인하물품에 관한 수출용·내수용별 수입실적과 수입허가실적 또는 승인실적을 분기별로 기획재정부장관과 관계행정기관의 장에게 각각 통보하여야 한다.	
	⑥관세등의 세율이 인하되기 전에 수입한 수출용 원재료를 법 제19조의 규정에 의하여 관세등의 세율이 인하된 후 수출등에 제공하고 관세등의 환급을 받고자 하는 자는 수출용으로 수입된 당해 물품의 물량과 관세 등의 세액을 기획재정부령이 정하는 바에 따라 관세등의 세율이 인하된 날부터 30일이내에 관할지세관장에게 신고하여 확인을 받아야 한다.	제15조(수출용 원재료의 재고신고) ①영 제27조제6항의 규정에 의하여 수출용 원재료의 물량과 관세등의 세액을 신고하고자 하는 자는 다음 각 호의 사항을 기재한 신청서에 당해 물품의 수입신고필증을 첨부하여 수출용으로 수입된 당해 물품 또는 이를 생산한 물품의 소재지를 관할하는 세관장에게 제출하여야 한다. 다만, 법 제12조에 따라 기초원재료납세증명서 또는 수입세액분할증명서의 발급을 받은 경우에는 신고를 하지 아니할 수 있다. 1. 당해물품의 품명·물량 및 관세등의 세액 2. 당해물품의 수입신고번호 및 수입신고수리일자 3. 기타 신고인의 인적사항등 관세청장이 정하는 사항 ② 제1항의 규정에 의한 신고는 법 제19조제2항의 규정에 의하여 관세등의 세율이 인하된 날에 신고인이 보유하고 있는
② 제1항에 따라 관세등의 세율을 인하하는 물품과 세율은 대통령령으로 정한다. ③ 제1항에 따라 관세등의 세율이 인하된 물품에 대하여는 이 법에 따른 관세등의 일괄납부 및 환급을 하지 아니한다.	⑦법 제19조제2항의 규정에 의한 관세등의 세율을 인하하는 물품과 세율은 따로 대통령령으로 정한다.	

		신고대상물품전량을 일괄하여 신고하여야 한다. 다만, 관세청장이 부득이한 사유가 있다고 인정하는 경우에는 그러하지 아니하다. ③ 제1항의 규정에 의한 신고를 받은 세관장은 관세청장이 정하는 바에 따라 이를 확인하여야 하며, 신고된 물품은 관세청장이 정하는 경우를 제외하고는 세관장이 확인할 때까지 다른 장소로 옮기거나 이를 사용할 수 없다.
제20조 (서류의 보관과 제출등) ① 이 법에 따른 관세등의 환급에 관한 서류로서 대통령령으로 정하는 서류는 환급등의 신청일부터 5년의 범위에서 대통령령으로 정하는 기간 동안 보관하여야 한다. ② 제1항에 따른 서류는 관세청장이 정하는 바에 따라 마이크로필름, 광디스크, 그 밖의 자료보존 매체에 의하여도 보관할 수 있다. ③ 관세청장이나 세관장은 제14조에 따른 환급금의 정확 여부를 심사하는 데 필요하다고 인정하는 경우에는 환급받은 자, 수출용 원재료 수입자, 내국신용장등에 의한 수출용 원재료의 공급자, 그 밖에 이와 관련된 자에게 제1항에 따른 서류나 그 밖의 관계 자료의 제출을 요구할 수 있다.	제28조 (서류의 보관과 제출등) ①법 제20조제1항의 규정에 의하여 보관하여야 할 서류와 그 기간은 다음 각호와 같다. 1. 수출물품별 원재료의 소요량계산근거서류 및 계산내역에 대한 서류는 환급신청일부터 5년. 다만, 「중소기업기본법」 제2조제1항의 규정에 의한 중소기업자가 보관하여야 하는 원재료수불대장 및 수출물품수불대장의 보관기간은 3년으로 한다. 2. 내국신용장등 수출용 원재료의 거래관계서류는 당해 물품의 기초원재료납세증명서등의 발급일부터 3년 3. 수출신고필증등 법 제4조에서 정한 수출사실을 증명할 수 있는 서류는 환급신청일부터 3년 4. 수입신고필증등 원재료의 납부세액을 증명할 수 있는 서류는 환급신청등에 사용한 날부터 3년 5. 기타 관세청장이 정하는 서류는 환급신청등에 사용한 날부터 3년 ②관세청장 및 세관장은 법 제20조제3항의 규정에 따라 관계서류 또는 자료의 제출을 요구할 때에는 문서로 이를 하여야 한다. 제29조 (환급금 결정 및 지급사항 보고) ①세관장은 법 제14조제2항의 규정에 의한 환급금결정사항과 환급금지급사항을 매월 관세청장에게 보고하여야 하며 관세청장은 이를 종합하여 기획재정부장관에게 제출하여	

	야 한다. ②세관장은 환급금결정액계산서와 그 증빙서류를 「감사원법」 제25조의 규정이 정하는 바에 따라 감사원에 제출하여야 한다.	
제21조 (과다환급금의 징수등) ① 세관장은 제16조에 따라 지급한 환급금이 다음 각 호의 어느 하나에 해당하는 경우에는 그 환급금액 또는 과다환급금액을 「관세법」 제47조제1항에 따라 관세등을 환급받은 자(기초원재료납세증명서 또는 수입세액분할증명서를 발급받은 자를 포함한다. 이하 이 조에서 같다)로부터 징수한다. 1. 이 법에 따라 환급받아야 할 금액보다 과다하게 환급받은 경우 2. 제12조에 따른 기초원재료납세증명서 또는 수입세액분할증명서에 관세등의 세액을 과다하게 증명받은 경우로서 그 기초원재료납세증명서 또는 수입세액분할증명서가 환급 등에 이미 사용되어 수정ㆍ재발급이 불가능한 경우 3. 선적(船積)이나 기적(機積)을 하지 아니하고 관세등을 환급받은 경우. 다만, 해당 금액을 징수하기 전에 선적되거나 기적된 경우에는 그러하지 아니하다. 4. 제13조제1항에 따른 정액환급률표를 적용할 수 없는 물품에 대하여 정액환급률표에 따라 환급받은 경우		
② 제1항에 따라 환급금액 또는 과다환급금액을 징수할 때에는 환급한 날의 다음 날부터 징수결정을 하는 날까지의 기간에 대하여 대통령령으로 정하는 이율에 따라 계산한 금액을 환급금액 또는 과다환급금액에 가산하여야 한다.	제30조 (가산금) ①법 제21조제2항 및 법 제22조제2항의 규정에 의하여 과다환급금등 및 과소환급금에 가산할 금액의 이율은 징수할 금액에 대하여 1일 10만분의 39로 한다.	
③ 제1항과 제2항에 따라 환급금액 또는 과다환급금액 및 이에 가산하여야 할 금액을 징수하려는 경우에는 미리 관세등을 환급받은 자에게 그 내용을 서면으로 통지하여야 한다. 이		

경우 「관세법」 제118조를 준용한다.		
④ 관세등을 환급받은 자 또는 제7조제1항에 따른 정산통지를 받은 자는 제1항 각 호의 어느 하나에 해당하는 사실을 알았을 때 또는 정산통지를 받은 후 납부하여야 할 관세등이 부족하게 정산된 사실을 알았을 때에는 대통령령으로 정하는 바에 따라 세관장에게 그 사실을 자진신고하고 그 환급금액 또는 과다환급금액이나 관세등을 납부할 수 있다. 다만, 다음 각 호의 어느 하나에 해당하는 경우는 제외한다. 1. 제3항에 따라 세관장이 환급금액 또는 과다환급금액에 대한 징수 내용을 서면으로 통지한 경우 2. 「관세법」 제114조제1항 본문에 따라 관세조사의 통지를 한 경우 3. 「관세법」 제114조제1항 단서에 따라 조사의 통지를 하지 아니하고 같은 법 제110조제2항 각 호의 어느 하나에 해당하는 조사를 시작한 경우	제31조 (과다환급금에 대한 자진신고) ①법 제21조제4항 본문에 따라 과다환급받은 금액 또는 부족하게 정산된 금액을 자진신고하고자 하는 자는 다음 각 호의 사항을 기재한 신고서를 환급을 했거나 정산통지를 한 세관장에게 제출하여야 한다. 1. 과다환급 또는 부족정산과 관련된 환급신청등의 내역 2. 과다환급 또는 부족정산된 세액의 계산내역 3. 과다환급 또는 부족정산한 사유 4. 기타 신고인의 인적사항등 관세청장이 정하는 사항 ②제1항의 규정에 의하여 자진신고한 관세등은 신고한 날부터 15일이내에 당해 세액을 납부하여야 한다.	
⑤ 제4항에 따라 환급금액 또는 과다환급금액이나 관세등을 납부할 때에는 대통령령으로 정하는 기간 및 이율 등에 따라 계산하는 금액을 환급금액 또는 과다환급금액이나 관세등에 가산하여 납부하여야 한다.	제31조 (과다환급금에 대한 자진신고) ②법 제21조제5항에 따라 과다환급금등을 자진신고하고 당해 관세등을 납부하는 경우 과다환급금등에 가산할 금액의 이율은 환급한 날의 다음날부터 자진신고를 하는 날까지의 기간에 대하여 징수할 금액에 대하여 1일 10만분의 10으로 한다. 다만, 환급받은 날부터 3월 이내에 과다환급금등을 자진신고하는 경우에는 이를 가산하지 아니한다.	
제22조 (과소환급금의 환급) ① 세관장은 제16조에 따라 지급한 환급금이 이 법에 따라 환급하여야 할 금액보다 과소(過少)하게 환급된 사실을 알았을 때에는 지체 없이 해당 과소환급금을 지급하여야 한다. ② 제1항에 따라 과소환급금을 지급할 때에는 환급한 날의 다음 날부터 과소환급금의 지급을 결정하는 날까지의 기간에	제32조 (가산금지급대상인 과소환급) 법 제22조제1항에서 과소하게 환급한 경우는 환급신청인이 신청한 환급금을 세관장의 귀책사유로 인하여 신청한 금액보다 적게 지급한 경우로 한다.	

대하여 제21조제2항에 따라 대통령령으로 정한 이율로 계산한 금액을 과소환급금에 가산하여야 한다.		
제23조 (벌칙) ① 거짓이나 그 밖의 부정한 방법으로 관세등을 환급받은 자는 3년 이하의 징역 또는 환급받은 세액의 5배 이하에 상응하는 벌금에 처한다. ② 다음 각 호의 어느 하나에 해당하는 자는 3년 이하의 징역 또는 2천만원 이하의 벌금에 처한다. 1. 제10조제1항에 따른 소요량계산서를 거짓으로 작성한 자 2. 거짓이나 그 밖의 부정한 방법으로 제12조제1항 또는 제2항에 따라 세관장 또는 관세사로부터 기초원재료납세증명서를 발급받은 자 3. 제12조제2항에 따라 기초원재료납세증명서를 발급하는 자로서 기초원재료납세증명서를 거짓으로 발급한 자 ③ 정당한 사유 없이 제20조제1항을 위반한 자는 2천만원 이하의 벌금에 처한다. ④ 정당한 사유 없이 제20조제3항에 따라 관세청장이나 세관장이 요청한 서류나 그 밖의 관계 자료를 제출하지 아니한 자는 1천만원 이하의 벌금에 처한다. ⑤ 세관장은 제1항이나 제2항에 해당하는 자에 대하여는 그가 환급받은 관세등을 즉시 징수한다.		
제24조 (조사와 처분) 제23조제1항부터 제4항까지의 규정에 해당하는 자에 대하여는 「관세법」 제283조부터 제319조까지의 규정을 적용한다.		
	제33조 (서식) 이 영에 의한 신청서 · 통지서 · 지시서 및 기타 서식은 관세청장이 정한다.	

저자소개

저자는 강원도 춘천에서 태어났고, 전북 남원에서 유년시절을 보냈으며, 부산에서 초 · 중 · 고 · 대학교를 다녔다. 1993년 제37회 행정고등고시에 합격하여 해양수산부에서 통상관련 업무와 법제 업무를 담당하였다.

University of Wisconsin대학에서 법학석사를 받았고 University of Wisconsin Law School에서 법학박사(S.J.D) 학위를 받았다. 2001년 5월 미국 뉴욕 주 변호사시험에 합격하였으며 같은 해 9월부터 뉴욕 주 변호사협회 회원으로 활동을 하고 있다. 2003년 9월부터 인하대학교 국제통상학부에서 법학개론, 통상법, 국제거래법, 무역관계법, 무역계약론, 통상분쟁사례연구 등을 강의하고 있으며 물류전문대학원에서 물류법규를 강의하고 있으며, 2010년 미국 워싱턴 DC에 있는 Georgetown Law School에서 방문 연구를 했다.

저서로는 「물류법규」, 「대외무역법」, 「외국환거래법」, 「관세법」 등이 있으며, 「물류정책의 통합 · 조정기능 강화를 위한 물류법제 개선 방안에 관한 연구」, 「중국 보조금 제도에 관한 연구」, 「중국 주요 물류거점도시 발전 전략 연구」, 「경제자유구역청의 효율적 운영방안에 관한 연구」 등 다수의 논문 및 연구보고서가 있다. 주요 연구 분야는 물류, 통상, 일반행정 및 법제, 해양수산 정책 · 제도 · 법령 등 다양하며, 현재 여러 관련연구를 수행하고 있다.

현재 지식경제부 글로벌무역전문가 양성사업단(GTEP)사업단장이며, 외교통상부 · 국토해양부 · 지식경제부 · 농림수산식품부 · 해양경찰청 · 관세청 등 정부기관과 한국선박안전관리공단 · 인천항만공사 · 수협 · 한국수산회 등 민간단체의 자문위원이다. 한국 해사법학회, 한국수산경영학회 등의 이사로 활동하고 있으며, 관세법과 관련된 활동으로는 인천세관 및 인천공항세관 특허심사위원회 위원, 관세사 시험출제위원이며, 행정 고등고시 · 국가7급 공무원 · 서울시 · 물류관리사 · 화물운송종사자 자격시험 등 각종 시험위원과 종합물류업인증 심사위원, 우수 화물자동차 운수사업 심사위원으로도 활동하고 있다.

관세환급특례법

2012년 01월 13일 초판 1쇄 인쇄
2012년 01월 17일 초판 1쇄 발행

저자 / 박민규
발행인 / 고우용
발행처 / 우용출판사
등록일 / 1997년 11월 25일
출판등록 / 제 313-1997-139호
주소 / 서울특별시 마포구 망원1동 338-53
전화번호 / 02)324-6577
팩시밀리 / 02)324-6177

정가 / 19,000원

2012 ⓒ 박민규

이 책은 저작권법에 의해 한국 내에서 보호받는
저작물이므로 법에 정한 예외 이외의 무단 전제나
복제, 매체 수록 등을 금합니다.

ISBN / 978-89-6249-062-6

『이 저서는 인하대학교의 지원에 의하여 발간되었음.』